藤沢翔陵高等学校

〈収録内容〉

※国語の大問三は、問題に使用された作品の著作権者が二次使用の許可を出していないため、問題を掲載しておりません。

便利な DL コンテンツは右の QR コードから

解答用紙

非対応 リスニング

⇒

※データのダウンロードは 2025 年 3 月末日まで。

※データへのアクセスには、右記のパスワードの入力が必要となります。 ⇒ 820592

〈合格最低点〉

※学校からの合格最低点の発表はありません。

本書の特長

実戦力がつく入試過去問題集

- ▶ 問題 …………… 実際の入試問題を見やすく再編集。
- ▶ 解答用紙 …… 実戦対応仕様で収録。
- ▶ 解答解説 …… 詳しくわかりやすい解説には、難易度の目安がわかる「基本・重要・やや難」の分類マークつき（下記参照）。各科末尾には合格へと導く「ワンポイントアドバイス」を配置。採点に便利な配点つき。

入試に役立つ分類マーク

基本 確実な得点源！
受験生の 90%以上が正解できるような基礎的、かつ平易な問題。
何度もくり返して学習し、ケアレスミスも防げるようにしておこう。

重要 受験生なら何としても正解したい！
入試では典型的な問題で、長年にわたり、多くの学校でよく出題される問題。
各単元の内容理解を深めるのにも役立てよう。

やや難 これが解ければ合格に近づく！
受験生にとっては、かなり手ごたえのある問題。
合格者の正解率が低い場合もあるので、あきらめずにじっくりと取り組んでみよう。

合格への対策、実力錬成のための内容が充実

- ▶ 各科目の出題傾向の分析、合否を分けた問題の確認で、入試対策を強化！
- ▶ その他、学校紹介、過去問の効果的な使い方など、学習意欲を高める要素が満載！

解答用紙ダウンロード 解答用紙はプリントアウトしてご利用いただけます。弊社ＨＰの商品詳細ページよりダウンロードしてください。トビラのＱＲコードからアクセス可。

UD FONT 見やすく読みまちがえにくいユニバーサルデザインフォントを採用しています。

藤沢翔《しょう》陵《りょう》高等学校

普通科（文理融合探究コース・
得意分野探究コース）
商業科
生徒数　737名
〒251-0871
神奈川県藤沢市善行7-1-3
☎0466-81-3456・3457
小田急江ノ島線善行駅　徒歩1分

県内唯一の探究コース設置校
社会が求める人材を育成する
“信と勇と”の精神で成果を上げる

URL	https://shoryo.ed.jp

プロフィール　責任感の強い心豊かな人間に

1931（昭和６）年、藤沢商業学校設立。1948年、新制度により藤沢商業高等学校となる。私立男子高校としては、神奈川県下でも歴史ある学校。

1998年度より藤沢翔陵高等学校へと校名変更を行い、2013年度より完全学校週６日制を実施。「信と勇と」の校訓をバックボーンとして、「潜在学力の最大限の開発・基本的生活習慣の育成・自主性と責任感の養成」を教育目標としている。

環境　富士山と江ノ島を望む好環境

バスケットコートが３面とれる大きな体育館、300人が利用できるカフェテリア、蔵書20,000冊を誇る図書室、総合グラウンドなど、施設も充実。第１PC教室や第２PC教室をはじめ校内には多数のコンピュータがある。最新のネットワーク環境で勉強や部活動はもちろんのこと進学情報の検索もできる。

カリキュラム　個性伸長に伴った選択カリキュラム

文理融合探究コースでは、学問の体系にとらわれることなく、大学や研究機関と協働し、地球規模の問題を探る。１年次では探究とはなにか?という探究学習の土台となることを学習する。２年次では、世界的規模の課題を見つけてテーマとしている。その中で様々な視点や多様な角度からの分析をし、今までになかった発想を行い、探究活動を行っていく。３年次では自分の探究テーマに対して論文を作成し、プレゼンテーションを行っていく。３年間での探究活動を通じて学校推薦型・総合型選抜入試への対応、海外留学などの様々な自己実現を目標としている。

得意分野探究コースでは、各生徒が探究テーマを決め、自分の興味のあることを深く学ぶことを目的としている。また３年間での探究活動を通じて学校推薦型・総合型選抜入試への対応、専門学校や就職などの様々な自己実現を目標としている。１年次では探究とはなにか?という探究学習の土台となることを学習する。２年次では「人文社会学専攻」「自然科学専攻」と分かれ、それぞれの分野から興味のあることへアプローチを行う。３年次では自分の探究テーマに対して論文を作成し、プレゼンテーションを行っていく。

県下でも定評のある**商業科**では、１年次はビジネスの基礎を学び、２年次より**会計・情報・総合**の３コースに分かれる。簿記・情報処理など各種資格の取得を目指し、進学・就職希望それぞれにきめ細かな対応をしている。

学力をつけるための夏期講習・放課後講習、進路説明会・相談会なども充実している。

学校生活　全国的に有名なバレー部、陸上部

運動部は16部あり、多くの部が全国大会・関東大会に出場している。通算34回全国大会出場の陸上、通算11回の全国制覇のバレーボール、その他バドミントン、少林寺拳法、山岳、サッカー、硬式テニスなど。中でも野球部は、元プロ野球選手の卒業生を監督に迎え甲子園出場を目指している。文化部は14部あり、簿記・計算研究（全商主催の全国大会に23年連続出場）、書道（国際高校生選抜書展・秀作賞、全国競書大会・優秀団体賞）をはじめ、写真、器楽、英語、地歴・交通研究など。

スポーツが強いのも伝統の一つ

年間行事では、生徒の責任と自主性により開催される翔陵祭（文化祭）をはじめ、スポーツ大会、全校バレーボール大会などのほか、希望者には夏にオーストラリアへのホームステイも実施している。また、多様化する生徒の不安や悩みに応えるため、専門のカウンセラーがいる。

進路　個々の希望や適性に応じて全面的サポート

2024年３月卒業生 203名
４・６年制大学＝107（52.7％）、短期大学＝1（0.5％）、専門学校＝62（30.5％）、進学準備等＝7（3.4％）、就職＝26（12.8％）

主な合格大学：早稲田、中央、法政、明治、武蔵、明治学院、日大、駒沢、専修、神奈川、國學院など。

主な就職先（過去３年間の実績より）：神奈川県警察、東京都警視庁、海上自衛隊、、いすゞ自動車、メイコー、JR東日本ステーションサービス、日産工機、ミネベアミツミなど。

2024年度入試要項

試験日　1/22（推薦）　2/10（一般）
2/11（オープン）

試験科目　国語・英語・数学（一般・オープン）

2024年度	募集定員	受験者数	合格者数	競争率
得意分野探究	60/110/5	99/295/29*	99/295/8	1.0/1.0/1.3
文理融合探究	5/20/5	18/26/29*	18/26/14	1.0/1.0/1.2
商業科	25/45	22/110	22/110	1.0/1.0

＊文理と得意の合計数です。
※人数はすべて推薦/一般/オープン（得意分野探究・文理融合探究）
※他に書類選考入試（文理融合探究コース5名）あり

過去問の効果的な使い方

① **はじめに**　入学試験対策に的を絞った学習をする場合に効果的に活用したいのが「過去問」です。なぜならば，志望校別の出題傾向や出題構成，出題数などを知ることによって学習計画が立てやすくなるからです。入学試験に合格するという目的を達成するためには，各教科ともに「何を」「いつまでに」やるかを決めて計画的に学習することが必要です。目標を定めて効率よく学習を進めるために過去問を大いに活用してください。また，塾に通われていたり，家庭教師のもとで学習されていたりする場合は，それぞれのカリキュラムによって，どの段階で，どのように過去問を活用するのかが異なるので，その先生方の指示にしたがって「過去問」を活用してください。

② **目的**　過去問学習の目的は，言うまでもなく，志望校に合格することです。どのような分野の問題が出題されているか，どのレベルか，出題の数は多めか，といった概要をまず把握し，それを基に学習計画を立ててください。また，近年の出題傾向を把握することによって，入学試験に対する自分なりの感触をつかむこともできます。

過去問に取り組むことで，実際の試験をイメージすることもできます。制限時間内にどの程度までできるか，今の段階でどのくらいの得点を得られるかということも確かめられます。それによって必要な学習量も見えてきますし，過去問に取り組む体験は試験当日の緊張を和らげることにも役立つでしょう。

③ **開始時期**　過去問への取り組みは，全分野の学習に目安のつく時期，つまり，9月以降に始めるのが一般的です。しかし，全体的な傾向をつかみたい場合や，学習進度が早くて，夏前におおよその学習を終えている場合には，7月，8月頃から始めてもかまいません。もちろん，受験間際に模擬テストのつもりでやってみるのもよいでしょう。ただ，どの時期に行うにせよ，取り組むときには，集中的に徹底して取り組むようにしましょう。

④ **活用法**　各年度の入試問題を全問マスターしようと思う必要はありません。できる限り多くの問題にあたって自信をつけることは必要ですが，重要なのは，志望校に合格するためには，どの問題が解けなければいけないのかを知ることです。問題を制限時間内にやってみる。解答で答え合わせをしてみる。間違えたりできなかったりしたところについては，解説をじっくり読んでみる。そうすることによって，本校の入試問題に取り組むことが今の自分にとって適当かどうかが，はっきりします。出題傾向を研究し，合否のポイントとなる重要な部分を見極めて，入学試験に必要な力を効率よく身につけてください。

数学

各都道府県の公立高校の入学試験問題は，中学数学のすべての分野から幅広く出題されます。内容的にも，基本的・典型的なものから思考力・応用力を必要とするものまでバランスよく構成されています。私立・国立高校では，中学数学のすべての分野から出題されることには変わりはありませんが，出題形式，難易度などに差があり，また，年度によっての出題分野の偏りもあります。公立高校を含め，ほとんどの学校で，前半は広い範囲からの基本的な小問群，後半はあるテーマに沿っての数問の小問を集めた大問という形での出題となっています。

まずは，単年度の問題を制限時間内にやってみてください。その後で，解答の答え合わせ，解説での研究に時間をかけて取り組んでください。前半の小問群，後半の大問の一部を合わせて50%以上の正解が得られそうなら多年度のものにも順次挑戦してみるとよいでしょう。

英語

英語の志望校対策としては，まず志望校の出題形式をしっかり把握しておくことが重要です。英語の問題は，大きく分けて，リスニング，発音・アクセント，文法，読解，英作文の5種類に分けられます。リスニング問題の有無(出題されるならば，どのような形式で出題されるか)，発音・アクセント問題の形式，文法問題の形式(語句補充，語句整序，正誤問題など)，英作文の有無(出題されるならば，和文英訳か，条件作文か，自由作文か）など，細かく具体的につかみましょう。読解問題では，物語文，エッセイ，論理的な文章，会話文などのジャンルのほかに，文章の長さも知っておきましょう。また，読解問題でも，文法を問う問題が多いか，内容を問う問題が多く出題されるか，といった傾向をおさえておくことも重要です。志望校で出題される問題の形式に慣れておけば，本番ですんなり問題に対応することができますし，読解問題で出題される文章の内容や量をつかんでおけば，読解問題対策の勉強として，どのような読解問題を多くこなせばよいかの指針になります。

最後に，英語の入試問題では，なんと言っても読解問題でどれだけ得点できるかが最大のポイントとなります。初めて見る長い文章をすらすらと読み解くのはたいへんなことですが，そのような力を身につけるには，リスニングも含めて，総合的に英語に慣れていくことが必要です。「急がば回れ」ということわざの通り，志望校対策を進める一方で，英語という言語の基本的な学習を地道に続けることも忘れないでください。

国語

国語は，出題文の種類，解答形式をまず確認しましょう。論理的な文章と文学的な文章のどちらが中心となっているか，あるいは，どちらも同じ比重で出題されているか，韻文(和歌・短歌・俳句・詩・漢詩)は出題されているか，独立問題として古文の出題はあるか，といった，文章の種類を確認し，学習の方向性を決めましょう。また，解答形式は，記号選択のみか，記述解答はどの程度あるか，記述は書き抜き程度か，要約や説明はあるか，といった点を確認し，記述力重視の傾向にある場合は，文章力に磨きをかけることを意識するとよいでしょう。さらに，知識問題はどの程度出題されているか，語句(ことわざ・慣用句など)，文法，文学史など，特に出題頻度の高い分野はないか，といったことを確認しましょう。出題頻度の高い分野については，集中的に学習することが必要です。読解問題の出題傾向については，脱語補充問題が多い，書き抜きで解答する言い換えの問題が多い，自分の言葉で説明する問題が多い，選択肢がよく練られている，といった傾向を把握したうえで，これらを意識して取り組むと解答力を高めることができます。「漢字」「語句・文法」「文学史」「現代文の読解問題」「古文」「韻文」と，出題ジャンルを分類して取り組むとよいでしょう。毎年出題されているジャンルがあるとわかった場合は，必ず正解できる力をつけられるよう意識して取り組み，得点力を高めましょう。

数学

出題傾向の分析と 合格への対策

●出題傾向と内容

本年度の出題数は，大問が6題，小問数にして25題で，例年通りであった。

出題内容は，Ⅰが数・式の計算，平方根の計算，式の展開，因数分解，Ⅱが方程式の計算問題，Ⅲが関数，方程式の応用問題，平方数，統計，最短距離の小問群，Ⅳが連立方程式の応用問題，Ⅴが確率，Ⅵが図形と関数・グラフの融合問題であった。

中学数学の重要事項が典型的な形で出題されていて，範囲は全分野にわたっている。基本的な問題が多いが，問題数がやや多めなので，前半の計算問題をスピーディにこなし，後半の総合問題に時間をかけるとよいだろう。

学習のポイント

教科書を中心に基本的な問題を幅広く勉強しよう。その上で，問題集などを使って応用力をつけていこう。

●2025年度の予想と対策

近年は重要事項を教科書の例題タイプの形で問うものが大半を占めている。この傾向は来年度以降も続くと思われる。問題数や問題形式は大きく変わらないだろう。

まずは，教科書の内容をしっかり理解することが大事である。例題・公式・図・グラフなどをノートにまとめ，基本事項を覚えるとともに，その使い方をつかんでいこう。関数・グラフや図形の計量などは，やや難しいものも含まれるので，できるだけ標準レベルの問題集にもあたっておきたい。過去の問題も研究して，確実に点をとれるようにしておこう。

▼年度別出題内容分類表……

出題内容			2020年	2021年	2022年	2023年	2024年
数と式		数の性質					
		数・式の計算	○	○	○	○	○
		因数分解	○	○	○	○	○
		平方根	○	○	○	○	○
方程式・不等式		一次方程式	○	○	○	○	○
		二次方程式	○	○	○	○	○
		不等式					
		方程式・不等式の応用	○	○	○	○	○
関数		一次関数	○	○	○	○	○
		二乗に比例する関数	○	○	○	○	○
		比例関数			○		
		関数とグラフ	○	○	○	○	○
		グラフの作成					
図形	平面図形	角度	○		○	○	
		合同・相似		○	○		
		三平方の定理			○		
		円の性質	○		○		
	空間図形	合同・相似					
		三平方の定理	○				○
		切断		○			
	計量	長さ	○	○	○	○	○
		面積	○			○	○
		体積	○	○		○	
	証明						
	作図						
	動点		○				
統計		場合の数			○	○	
		確率	○	○	○	○	○
		統計・標本調査	○		○	○	○
融合問題		図形と関数・グラフ	○	○	○	○	○
		図形と確率	○				
		関数・グラフと確率					
		その他					
その他							

藤沢翔陵高等学校

英語　出題傾向の分析と合格への対策

●出題傾向と内容

本年度は例年通りリスニングテスト2題のほかに，語彙に関する補充問題，主として文法知識を問う書き換え問題，語句補充問題，語句整序問題，3つの掲示文の内容を問う資料読解問題，会話文問題，長文読解問題の大問計9題が出題された。

文法問題は平易なものであるが，まんべんなく問われている。また，語彙に関する出題も目立つ。

掲示文や長文読解問題は，読みやすいレベルのものであるが，細かな内容を読みとらせる問題が多く，正確な読みとりを要求している。特に数字に関係するものが多い。

✔学習のポイント

基礎的なレベルの英語学習を徹底させておこう。長文問題は，全体の流れを理解しつつ，細かな部分まで注意して読もう。

●2025年度の予想と対策

同じような構成・レベルの問題が出題されると思われる。ふだんの学習を大切にして，基本的な内容を確実に身につけておきたい。

リスニングは，CDやラジオなどを活用して，より多くの英語発音に触れ，慣れておこう。

語彙・文法問題は，基本事項をしっかりとおさえながら，苦手なものを少しでもなくすように努力しておこう。

掲示文問題は，類似の問題に多くあたり，言い回しや表現方法に慣れておこう。

長文読解問題は，標準レベルのものを数多く読んでおくことが大切である。より速く，より正確に読めるようにしておこう。

▼年度別出題内容分類表 ・・・・・・

	出題内容	2020年	2021年	2022年	2023年	2024年
話し方・聞き方	単語の発音					
	アクセント					
	くぎり・強勢・抑揚					
	聞き取り・書き取り	○	○	○	○	○
語い	単語・熟語・慣用句					
	同意語・反意語					
	同音異義語					
読解	英文和訳(記述・選択)					
	内容吟味	○	○	○	○	○
	要旨把握					
	語句解釈		○		○	
	語句補充・選択	○	○	○	○	○
	段落・文整序					
	指示語	○	○			
	会話文	○	○	○	○	○
文法・作文	和文英訳					
	語句補充・選択	○	○	○	○	○
	語句整序	○	○	○	○	○
	正誤問題					
	言い換え・書き換え	○	○	○	○	○
	英問英答					
	自由・条件英作文					
文法事項	間接疑問文					
	進行形		○			
	助動詞	○		○	○	○
	付加疑問文				○	
	感嘆文					
	不定詞		○	○	○	
	分詞・動名詞	○		○	○	○
	比較	○		○	○	○
	受動態		○	○	○	○
	現在完了	○	○	○	○	○
	前置詞	○		○		○
	接続詞	○	○		○	○
	関係代名詞			○		○

藤沢翔陵高等学校

国語 出題傾向の分析と 合格への対策

●出題傾向と内容

本年度は，漢字の読み書きの独立問題が1題，熟語・慣用句知識などを問う問題が1題，古文に関する独立問題が1題，論説文が1題，小説が1題の計5題の大問構成であった。

論説文では，脱語や指示語の内容に注目させる設問が，小説では本文での表現から登場人物の心情を把握させる設問が目立った。

知識問題は，四字熟語，敬語，俳句など幅広く出題された。

解答形式は，記号選択式と抜き出しが中心の記述式が併用式である。

学習のポイント

俳句・短歌についても知識と鑑賞力をつけておこう！
語彙力を増やすとともに，表現技法など国語の基礎事項をしっかりと固めよう！
やや長めの文章を素早く読み込む練習をしておこう！

●2025年度の予想と対策

来年度も文学的文章と論理的文章の読解問題，漢字の読み書きの問題，および幅広い分野の知識問題が出題されるだろう。

現代文の読解では，日頃から幅広いジャンルの作品に触れ，筆者の主張や登場人物の心情を把握する力とともに，語彙力もつけておきたい。また，やや長めの文章が出題される可能性があるため，読み取りのスピードについても気にしておこう。

漢字，語句の意味，文学史の問題も頻出なので，教科書を中心に基本を学習し，参考書や問題集で応用力を培っておこう。読解問題の対策でさまざまな文章を読んでおくことは，漢字や語句の知識をつけることにもつながる。

また、基本的な古文単語や助動詞は確認しておこう。有名な作品を用いて学習しておくことがおすすめだ。

▼年度別出題内容分類表 ••••••

出題内容			2020年	2021年	2022年	2023年	2024年
内容の分類	読解	主題・表題	○				
		大意・要旨		○		○	○
		情景・心情	○	○	○	○	○
		内容吟味	○		○	○	○
		文脈把握	○	○	○	○	○
		段落・文章構成	○			○	
		指示語の問題	○	○	○	○	○
		接続語の問題	○	○	○	○	○
		脱文・脱語補充	○		○	○	○
	漢字・語句	漢字の読み書き	○	○	○	○	○
		筆順・画数・部首	○	○		○	○
		語句の意味	○	○	○	○	
		同義語・対義語	○	○		○	○
		熟語	○		○	○	○
		ことわざ・慣用句	○		○	○	○
	表現	短文作成					
		作文(自由・課題)					
		その他			○	○	○
	文法	文と文節	○	○		○	○
		品詞・用法	○	○		○	○
		仮名遣い	○				○
		敬語・その他	○			○	○
	古文の口語訳		○	○			
	表現技法		○	○	○	○	○
	文学史			○	○	○	○
問題文の種類	散文	論説文・説明文		○	○	○	○
		記録文・報告文					
		小説・物語・伝記	○	○	○	○	○
		随筆・紀行・日記	○				
	韻文	詩					
		和歌(短歌)		○			
		俳句・川柳		○	○	○	○
	古文		○				○
	漢文・漢詩						

藤沢翔陵高等学校

2024年度 合否の鍵はこの問題だ!!

数学 Ⅵ

① $y=ax^2$に点Bの座標を代入すると，$1=a\times2^2$，$a=\frac{1}{4}$

② $y=\frac{1}{4}x^2$に$x=-6$を代入すると，$y=\frac{1}{4}\times(-6)^2=9$

よって，A$(-6,\ 9)$　直線ABの傾きは，$\frac{1-9}{2-(-6)}=\frac{-8}{8}$ $=-1$　直線ℓの式を$y=-x+b$として点Bの座標を代入すると，$1=-2+b$　$b=3$　よって，直線ℓの式は，$y=-x+3$

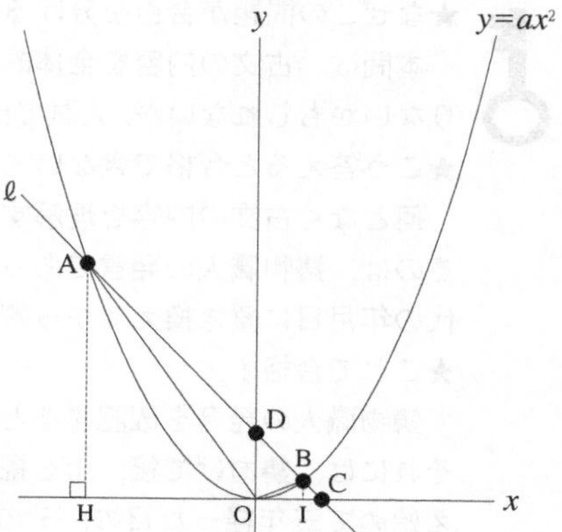

③ 直線ℓとy軸との交点をDとすると，D$(0,\ 3)$　△OAB $=$△OAD$+$△OBD$=\frac{1}{2}\times3\times6+\frac{1}{2}\times3\times2=9+3=12$

④ $y=-x+3$の式に$y=0$を代入して，$0=-x+3$，$x=3$　よって，C$(3,\ 0)$　右の図のように点AとBからx軸へ垂線AH，BIをひくと，△OAC：△OBC＝AC：BC＝HC：IC＝$\{3-(-6)\}:(3-2)=9:1$

◎ 図形と関数・グラフの融合問題は例年同じような形で出題されている。しっかり演習して解法を身につけ，得点につなげよう。

英語 Ⅸ

Ⅸの問題は，このテストで唯一の長文を用いたものである。注も多く用意されており，英文自体のレベルは高くないので，読むのはあまり難しくはないだろう。しかし，全体に比喩が用いられているので，注意するべきである。比喩であることを理解せずに，そのまま読んでしまうと，何が書かれているかがわからなくなってしまう。英文を正しく理解することはもちろん，その裏にある意味まで読み取ることが求められている。

設問を見ると語彙の問題も含みながら，長文の内容を確認するものが並んでいる。英文が表す真の意味が理解できていれば正しく答えるのはそれほど難しくない。しかし，その意味を理解していないと全く答えられないかもしれない。

このような問題を解くには，多くの長文を読んで慣れることが一番重要であるが，さらには，英文が表す内容についてよく考える習慣をもつべきである。表面的な意味にとどまらず，その奥にある内容まで読み取ろうとする意欲が最も重要である。

国語　五　問七

★なぜこの問題が合否を分けるのか

本問は，古文の内容を全体的に理解しているかを問う問題である。日付を答えさせる問題は他にあまりないかもしれないが，入試で出題される古文の内容を時系列でとらえるためにはいい実践問題である。

★こう答えると合格できない

何となく古文の内容を理解するだけでは，誤る可能性があるので，正確に読みとこう。ポイントとなるのは，鋳物職人の発言であって，その後の法師が行った事と混同しないように注意しよう。また，現代の年月日に置き換えてから答える必要があるので，その点についても注意しよう。

★これで合格！

鋳物職人の発言を確認すると，「この鐘は，つく人がなくても日に十二回鳴るようつくるつもりです。それには，鋳あげて後，土を掘って埋め，三年間そのままにしておかなければなりません。今日から数え始めて三年経った日の，その翌日，掘り出さなくてはなりません。(しかし,)一日でも足りず，またはそれより日を遅らせて掘り出しましたら，そのようなつく人もなく日に十二回鳴るようなことは，ありません。そのような工夫をしました」である。その中でも特に重要なのは，「今日から数え始めて三年経った日の，その翌日，掘り出さなくてはなりません」である。古文では「満て」はタ行下二段活用動詞「満つ」の已然形，「ら」は完了の助動詞「る」の未然形，「む」は婉曲の助動詞「む」の連体形である。つまり，「三年が満たされた」「三年経った」ということである。そして，「明け」はカ行下二段動詞「明く」の未然形，「む」は婉曲の助動詞「む」の連体形である。つまり，「明けた日」「翌日」を表す。よって，「年経った日の，その翌日」ということになる。これらのことから，2024(令和6)年2月10日に鐘を埋めたとすると，掘り出すのは3年後の翌日，2027(令和9)年2月11日となる。

2024年度

★★★★★★★★★★★★★★★★★★★★★★★★★

入　試　問　題

2024年度
藤沢翔陵高等学校入試問題

【数　学】（50分）　＜満点：100点＞

Ⅰ　次の問に答えなさい。

①　$56 \div 7 - 6$　を計算しなさい。

②　$\left(\frac{1}{4}\right)^2 - \frac{1}{8} \div \frac{2}{3}$　を計算しなさい。

③　$8a^6b^8 \div (2ab)^2$　を計算しなさい。

④　$\sqrt{12} + \sqrt{2} \times 3\sqrt{6}$　を計算しなさい。

⑤　$(x+2)^2 - (x-2)(x+2)$　を計算しなさい。

⑥　$x^2 + 11x + 10$を因数分解しなさい。

Ⅱ　次の方程式を解きなさい。

①　$4x - 5 = 2x + 17$

②　$\begin{cases} \frac{1}{2}x + y = 0 \\ 2x + y = 6 \end{cases}$

③　$x^2 - 3x - 40 = 0$

④　$6x^2 + 7x - 3 = 0$

Ⅲ　次の問に答えなさい。

①　$x = 2$のとき$y = 6$であり，$x = 5$のとき$y = 12$である１次関数の式を求めなさい。

②　関数$y = 2x^2$の$-1 \leqq x \leqq 3$におけるyの変域を求めなさい。

③　ある正の数に４を加えて２倍しなければならないところ間違えて４を加えて２乗してしまったため計算の結果は正しい答えより15大きくなってしまった。ある正の数を求めなさい。

④　$\sqrt{\frac{720}{n}}$が自然数となるような最小の整数nを求めなさい。

⑤　５人の生徒が数学のテストを受験したところ，テストの点数はそれぞれ70，55，58，63，69であった。このテストの点数の平均値と中央値を求めなさい。

⑥　下の図でA，B，Cが円周上にあるとき，$\angle x$の大きさを求めなさい。ただし点Oは円の中心とする。

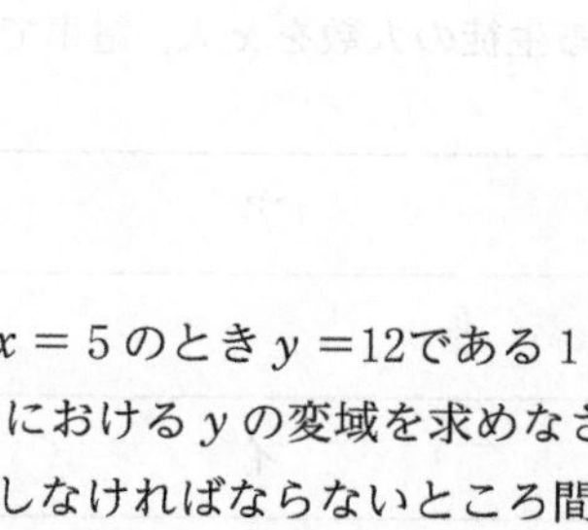

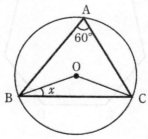

⑦　下の図のような1辺の長さが4㎝の立方体において立方体の表面にそって頂点Bから頂点Hまでの長さが最短となるように線を結ぶとき，線分BHの長さを求めなさい。

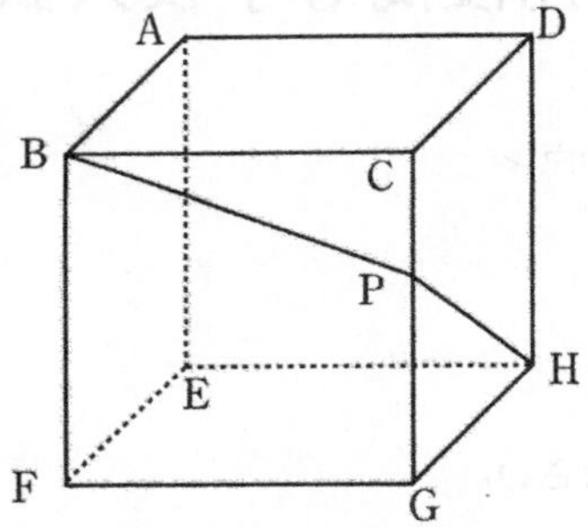

Ⅳ　今年の自転車で通学している生徒の人数と電車で通学している生徒の人数を合わせると810人だった。

昨年の自転車で通学している生徒の人数は今年に比べて30%少なく，昨年の電車で通学している生徒の人数は今年に比べて40%多かった。

また，昨年の自転車で通学している生徒の人数と電車で通学している生徒の人数を合わせると840人だった。

昨年の自転車で通学している生徒の人数と電車で通学している生徒の人数を，連立方程式をつくりそれぞれ求めなさい。

ただし今年の自転車で通学している生徒の人数を x 人，電車で通学している生徒の人数を y 人とする。

ア
イ

Ⅴ　下の図において，はじめに太郎くんは点Aの位置にいる。サイコロを1回振るごとに奇数の目が出れば右まわりに3つ進み，偶数の目が出れば左まわりに2つ進み，頂点の上で止まる。

このとき次の問に答えなさい。

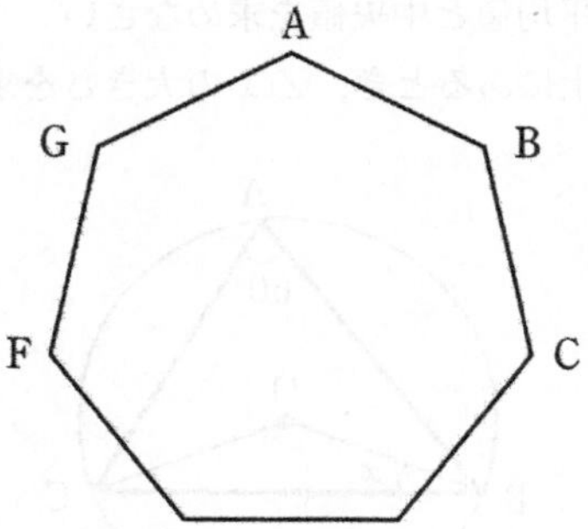

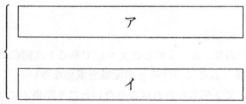

① サイコロを２回振るとき，太郎くんがBの位置にいる確率を求めなさい。
② サイコロを３回振るとき，太郎くんがEの位置にいる確率を求めなさい。

Ⅵ 下の図のような点B（２，１）を通る２次関数 $y = ax^2$ のグラフがある。
２次関数 $y = ax^2$ と直線 ℓ の交点の x 座標がそれぞれ－6，2となる点A，Bをとり，直線 ℓ と x 軸との交点をCとする。このとき，次の問に答えなさい。
① a の値を求めなさい。
② 直線 ℓ の式を求めなさい。
③ △OABの面積を求めなさい。
④ △OACと△OBCの面積比を求めなさい。

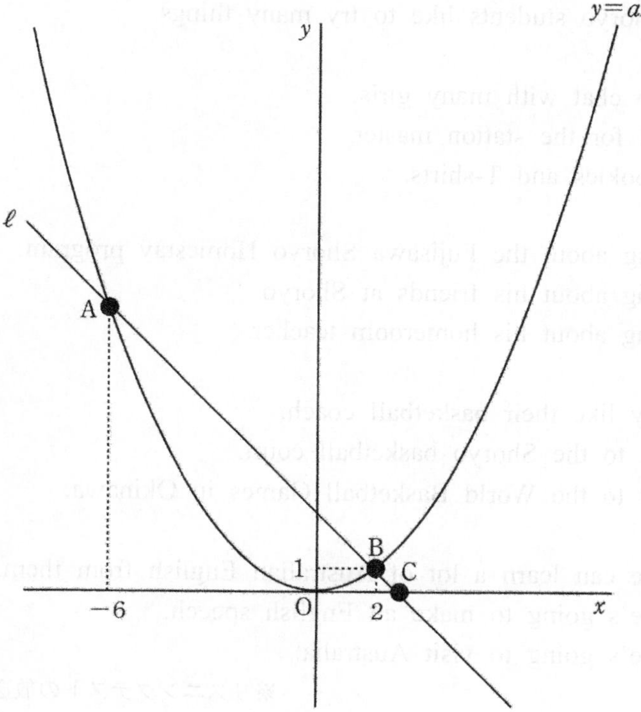

【英　語】（50分）　＜満点：100点＞

【注意】 問題Ⅰ・Ⅱはリスニングテストです。※試験開始10分経過後，放送されます。

Ⅰ． No.1～No.5の英語の質問に対する最も適当な答えをA～Cの中から1つ選びなさい。「質問」・「答え」すべて放送されます。英文は1度だけしか読まれません。（リスニングテスト）

Ⅱ． No.1～No.5の英文を聞き，その内容に関する質問に対する最も適当な答えをA～Cの中から1つ選びなさい。英文は2度読まれます。（リスニングテスト）

No.1

A．Because Shoryo students like winter.

B．Because the Shoryo mountain climbing club students climb mountains in winter.

C．Because Shoryo students like to try many things.

No.2

A．He tried to chat with many girls.

B．He worked for the station master.

C．He sold cookies and T-shirts.

No.3

A．He's talking about the Fujisawa Shoryo Homestay program.

B．He's talking about his friends at Shoryo.

C．He's talking about his homeroom teacher.

No.4

A．They really like their basketball coach.

B．They went to the Shoryo basketball court.

C．They went to the World Basketball Games in Okinawa.

No.5

A．Because he can learn a lot of Australian English from them.

B．Because he's going to make an English speech.

C．Because he's going to visit Australia.

※リスニングテストの放送台本は非公表です。

Ⅲ． 日本語を参考に，(a)～(e)の[　]内に示してある文字で始まる語を入れて文章を完成させなさい。解答欄の文字に続けてつづりを書きなさい。

Last summer twenty students from a (a)[s　　] city in Australia visited Japan. They went to Tokyo and then came to my city. For the last three days each student stayed with a Japanese family. Diana stayed with us. My family welcomed her and enjoyed talking with her. Her Japanese was very good because she was learning Japanese in her school. She was interested in Japanese (b)[c　　].

When we had dinner, Diana asked us a (c)[q　　] about hotel room numbers in Japan. She stayed at a hotel in Tokyo. Her room was 203 and the next room number was 205, not 204. She tried to find room 204 but she couldn't. She asked us why there was no room 204. My father answered, "Some Japanese think number four is a (d)[b] number. They don't like the number because it is pronounced the (e)[s] as the word for death. So, some hotels and hospitals don't have room numbers ending in four in Japan." Diana said, "That's interesting. I didn't learn that in my Japanese class."

去年の夏，オーストラリアの姉妹都市から20人の生徒が日本を訪れました。彼らは東京へ行きそれから私の町に来ました。最後の３日間はそれぞれの生徒は日本人の家庭に滞在しました。ダイアナは私たちのところに泊まりました。私の家族は彼女を歓迎し会話を楽しみました。彼女の日本語はとても上手でした。というのも彼女は学校で日本語を習っていたからです。彼女は日本の文化に興味を持っていました。

夕食の時にダイアナが日本のホテルの部屋番号について私たちに質問しました。彼女は東京のホテルに泊まりました。彼女の部屋の番号は203でしたが，隣の部屋番号は204ではなく205だったのです。彼女は204の部屋を見つけようとしましたが見つけられませんでした。彼女は私たちになぜ204の部屋がないのかと尋ねました。私の父が「数字の４は悪い数字だと思う日本人がいるからだよ。死を意味する言葉と同じ発音をするからその数字を嫌うのだよ。だから日本では数字の４で終わる部屋がないホテルや病院もあるんだ。」と答えました。ダイアナは「それは興味深いです。私の日本語のクラスでは習いませんでした。」と言いました。

Ⅳ．次の各組の文がほぼ同じ内容を表すように，（ ）内に適する語を答えなさい。

(a) Kenta became sick last week and he is still sick.
Kenta ( ) been sick since last week.

(b) Do you know that woman? She is talking to Mr. Sasaki.
Do you know that woman ( ) is talking to Mr. Sasaki?

(c) Koji can play badminton very well.
Koji is very good ( ) playing badminton.

(d) Mr. Takahashi teaches us math.
Mr. Takahashi is ( ) math teacher.

(e) I like English the best of all the subjects.
I like English ( ) than any other subject.

Ⅴ．次の英文の（ ）内に入れるのに最も適切なものを選び，記号で答えなさい。

(a) The news ( ) us angry.
A．made　B．went　C．brought　D．let

(b) The islands ( ) from the top of the mountain were beautiful.
A．see　B．saw　C．seen　D．seeing

(c) There's a farmer's market ( ) the first Tuesday of each month.
A．at　B．with　C．in　D．on

(d) My bike will (　　) by my brother.
A. be repair　B. be repaired　C. repair　D. repaired

(e) (　　) I was very tired, I finished all of my homework.
A. If　B. But　C. Though　D. Because

Ⅵ. 次の日本文に合うように（　）内の語（句）を並べかえたとき，2番目と4番目にくる語（句）を順番に番号で答えなさい。

(a) ここからあなたの家までどのくらいの距離ですか。
(1. it　2. far　3. how　4. is) from here to your house?

(b) あなたの住所を教えていただけませんか。
(1. you　2. tell　3. could　4. me) your address?

(c) 毎日散歩することは健康に良い。
(1. taking　2. every day　3. a walk　4. is) good for health.

(d) あなたは個人的な質問に答える必要はありません。
You (1. answer　2. have　3. to　4. don't) personal questions.

(e) 彼はあなたほどたくさん食べませんでした。
He (1. eat as　2. didn't　3. much　4. as) you.

Ⅶ. 次のA・B・Cの内容に関して，(a)と(b)の質問に対する答えとして最も適切なものをA～Dの中から1つずつ選び，記号で答えなさい。

A.

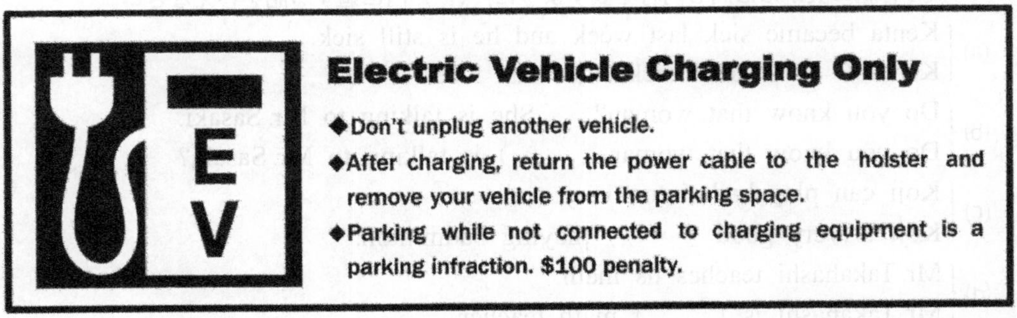
EV
Electric Vehicle Charging Only
◆Don't unplug another vehicle.
◆After charging, return the power cable to the holster and remove your vehicle from the parking space.
◆Parking while not connected to charging equipment is a parking infraction. $100 penalty.

(a) What should a driver do when he/she finishes charging his/her car?
A. Unplug another vehicle.
B. Return the power cable to the holster.
C. Remove the charging equipment from the parking space.
D. Connect his/her car to the charging equipment.

(b) If you find a car charging in this charging spot,
A. you will have to pay $100 to charge your vehicle.
B. you should unplug the vehicle and start charging yours.
C. you should return the power cable to the holster.
D. you should wait your turn or move to another charging spot.

B.

Hi, I'm Meg. I'm a student at St. Ursula's High School. Our high school's spring festival is coming soon, and I'm getting excited. I'm planning to attend the festival with Kathy, my friend from Taylor High School, and my mother. I'm also a member of the cheerleading team, and I'll be dancing at our cheerleaders' café from 10 AM to 12 PM. Why don't you come to our café and enjoy our amazing performance? I'm also planning to attend the brassband concert and the volleyball game. I'm really looking forward to the festival!

St. Ursula's High School Spring Festival

Sunday, April 21st (10:00 AM – 4:00 PM)

It's time for the St. Ursula's High School spring festival! Bring your family and friends and have a great time while helping us to raise money for our student council.

Brass Band	Parent/Teacher Volleyball Game
Enjoy a fantastic performance by our brass band. The concerts will be held at 10:30 AM, 12:30 PM and 2:00 PM. The first 100 people will receive a free CD of our medal winning concert.	Last year, parents beat the teachers in the annual parent/teacher volleyball game. Come and cheer for your favorite team at the gym at 2:00 PM. You could win a school T-shirt during the halftime bingo game.

Cookie Sale	Cheerleaders' Cafe	Club Shops
There will be a cookie sale in the JRC room. The cookies are baked with our secret recipe. If you buy one, you will receive a free coffee.	Cheerleaders will entertain you with the "Cheer Me Up" dance performance. Spend over $10 on food or drinks and get a free bottle of energy drink.	Various clubs will be selling goods such as food, drinks and gift items at shops in the school courtyard.

Ticket Information

Adults: $5 / Students (St. Ursula's): $3 / Students (Other schools): $4 / Kids 5 and under: Free

Early Bird Discount: Buy your ticket before March 31st and get $1 off each ticket!

(a) What brass band performance will Meg likely attend?

A. 10:30 AM　　B. 12:30 PM　　C. 2:00 PM　　D. 4:30 PM

(b) Meg will buy tickets for herself, Kathy and her mother before March 31st. How much will she pay in total?

A. $7　　B. $9　　C. $11　　D. $12

C.

Jacksonville Tigers Basketball Events

All events will be held at Jacksonville Sports Complex except where noted.

Saturday, March 9 **FREE BASKETBALL CLINIC** 2:00 PM－4:00 PM
(For children ages 9 - 12)

Sunday, March 10 **JACKSONVILLE TIGERS CLUB PICNIC**
Location: Mount Franklin Park
Time: 10:00 AM－2:00 PM
Cost: Free
In case of rain, a picnic will be held at Lakeland Athletic Club.

Saturday, March 16 **WOMEN'S BASKETBALL VS. THUNDERS** 10:00 AM
MEN'S BASKETBALL VS. SHARKS 6:00 PM

Sunday, March 17 **WOMEN'S BASKETBALL VS. UNICORNS** 1:00 PM
Game will be played at Greenberg Stadium.

(a) Where will the picnic be held if the weather is bad?
A. Jacksonville Sports Complex B. Mount Franklin Park
C. Lakeland Athletic Club D. Greenberg Stadium

(b) What time will the men's team play?
A. 10:00 AM B. 1:00 PM C. 2:00 PM D. 6:00 PM

Ⅷ. 次の対話文を読んで，対話の流れが自然になるように（1）～（5）に入る最も適当な文をA～Eの中から1つずつ選びなさい。

User : Hi! I'd like to borrow some books.
*Librarian : Hello! (1)
U : No, I don't. (2)
L : To get a library card, you'll need a photo ID and *proof of your address. (3)
U : Yes, I have my school ID and a letter from my parents.
L : Great! Let me make your library card for you. It'll only take a moment.
L : Here's your library card. You can borrow up to five books at a time.
U : Thank you! (4)
L : You can keep them for three weeks. If you need more time, you can *renew them if someone else has not requested them.
U : I understand. (5)

L：You can return them right here at the desk. We also have a *drop-box outside for after-hours returns.

U：Thanks for your help !

L：You're welcome! Enjoy your books.

A. And how do I return them?

B. How do I get one?

C. How long can I keep the books?

D. Do you have a library card?

E. Do you have those with you?

*Librarian：司書　*proof：証明　*renew：更新する

*drop-box outside for after-hours returns：営業時間後の返却用の箱

Ⅸ. 次の英文を読んで，あとの問いに答えなさい。

A *professor stood in front of his students behind a table covered with several boxes of rocks and *sand as well as a very large, empty *jar. When the class began, without talking, he began to (1) fill the jar with *ping-pong ball sized rocks. He then asked the students if the jar was full. They agreed that it was.

So, the professor then picked up a box of smaller rocks and *poured them into the jar. He (2)[shake] the jar *lightly. The smaller rocks, of course, fell to the spaces between the larger rocks.

He then asked the students again if the jar was full. They agreed that it was.

The professor picked up a box of sand and poured it into the jar. Of course, the sand *filled up the *remaining spaces in the jar.

He then asked once more if the jar was full. Every student said "Yes."

"Now," said the professor, "I want you to *recognize that this jar *represents your life. (3) The rocks are the important things — your family, your partner, your health, your children — things that if everything else was lost and only they remained, your life would still be full. (4) The smaller rocks are other things that may *matter — like your job, your house, your car. The sand is everything else, the *small stuff."

"If you put the sand into the jar first," he continued, "there is no *room for the smaller rocks or the larger rocks. *The same goes for your life. If you spend all your time and energy on the small stuff, you will never have room for the things that are (　5　) to you. *Pay attention to the things that are important to your happiness. Play with your children. Go out together with your partner. Take care of yourself. There will always be time to go to work, clean the house, give a dinner party, or *fix the *kitchen sink."

"Take care of the (　6　) first — the things that really matter. *Rank things that are important to you. The rest is just sand."

注 professor：大学教授　sand：砂　jar：びん　ping-pong ball：ピンポン玉　poured：注いだ
lightly：軽く　filled up：埋め尽くした　remaining：残りの　recognize：知る
represents：表す　matter：重要である　small stuff：取るに足らないもの　room：余地
The same goes for：…についても同じことが言える　Pay attention to：…に目を向ける
fix：修理する　kitchen sink：台所のシンク　Rank：順位をつける

(a) 下線部(1)とあるが，教授はびんの中に何をどのような順番で入れたか。その組み合わせとして最も適切なものを下のＡ～Ｄの中から１つ選び記号で答えなさい。

Ａ．大きな石→小さな石→砂　Ｂ．水→小さな石→大きな石
Ｃ．大きな石→小さな石→水　Ｄ．砂→大きな石→小さな石

(b) (2)の［ ］内の動詞を適切な形になおしなさい。

(c) 下線部(3)が表すものの具体例として適切でないものを下のＡ～Ｄの中から１つ選び記号で答えなさい。

Ａ．your family　Ｂ．your health　Ｃ．your money　Ｄ．your children

(d) 下線部(4)の表すものの具体例として適切でないものを下のＡ～Ｄの中から１つ選び記号で答えなさい。

Ａ．your job　Ｂ．your car　Ｃ．your house　Ｄ．your family

(e) (5)に入るものとして最も適切なものをＡ～Ｄの中から１つ選び記号で答えなさい。

Ａ．boring　Ｂ．important　Ｃ．international　Ｄ．wrong

(f) (6)に入るものとして最も適切なものをＡ～Ｄの中から１つ選び記号で答えなさい。

Ａ．house　Ｂ．sand　Ｃ．rocks　Ｄ．cars

(g) 以下の英語の質問の答えとして最も適切なものを下のＡ～Ｄの中から１つ選び記号で答えなさい。

What will happen if you put the sand into the jar first, according to the professor?

Ａ．The jar will break because it cannot hold so much sand.
Ｂ．There will be no room for the larger rocks and the smaller rocks.
Ｃ．The sand will mix with the rocks and become useless.
Ｄ．The smaller rocks will push the sand out of the jar.

(h) 以下の英文が本文の内容と合っていればＴ，違っていればＦと解答欄に書きなさい。

(1) There was no room for the smaller rocks after pouring the big rocks into the jar.

(2) The professor's main message was to pay attention to important things.

く人も無くて十二時に鳴りなまし。然《しか》鳴らましかば、鐘の音の聞き及ばむ所には X をも慥《たし》かに知り、微妙《めでた》からまし。極《いみ》じく口惜しき事したる別当なり」となむ、其の時の人云ひ誹《そし》りける。

然れば、騒がしく、物念為《ものねんじせ》ざらむ人は、必ず此く弊《つたな》きなり。（せっかちで、忍耐力のない人は、必ずこのようにやりそこなうのだ）心愚かにて不信なるが至《いた》す所なり。世の人此れを聞きて、努々《ゆめゆめ》不信ならむ事をば止《とど》むべしとなむ、語り伝へたるとや。

（愚かで約束を守らない結果である）

（けっして約束を破ることはしてはならないと、）

『今昔物語集』本朝世俗部四

問一　点線部ア「云はく」を現代仮名遣いで答えよ。

問二　空欄部 X に入る語として適当なものを選べ。

ア　日にち　イ　方向　ウ　時　エ　天気

問三　傍線部1「今は昔」で始まる「今昔物語集」は平安時代の成立である。次より平安時代成立ではないものを選べ。

ア　竹取物語　イ　古今和歌集　ウ　源氏物語　エ　奥の細道

問四　傍線部2「而る構をしたるなり」とあるが、どのような「構（工夫）」をして作るのか。本文より18字で抜き出せ。

問五　傍線部3「掘り開けてけり」とあるが、その主語にあたる人物を抜き出せ。

問六　傍線部4「只有る鐘」とあるが、なぜそうなってしまったのか。その理由として、適当なものを選べ。

ア　人が撞かないのに鳴る鐘を、人々が望まなかったから。

イ　鋳師が小野篁を喜ばせるようについたウソだったから。

ウ　鋳師が指定した期日よりも早く掘り起こしてしまったから。

エ　掘り起こした人物が、工夫を取ってしまったから。

問七　傍線部5「其の日」とはいつか。

※鐘を埋めた日を【本日（令和6年2月10日）の今の時間】と仮定します。

①　掘り起こさなければならない年を、解答用紙のカレンダーの西暦欄に記入せよ。

②　掘り起こさなければならない日を、解答用紙のカレンダーの日にちに○（丸）をつけよ。

問八　傍線部6「なむ」という助詞がつくことによって、文末が「ける。」という連体形で終わっている。この法則を何というか。次から選び、記号で答えよ。

ア　倒置法　イ　係り結び　ウ　体言止め　エ　序詞

問九　この作品を読んで、AさんからDさんが、思いつく「ことわざ・慣用句」を述べた。一人だけ内容と合っていないものを使っている人がいる。その人は誰か答えよ。

Aさん　三年間も土の中に埋めておいたなんて、「石の上にも三年」だね。

Bさん　お寺の人が、三年になる前に掘り起こしてしまうなんて「急いては事を仕損じる」だね。

Cさん　自動で鳴る画期的な鐘を、当時の人々は「喉から手が出る」ほど欲しかっただろうね。

Dさん　そもそも自動で鐘が鳴るなんて「眉唾物」としかいいようがないよ。

問八　傍線部7「もう一刻も、そのままには、捨て置けない」とはどういうことか。それを説明したものとして最も適当なものを選び記号で答えよ。

ア　もう今後はみぞろが池を人の近よらないような土地にしてはならない。

イ　もうこれからは多能丸《たのうまる》が立派な邸に住めるような都にしてはならない。

ウ　もう少しも盗賊たちが簡単に都であばれ廻ることを許してはならない。

エ　もうこれ以降娘が攫《さら》われるような金持ちを都に住まわせてはならない。

問九　次の内容は、この本文を読んだ生徒4名が、傍線部8「驚き喜び悲しみ」についてグループで話し合いをしている場面である。［　　］に入る語句として最も適当なものを選び、記号で答えよ。

Aさん　「二郎次が三郎次と再会するシーンでは、驚きと喜びがそのまま読者に伝わってくるよね。」

Bさん　「ただ、そこに二郎次も加わって三兄弟の再会が描かれるのだけど、二郎次の存在が再会を悲しいものに変えてしまったのではないかな…。」

Cさん　「いや、悲しく残念な再会となったというより、むしろ、三筋の道に別れてそれぞれが都を目指すという選択をしたことを後悔して悲しんでいるのではないかと思う。」

Dさん　「確かに、三人一緒に都に入っていたら二郎次が道を踏み外すことは無かったかもしれない。都に入る前の三筋の道は、まさに人生の［　　］だったと言えるものだね。」

ア　岐路　イ　往路　ウ　遍路　エ　坂路

五　次の文章を読み、以下の問いに答えよ。

愛宕寺《おたぎでら》に鐘を鋳《い》る語《こと》

[1]今は昔、小野篁《をののたかむら》と云《い》ひける人、愛宕寺を造りて、其《そ》の料《れう》に鋳師《いもじ》(そこでつかうために鋳物職人)を以て鐘を鋳《い》させたりけるに(つくらせたところ、)、鋳師が[ア]云はく、「此《こ》の鐘をば、撞《つ》く人も無くて十二時に鳴らさむと為《す》るなり(日に十二回鳴るようつくるつもりです。)。其れを、此《か》く鋳《い》て後、土に掘《ほ》り埋《うづ》みて、三年有らしむべきなり(三年間そのままにしておかなければなりません。)。今日より始めて三年に満てらむ日の、其の明けむ日(その翌日、)、掘り出だすべきなり。其れを、或《ある》いは日を足らしめず、或いは日を余して掘り開けたらむには、然《しか》(そのような)撞く人も無くて十二時に鳴る事は、有るべからず。[2]而《しか》る構《＊かまへ》(そのような工夫)をしたるなり」と云て、鋳師は返り去りにけり(帰っていった。)。

然《さ》て、土に掘り埋みてけるに、其の後、別当《べったう》(その寺の責任者である法師)にて有りける法師。二年を過ぎて、三年と云ふに、未《いま》だ其の日にも至らざりけるに、否待《え》ち得ずして心もとなかりけるままに(待ちきることができず、本当に鳴るか心配で、あさはかにも)、[3]云ふ甲斐無《かいな》く掘り開けてけり。然《しか》れば、撞く人も無くて十二時に鳴る事は無くて、[4]只《ただ》有る鐘にて有るなりけり。「鋳師の云ひけむ様《やう》に、[5]其の日掘り出だしたらましかば、撞

高い上座に坐ると、加茂の長者の方を見て、

「お前が、加茂の長者か。」と、言いました。今まで俯《うつむ》いていた長者は、顔を上げて、

「はいさようでございます。」と、言いました。その顔を一郎次の左衛門尉がよく見ますと、それは紛れもない弟の三郎次ではありませんか。一郎次の左衛門尉は、思わず大きな声を出して、

「おう三郎次ではないか。」と、申しますと、三郎次も、検非違使のお役所だということも忘れて、

「おう、兄さんですか。」と、言いました。二人は、両方から抱き付くようにしてオイオイ泣きました。

が、泣いているのは、二人ばかりではありませんでした。

砂の上に坐っている、盗賊の多能丸も、やっぱり、縛られた身を悶《もだ》えながら、歯を喰いしばって泣いていました。大粒の涙がポロポロと、砂の上に落ちました。

多能丸の泣いているのに、ふと気が付いた一郎次と三郎次とはこれはまたどうしたわけかと不思議に思って、この盗賊の顔を見ました。それは、一郎次には弟、三郎次には兄に当る二郎次に違いありませんでした。

三人兄弟が、そのときの8驚き喜び悲しみは、どんなでしたろう。

（『三人兄弟』　菊池寛）

問一　丹羽国出発時の三人兄弟の心情をよく表している風景描写を文中より38字で抜き出し最初と最後の3字を答えよ。（句読点等があれば含む）

問二　傍線部1「不幸なこと」の内容として適当なものをすべて選び記号で答えよ。

ア　見分けがつかないほどよく似ていること。
イ　幼少期に両親と離れ離れになったこと。
ウ　少しばかりの田畑を他人に奪われたこと。
エ　村には誰もかまってくれる者がいないこと。
オ　貧乏だったが三人の仲は悪くなかったこと。

問三　[2]に入る語句として適当なものを選び記号で答えよ。

ア　全　イ　禅　ウ　善　エ　前

問四　傍線部3「そうする事にしよう」とあるが、三郎次は具体的にどうすることにしようとしているのか。解答欄の〈・・みること〉に続くよう文中より30字以内で抜き出せ。

問五　[4]に入る表現として最も適当なものを選び記号で答えよ。

ア　都の入口で死ななければならぬか
イ　左大臣にお会いすることは叶わぬのか
ウ　検非違使になることはできないのか
エ　弟たちに先を越されてしまうのか

問六　傍線部5一郎次が「夢ではないか」と驚いた理由を説明したものとして、最も適当なものを選び、記号で答えよ。

ア　ふと気付いたら美しい女の人の部屋で寝ていたから。
イ　左大臣の御殿で介抱されていたことを知ったから。
ウ　傷が癒れば左大臣の家来になれると聞いたから。
エ　鞍馬寺の仏様が自分の将来を導いてくれたから。

問七　傍線部6「三人の兄弟が・・十年も経ちました頃」とあるが、十年を過ぎて二郎次、三郎次はどんな立場となったか。文中よりそれぞれ二字で抜き出せ。

左大臣藤原道世と言えば、天子様の第一番の家来で、丹波国《たんばのくに》の田舎までも聞えている、名高い人でありました。

その女の人は、しばらくすると、こう言いました。

「道世様が、こう仰《お》っしゃいました。この若者は、遠い田舎から都へ出て来て、親類もない者に違いない。傷が癒れば、家来にして使うてやろうと、仰っしゃいました。」

それを聞くと、一郎次は、傷の痛みも忘れるほど喜びました。左大臣道世様の家来になることは、田舎の百姓の子である一郎次に取っては、この上もない出世でありました。

一郎次の傷は、ほどなく癒りました。そして、約束の通り、左大臣の家来になりました。

正直で、利口な一郎次の事ですから、グングン出世しまして、十年経つか経たないうちに、検非違使《けびいし》という役になりました。そして名も左衛《さえもん》門尉清経《のじょうきよつね》と改めました。

検非違使というのは、丁度警察署長と裁判所長とを兼ねたような、大層勢の強いえらい役で、盗賊や悪者を捕えて裁判するのが仕事でありました。

（中略）

6 三人の兄弟が、都へ出る途中で、三筋の道に別れてから、十年も経ちました頃のことです。その頃検非違使（今の警察署長と裁判所長とを兼ねている役であることは前にいいました）というエライ役を勤めている一郎次の左衛門尉清経の下《もと》へ、その頃都で名高い加茂の長者から訴《うったえ》がありました。

それは、その前の晩、加茂の長者の家へ三十人ばかりの盗賊の一隊が押し入ってお金を沢山盗んで行ったばかりでなく、娘の花子を攫《さら》って行ったというのです。左衛門尉清経は、前から盗賊のあばれ廻ることを怒っておりましたが、こんなに都の中へと這入《はい》って来るようでは、7 もう一刻も、そのままには、捨てて置けないと思いました。それで、家来の者を二百人ばかり集めまして、

「噂《うわさ》にきくと、加茂川の水上《みなかみ》のみぞろが池には、鬼女《きじょ》が住むという噂があって、人の近よらないのをよいことにして、多能丸《たのうまる》という大盗棒《おおどろぼう》が立派な邸を作って住んでおるということじゃ。加茂の長者の家に押入った盗賊も、この多能丸に違いない、早速かけ向うて、必ず生け取りにして来い。」と、申し付けました。

その翌日のことでした。みぞろが池に行った家来の一人が走って帰りました。

「殿様、およろこび下さいまし。多能丸を見事に生捕《いけど》りました。長者の娘の花子も、無事に取り返しました。」と申しました。

左衛門尉は大喜びで、別の家来に、

「直ぐ加茂の長者の家へ行って、花子を受け取りに来いと言え。」と、申しました。

やがて、検非違使のお役所へ、高手小手《たかてこて》に縛られた多能丸が、連れられて来ました。そして、庭の白い砂の上に、坐らされました。丁度、そこへ加茂の長者が娘を受取りに自分でやって来ました。これは縁側の上に坐っておりました。

間もなく、シイッ、シイッと、声がしたかと思うと、烏帽子《えぼし》をつけて立派な服を着た左衛門尉が、しずしずと現れました。左衛門尉は、一番

にも都合が悪くはなかろうか。それよりも、皆別れ別れに、自分の近いと思う道を歩いて、銘々《めいめい》の運を試して見ようか。」と、言いました。

「それは、よい思付《おもいつき》だ。」と、二郎次はすぐ賛成しました。三郎次は、兄たちに別れるのはちょっと悲しうございましたが、根が元気のよい若者ですから、

「それなら、3そうする事にしよう。」と言いました。

それで、一郎次は、右の道を、二郎次は真中の道を、三郎次は左の道を進むことになりました。別れる時に、二郎次は兄と弟を振り返りながら、

「たとい、ここで別れても、兄弟が、めいめい都で出世すれば、必ずどこかで逢えるに違《ちがい》ない。」と、元気よく言いました。

先《ま》ず、初めに右の道を進んだ一郎次のお話をいたしましょう。

一郎次は、弟二人と別れて、足を早めて、歩きましたが、その道は大層景色のよい道で、両側には美しい秋草が咲き乱れていました。二里も歩きました時、黄色い稲田の向うに、青空に聳《そび》えている五重の塔が見えました。

「ああ、もう都もすぐだぞ。」と、一郎次は小躍《こおど》りして喜びました。

ところが、丁度そのとたんでした。道の行手《ゆくて》に、砂けむりが立ったかと思うと、その砂けむりの中から、一頭の白い牡牛《おうし》が太い鉄のような角《つの》を左右に振り立てながら、飛ぶように走って来ました。きっと、この牛は何かに驚いて、気が狂ったのでしょう。両の目は、炎のように真赤で、眼の前にあるものは何でもその角で突きかけようとするような勢《いきおい》です。

一郎次は、その怖《おそろ》しい勢を見て、体を道傍へ除《よ》けようとしましたが、牡牛はかえって一郎次の方へ真直《まっす》ぐに突き進んで来て、アット思う間もなく、一郎次を二つの角で引っかけたかと思うと、一間《いっけん》あまりも投げ飛ばしたまま、また砂けむりを蹴立《けた》てて走って行きました。

投げ飛ばされた一郎次は、右の腋《わき》の下に刀で刳《えぐ》るような痛みを感じました。彼は、もう死ぬような気がしました。

「ああ、俺は一番損な道を来たものだ。右の道を来たために、[4]。」と、心の中《うち》で思いました。が、その中に傷の痛みが強くなって、いつの間にか気が遠くなってしまいました。

何時間経《た》ったのか、何日経ったのか、一郎次には分りませんでした。ふと、目を覚《さま》すと、自分は、立派な御殿の中に寝ていました。自分の体の上には生れて一度も見たことのないほどの美しい絹の蒲団《ふとん》がかけてありました。枕元には、銀の碗《わん》にお薬が入っておりました。その上に、ふと気が付くと、美しい女の人が、部屋の中に一人坐っていました。余りに容子《ようす》が変っているので一郎次は驚いて起き上ろうとしましたところ、右の腋の下が、また急に痛んで来ました。一郎次が、目を覚したのを見て、その女の人は、

「やっと、お気が付きましたか、別に御心配なさらないでもよろしうございます。ここは、左大臣藤原道世《ふじわらのみちよ》様のお邸《やしき》でございます。実は、昨日道世様が、鞍馬《くらま》のお寺へ御参詣《ごさんけい》の途中、お車を引く牛が、暴《あば》れ出して、あなたにそんな大傷《おおきず》を負わせたのでした。

道世様は、それを大層気の毒に思召《おぼしめ》されて、お寺へ参る途中で人を殺しては、仏様に済まない、出来るだけ手厚い介抱をして、あの若者を癒《なお》してやれと仰《おお》せになりましたので、あなたを御殿へ連れて来て、都で第一番のお医者を呼んで介抱しているのです。」と、言いました。

5一郎次は、夢ではないかと驚きました。

考えている。

ウ「アニメ哲学」によって、不当に低いサブカルチャーの社会的地位の向上をはかっている。

エ　従来の哲学の楽しさを、敷居の低い「アニメ哲学」から始めて実感させようとしている。

四　次の文章を読んで、以下の問いに答えよ。

まだ天子様の都が、京都にあった頃で、今から千年も昔のお話です。

都から二十里ばかり北に離れた丹波《たんば》の国のある村に、三人の兄弟がありました。一番上の兄を一郎次《いちろうじ》と言いました。真中《まんなか》を二郎次《じろうじ》と言い、末の弟を三郎次《さぶろうじ》と言いました。兄弟と申しましても、十八、十七、十六という一つ違いで脊《せい》の高さも同じ位で、顔の様子や物の言いぶりまで、どれが一郎次でどれが二郎次だか、他人には見分けの付かないほどよく似ていました。

1 不幸なことに、この兄弟は少《ちい》さい時に、両親に別れたため、少しばかりあった田や畑も、いつの間にか他人に取られてしまい、今では誰もかまってくれるものもなく、他人の仕事などを手伝って、漸《ようや》くその日その日を暮しておりました。が、貧乏ではありましたが、三人とも大の仲よしでありました。

ある夜のことでありました。一郎次は、何かヒドク考え込んでいましたが、ふと顔を上げて、

「こんなにして、毎日毎日末《すえ》の見込もなしに、ブラブラ暮しているよりも、いっそのこと都へ行って見ようかしら。都には、面白いことや賑《にぎや》かなことが沢山あるそうだが。」と、言いました。それを聞くと、二郎次も三郎次も声を揃《そろ》えて、

「それがいい、それがいい。都へ行けば、きっといいことがあるに違いない。」と、申しました。一郎次は、

「それなら［ 2 ］は急げというから、明日にも出立《しゅったつ》しよう。」と、言いました。そしてその晩は、みんなで色々出立の用意を致しました。

あくる日は、秋の空が気持よく晴れ渡って、太陽までが三人の出立を祝うているようでありました。三人は元気よく村を出まして、南へ南へと都の方を指して急ぎました。

途中で、一晩泊りました。村を立って、二日目の朝、大きな峠を登りますと、その峠の頂上から遥か彼方《かなた》に、朝靄《あさもや》の中に、数限りもない人家が地面一ぱいに並んでいるのが微《かす》かに見えました。

「ああ、都だ。」と、三郎次が、大喜びの声を出しました。それから兄弟三人は、前よりも一層足を早めて、峠を馳《か》け下りました。が、峠を下りましてから、都まではよほどあると見え、歩いても歩いても、黄色い稲田《いなだ》が道の両側にいくらでも続いていました。

大きい公孫樹《いちょう》が、道傍《みちばた》に一本立っていました。と今まで一筋道であった道が、その公孫樹の本の所から、三筋に別れているのに気が付きました。兄弟はちょっと困りました。

「どの道が一番近いのだろう。」と、一郎次が言いました。

「真中の道が一番近そうだ。」と、二郎次が言いました。

「いや、左の道が一番近そうだ。」と、末の弟が言いました。

すると、一郎次は、何やら考えた後で、

「私は、一番右の道が近いように思うのだ。が、どの道を行っても、都へ行き着けるのは確《たしか》だ。兄弟が一緒に揃っていては、奉公口を見つける

エ　内容が深く、難しいため、子どもよりも大人の方が真剣に考察しているもの。

問三　傍線部2「そのこと」が指す内容として適当なものを次から選び、記号で答えよ。

ア　宮崎アニメを神話的に研究すること。

イ　宮崎アニメを文化的に研究すること。

ウ　宮崎アニメを例外的に研究すること。

エ　宮崎アニメを哲学的に研究すること。

問四　傍線部3「宮崎駿」について、筆者はどのような哲学者だと考えているか、33字で抜き出し、その始めと終わりの5字を答えよ。（読点も1字に数える）

問五　傍線部4「今から定義する意味でのアニメ哲学」とはどのようなものか、本文中より18字で抜き出せ。

問六　傍線部5「アニメ」とあるが、筆者はアニメならではの特徴をどのように考えているか、適当なものを次から選び、記号で答えよ。

ア　思考の広がりが制限されるところがある点。

イ　想像の余地が小さくなってしまう点。

ウ　フィクションであることが強調される点。

エ　実写などの映画よりも特殊性を持たない点。

問七　傍線部6「私の試みは成功しているといえるでしょう」とあるが、それはなぜか。適当なものを次から選び、記号で答えよ。

ア　宮崎駿のアニメを題材にして、新しい思考方法と表現の仕方を提案し、従来の哲学的思考も一般に広めていくことに成功したといえるから。

イ　宮崎駿のアニメを題材にして、伝統的な哲学と同じように、アニメについての理性的な哲学的思考を言葉で表現することに成功したといえるから。

ウ　宮崎駿のアニメを題材にして、入り口と出口の敷居の低さを利用することで、人々に哲学的思考を広めていくことに成功したといえるから。

エ　宮崎駿のアニメを題材にして、従来の理性による哲学とは違う、感性を重視した新しい哲学的思考を言葉で表現することに成功したといえるから。

問八　傍線部7「考えるためのヒント」をつけたのはなぜか。適当なものを次から選び、記号で答えよ。

ア　読者が宮崎アニメを哲学的に観るときに、映画に対するアプローチの仕方など、思考の道筋を示すため。

イ　読者が宮崎アニメを哲学的に観るときに、映画の注目すべき点を、筆者と共有できるようにするため。

ウ　読者が宮崎アニメを自由に鑑賞するときに、映画に対する着目点を挙げ、独自の見方を創り上げるため。

エ　読者が宮崎アニメを自由に鑑賞するときに、映画のアプローチの決まり事など、正確な解釈をするため。

問九　本文についての説明として適当なものを次から選び、記号で答えよ。

ア　今は哲学の学会では認められていない「アニメ哲学」を正式に承認してもらおうとしている。

イ　本文で試みた「アニメ哲学」に、読者にも挑戦してもらいたいとという点です。そのため私たちは、理性よりも、どちらかというと感性を働かせて思考しているのです。

じっくりと頭で考えている暇がないので、一つひとつの場面で何かを「感じる」ことのほうが重要になります。これがアニメを観ながら思考するということの意味です。

その営みは、哲学書を読んで理性で考えるというのとは異なります。でも、思考しているのはたしかです。そこで、その感性に重きをおいた新しい思考のあり方をアニメ哲学と名付けたのです。アニメ哲学は、作品と自分の感性をシンクロさせることによって、感じたままを言葉にする営みにほかなりません。

もちろん、5アニメ以外の映画でも同様の効果は生じます。しかし、アニメというコンテンツはその性質上、実写に比べるとフィクションの度合いが強くなることから、想像の余地が大きくなります。その点で特殊性を持ちます。言い換えると、思考の幅が広くなるということです。

本書では『風の谷のナウシカ』から『風立ちぬ』まで、宮崎監督が脚本と監督を務めた長編アニメ10作品を取り上げ、そこに登場する主要な諸概念を哲学してみました。これらは、私か各々の作品を見ながら思考したことをメモとして書きとめ、それをまとめたものです。

先ほど説明した通り、伝統的な哲学と違い、じっくりと文章をよんで、時間をかけて考えたものではありません。感性を最大限鋭くしてその場で考えたことを、きちんと言葉で表現しただけです。もしこれらの文章が形式としては詩やエッセイに近く、それでいて哲学的思考のようなものを感じさせる要素をはらんでいるとしたら、6私の試みは成功しているといえるでしょう。

正直、個人的にはうまくいったと感じていますが、最終的にはその成否は読者の皆さんに委ねざるを得ません。

読者の皆さんも、ぜひこれらの作品を観ながら、アニメ哲学に挑戦してみてください。その際、今回の私の思考の成果が、少しでも皆さんの思考の参考になれば幸いです。

なお、各項目に7「考えるためのヒント」をつけておきました。これは私がそのテーマについて哲学するにあたって、映画のどの部分に着目したかを示すものです。どこからアプローチすればいいのか、いわば思考の道筋を示すためのヒントだと思ってもらえばいいでしょう。それでは早速始めましょう！

（『ジブリアニメで哲学する』小川仁志）

問一　空欄部「X」、「Y」に当てはまるものを次から選び、それぞれ記号で答えよ。

X　ア　入り口　イ　出口

Y　ア　自分でじっくり考える　イ　自分の好みではない

　ウ　自分のペースではない　エ　自分で楽しんで観る

問二　傍線部1「人間にとって重要な深いテーマを描いている」とあるが、その結果としてジブリアニメはどのようなものになったと筆者は考えているか。適当なものを次から選び、記号で答えよ。

ア　国民的人気があり、さらには世界中にもファンがいる、日本を代表するもの。

イ　国内だけでなく世界的な人気を得ており、老若男女が楽しく観られるもの。

ウ　アニメ特有の表現により、難解なテーマでも子どもの人間的成長を期待できるもの。

三　次の文章を読み、以下の問いに答えよ。

ジブリアニメは国民的人気があります。いや、世界的に人気があるといってもいいでしょう。しかも子どもだけではなく、大人まで楽しめるのが特徴です。なぜならそれは、[1]人間にとって重要な深いテーマを描いているからです。

特に宮崎駿監督の作品には、哲学的と呼ぶにふさわしい深いメッセージが込められています。それは宮崎監督自身が、入り口も出口も同じように敷居の低いディズニー映画と比較して、自分の作品は［　X　］の敷居を高くしていると表現されている通りです。

つまり、一見アニメなので敷居が低いように見えるけれども、内容が深いために、簡単にはすべてを理解できないし、後から考えさせられるということです。このことは、宮崎アニメを観たことがある人ならすぐに納得できるでしょう。

私はこれまで、いわゆる歴史上の哲学者が書いたものを対象に研究をしたり、本を書いたりしてきたのですが、最近は宮崎アニメを哲学の研[2]究対象として扱うようになりました。そして、これまですでにヨーロッパやアメリカでそのことについて発表してきました。

宮崎アニメを哲学するというのは、従来の哲学の学会ではあり得ないことでした。日本学研究やアニメ研究としてはもちろん人気のテーマですが、それはまた別の話です。ところが実際に発表してみると、幸いにも多くの研究者や学生たちから賛同を得ることができたのです。

少しその内容を紹介しておきたいと思います。私の主張は大きく分けて二点です。

まず一点目は、[3]宮崎駿は一般には哲学者とはみなされていないけれども、その作品の内容の奥深さからすると、歴史上の哲学者たちに勝るとも劣らない深い思索をしているということ。

二点目は、ただしそれは、本をテキストとする伝統的な哲学に対して、「アニメ哲学」ともいうべき思考の新しい表現方法であるということです。

哲学であるためには、何がなんでも本を書く必要があるというわけではありません。そもそも哲学の父ソクラテスは、1冊の本も残していません。大事なのは思考、そしてそれを言葉で表現することです。

その意味では、宮崎監督は深く思索し、その成果をアニメという形で表現している哲学者といっても過言ではないのです。その思索の成果が、登場人物たちの言葉で語られるのです。いや、正確にいうと、アニメですから必ずしもすべてが言葉で語られるというわけではありません。

そこが二点目のアニメ哲学に関係してきます。アニメ哲学というのは耳慣れない言葉だと思います。おそらく私の造語です。少なくとも[4]今から定義する意味でのアニメ哲学は、私のオリジナルであるといっていいでしょう。

アニメは本と違って、文字ではなく動画で表現されます。動画は本を読むのと異なり、自分のペースで読み進めていくことが出来ません。映像が映し出されるがままについていくだけです。たとえば１００分間のアニメ映画を観るときは、全員がそれを１００分かけて、同じペースで観るのです。

このとき私たちは、やはり何かを考えながら鑑賞しています。そこは哲学書を読んで思考するのと同じなのですが、違うのは「［　Y　］」

【国語】（五〇分）〈満点：一〇〇点〉

一　次の各問いに答えよ。

問一　次の傍線部の漢字の読みをひらがなで答えよ。

①　一芸に秀でる。　②　入部を勧める。

③　寸暇を惜しむ。　④　堅固な城。

⑤　体裁を整える。

問二　次の傍線部のカタカナを漢字に直せ。

①　会社にツウキンする。

②　学業にセンネンする。

③　雨でジュンエンになる。

④　道をタズねる。

⑤　新内閣のタンジョウ。

二　次の各問いに答えよ。

問一　傍線部の語を（　）の指示に従って書き直したとき、最も適当なものを次から選べ。

①　このケーキを食べますか。（尊敬語に）

②　先生からの手紙を見る。（謙譲語に）

③　この本はおすすめだ。（丁寧語に）

ア　うかがいます　　イ　うけたまわる　　ウ　召し上がります
エ　いただきます　　オ　ご覧になる　　カ　拝見する
キ　です　　ク　である　　ケ　ます

問二　次の漢字の部首名を後より選び記号で答えよ。

広

ア　まだれ　イ　がんだれ　ウ　やまいだれ　エ　とだれ

問三　次の四字熟語の［　］にあてはまる漢字を答えよ。

①　順［　］満帆　物事が順調に行われること。

②　晴耕［　］読　自由きままな生活のこと。

問四　次の語の対義語を答えよ。

①　需要

②　既知

問五　次の文の文節数を記号で答えよ。

言語行為は人間関係に大きな影響を与える。

ア　3　イ　4　ウ　5　エ　6

問六　次の（　）にあてはまる接続語を後より選び記号で答えよ。

①　走って行った。（　）電車に乗ることができた。

②　テストの結果は自信がなかった。（　）合格だった。

ア　だから　イ　しかし　ウ　たとえば
エ　つまり　オ　さて

問七　次の俳句の季節を「春夏秋冬」のいずれかで答えよ。

①　かたつむり甲斐も信濃も雨の中　飯田龍太

②　菜の花や月は東に日は西に　与謝蕪村

③　コスモスの色の分《わか》れ目通れそう　稲畑汀女

問八　次の傍線部を正しい表現に直せ。

このくらいの量なら食べれる。

2024年度

解答と解説

《2024年度の配点は解答欄に掲載してあります。》

＜数学解答＞

Ⅰ ① 2　② $-\frac{1}{8}$　③ $2a^4b^6$　④ $8\sqrt{3}$　⑤ $4x+8$

⑥ $(x+1)(x+10)\,[(x+10)(x+1)]$

Ⅱ ① $x=11$　② $x=4,\ y=-2$　③ $x=-5,\ 8$　④ $x=-\frac{3}{2},\ \frac{1}{3}$

Ⅲ ① $y=2x+2$　② $0\leqq y\leqq 18$　③ 1　④ $n=5$

⑤ 平均値　63，中央値　63　⑥ $\angle x=30°$　⑦ $\mathrm{BH}=4\sqrt{5}\,\mathrm{cm}$

Ⅳ ア　$x+y=810$，イ　$\frac{70}{100}x+\frac{140}{100}y=840$，昨年の自転車で通学している生徒の人数　294人，昨年の電車で通学している生徒の人数　546人

Ⅴ ① $\frac{1}{2}$　② $\frac{3}{8}$

Ⅵ ① $a=\frac{1}{4}$　② $y=-x+3$　③ 12　④ 9：1

○配点○

各4点×25（各完答，Ⅳアとイは各2点）　　計100点

＜数学解説＞

基本 **Ⅰ**（数・式の計算，平方根の計算，式の展開，因数分解）

① $56\div7-6=8-6=2$

② $\left(\frac{1}{4}\right)^2-\frac{1}{8}\div\frac{2}{3}=\frac{1}{16}-\frac{1}{8}\times\frac{3}{2}=\frac{1}{16}-\frac{3}{16}=-\frac{2}{16}=-\frac{1}{8}$

③ $8a^6b^8\div(2ab)^2=8a^6b^8\times\frac{1}{4a^2b^2}=2a^4b^6$

④ $\sqrt{12}+\sqrt{2}\times3\sqrt{6}=2\sqrt{3}+3\sqrt{12}=2\sqrt{3}+3\times2\sqrt{3}=(2+6)\sqrt{3}=8\sqrt{3}$

⑤ $(x+2)^2-(x-2)(x+2)=x^2+4x+4-(x^2-4)=x^2+4x+4-x^2+4=4x+8$

⑥ $x^2+11x+10=x^2+(1+10)x+1\times10=(x+1)(x+10)$

基本 **Ⅱ**（1次方程式，連立方程式，2次方程式）

① $4x-5=2x+17$，$4x-2x=17+5$，$2x=22$，$x=11$

② $\frac{1}{2}x+y=0\cdots①$　$2x+y=6\cdots②$　②−①から，$\frac{3}{2}x=6$，$x=6\times\frac{2}{3}=4$　②に$x=4$を代入して，$2\times4+y=6$，$y=6-8=-2$

③ $x^2-3x-40=0$，$(x+5)(x-8)=0$，$x=-5,\ 8$

④ $6x^2+7x-3=0$　2次方程式の解の公式から，$x=\frac{-7\pm\sqrt{7^2-4\times6\times(-3)}}{2\times6}=\frac{-7\pm\sqrt{121}}{12}=\frac{-7\pm11}{12}=\frac{4}{12},\ -\frac{18}{12}=\frac{1}{3},\ -\frac{3}{2}$

基本 **Ⅲ** （1次関数の式，2乗に比例する関数の変域，2次方程式の応用問題，平方数，統計，最短距離）

① 求める1次関数を$y=ax+b$として，(2，6)，(5，12)を代入すると，$6=2a+b$…(i)　$12=5a+b$…(ii)　$(ii)-(i)$から，$6=3a$，$a=2$　(i)に$a=2$を代入して，$6=2\times2+b$，$b=2$　よって，求める1次関数は，$y=2x+2$

② $y=2x^2$…(i)　xの変域に0を含んでいるので(i)は$x=0$のとき最小値0をとる。-1と3では3の方が絶対値が大きいので，(i)は$x=3$のとき最大値をとるから，(i)に$x=3$を代入して，$y=2\times3^2=18$　よって，求める変域は，$0\leqq y\leqq18$

③ ある正の数をxとすると，仮定から，$(x+4)^2=2(x+4)+15$，$x^2+8x+16-2x-8-15=0$，$x^2+6x-7=0$，$(x+7)(x-1)=0$，$x=-7$，1　xは正の数だから，$x=1$

④ $\sqrt{\dfrac{720}{n}}=\sqrt{\dfrac{2^4\times3^2\times5}{n}}$から，$\sqrt{\dfrac{720}{n}}$が自然数となるような最小の$n$の値は，$n=5$

⑤ $(70+55+58+63+69)\div5=315\div5=63$から，平均値は63点　点数の低い順に並べると55，58，63，69，70　中央値は低い方から数えて3番目の点数だから，63点

⑥ 円周角の定理から，$\angle\mathrm{BOC}=60^\circ\times2=120^\circ$　△OBCは二等辺三角形だから，$\angle x=(180^\circ-120^\circ)\div2=30^\circ$

⑦ 展開図の一部をかいて考えると，求める長さは縦が4cm，横が8cmの長方形の対角線の長さになる。よって，$\mathrm{BH}=\sqrt{4^2+8^2}=\sqrt{80}=4\sqrt{5}$(cm)

Ⅳ （連立方程式の応用問題）

今年の生徒の人数から，$x+y=810$…①　昨年の生徒の人数から，$\dfrac{70}{100}x+\dfrac{140}{100}y=840$…②　②から，$\dfrac{7}{10}x+\dfrac{14}{10}y=840$，$7x+14y=8400$…③　①×14－②より，$7x=2940$，$x=420$　①に$x=420$を代入して，$420+y=810$，$y=390$　よって，昨年の自転車で通学している生徒の人数は，$\dfrac{70}{100}\times420=294$(人)　昨年の電車で通学している生徒の人数は，$840-294=546$(人)

Ⅴ （確率）

① 2回のサイコロの目の出かたは全部で，$6\times6=36$(通り)　そのうち，太郎君がBの位置にいる場合は，1回が奇数でもう1回が偶数が出るときだから，$3\times3+3\times3=18$(通り)　よって，求める確率は，$\dfrac{18}{36}=\dfrac{1}{2}$

重要 ② 3回のサイコロの目の出かたは全部で，$6\times6\times6=216$(通り)　そのうち，太郎君がEの位置にいる場合は，1回が偶数で，もう2回が奇数が出るときだから，
$3\times3\times3+3\times3\times3+3\times3\times3=81$(通り)　よって，求める確率は，$\dfrac{81}{216}=\dfrac{3}{8}$

Ⅵ （図形と関数・グラフの融合問題）

基本 ① $y=ax^2$に点Bの座標を代入すると，$1=a\times2^2$　$4a=1$　$a=\dfrac{1}{4}$

基本 ② $y=\dfrac{1}{4}x^2$に$x=-6$を代入すると，$y=\dfrac{1}{4}\times(-6)^2=9$　よって，A$(-6，9)$　直線ABの傾きは，$\dfrac{1-9}{2-(-6)}=\dfrac{-8}{8}=-1$　直線ℓの式を$y=-x+b$として点Bの座標を代入すると，$1=-2+b$　$b=3$　よって，直線ℓの式は，$y=-x+3$

③ 直線ℓとy軸との交点をDとすると，D(0，3)　$\triangle\mathrm{OAB}=\triangle\mathrm{OAD}+\triangle\mathrm{OBD}=\dfrac{1}{2}\times3\times6+\dfrac{1}{2}\times3\times2=9+3=12$

重要 ④ $y=-x+3$の式に$y=0$を代入して，$0=-x+3$，$x=3$　よって，C(3，0)　$\triangle\mathrm{OAC}:\triangle\mathrm{OBC}=\mathrm{AC}:\mathrm{BC}=\{3-(-6)\}:(3-2)=9:1$

★ワンポイントアドバイス★

Ⅳで求めるのは昨年の生徒の人数だから，連立方程式の解をそのまま答えにしないように気をつけよう。

＜英語解答＞

Ⅰ・Ⅱ　リスニング問題解答省略

Ⅲ　(a)　(s)ister　(b)　(c)ulture　(c)　(q)uestion　(d)　(b)ad　(e)　(s)ame

Ⅳ　(a)　has　(b)　who　(c)　at　(d)　our　(e)　better

Ⅴ　(a)　A　(b)　C　(c)　D　(d)　B　(e)　C

Ⅵ　(2番目，4番目の順)　(a)　2, 1　(b)　1, 4　(c)　3, 4　(d)　2, 1　(e)　1, 4

Ⅶ　(A)　(a)　B　(b)　D　(B)　(a)　B　(b)　B　(C)　(a)　C　(b)　D

Ⅷ　(1)　D　(2)　B　(3)　E　(4)　C　(5)　A

Ⅸ　(a)　A　(b)　shook　(c)　C　(d)　D　(e)　B　(f)　C　(g)　B
(h)　(1)　F　(2)　T

○配点○

各2点×50(Ⅵ各完答)　計100点

＜英語解説＞

Ⅰ・Ⅱ　リスニング問題解説省略。

Ⅲ　(語句補充問題：名詞，形容詞)

基本

(a)　「姉妹」という意味の名詞が入る。

(b)　「文化」という意味の名詞が入る。

(c)　「質問」という意味の名詞が入る。

(d)　「悪い」という意味の形容詞が入る。

(e)　「同じ」という意味の形容詞が入る。

Ⅳ　(書き換え問題：現在完了，関係代名詞，慣用表現，代名詞，比較)

(a)　「ケンタは先週病気になり，今も病気だ。」→「ケンタは先週からずっと病気だ。」「ずっと～である」という意味は，現在完了の継続用法で表す。

(b)　「あの女性を知っていますか。彼女はササキさんと話しています。」→「ササキさんと話しているあの女性を知っていますか。」　空欄部以降が woman を修飾している。空欄部には主語を表す語が入るので，主格の関係代名詞を使う。

(c)　「コウジはとても上手にバドミントンをする。」→「コウジはバドミントンをするのがとても得意だ。」〈 be good at ～ 〉で「～が得意だ」という意味になる。

(d)　「タカハシさんは私たちに数学を教える。」→「タカハシさんは私たちの数学の先生だ。」「私たちの」は our で表す。

(e)　「私はすべての科目の中で英語が一番好きだ。」→「私はほかのどの科目より英語が好きだ。」〈 ～ er than any other … 〉で「他のどんな…よりも～」という意味を表す。

Ⅴ （語句補充問題：make AB，分詞，前置詞，受動態，接続詞）

(a) 「そのニュースは私たちを怒らせた。」〈 make A B 〉で「AをBにする」という意味になる。

(b) 「山の頂上から見られる島々は美しかった。」 過去分詞は受動態の意味を表し，直前の名詞を修飾する。

基本 (c) 「各月の最初の火曜日には農産物の野外市場がある。」「～曜日に」と表す時は on を使う。

(d) 「私の自転車は兄によって直されるだろう。」 受動態を未来形にするときは〈 will ＋ be 動詞＋過去分詞〉の形になる。

(e) 「私はとても疲れていたが，宿題をすべて終えた。」〈 though ～ 〉で「～にもかかわらず」という意味を表す。

Ⅵ （語句整序問題：疑問詞，助動詞，動名詞，比較）

(a) How far is it (from here to your house?) 距離を尋ねるときは〈 how far ～ 〉を用いる。

(b) Could you tell me (your address?) 丁寧な依頼を表す場合には〈 could you ～ ？〉という表現を用いる。

(c) Taking a walk every day is) good for health. 動名詞は「～すること」という意味を表す。

(d) (You) don't have to answer (personal questions.) 〈 don't have to ～ 〉で「～する必要がない」という意味になる。

(e) (He) didn't eat as much as (you.) 〈 not as ～ as … 〉で「…ほど～でない」という意味を表す。

Ⅶ （読解問題：内容吟味）

A

電気自動車充電専用
◆他の車のプラグを抜かないこと。
◆充電後にはパワーケーブルをホルスターに戻し，駐車スペースから車を動かしてください。
◆充電装置につながずに駐車するのは違反です。100ドルの罰金です。

(a) 「車を充電し終わったら，運転手は何をするべきか。」「充電後にはパワーケーブルをホルスターに戻し」とあるので，Bが答え。他はすべて書かれていない内容か，関係のない内容なので，誤り。 A 「他の車のプラグを抜く。」 B「ホルスターにパワーケーブルを戻す。」 C 「駐車スペースから充電装置を動かす。」 D 「充電装置に車を接続する。」

(b) 「この充電スポットで充電中の他の車を見つけたら，」 A 「自分の車を充電するのに，100ドルを払う必要がある。」 充電せずに駐車した場合の罰金なので，誤り。 B 「その車のプラグを抜き，自分の車を充電し始めるべきである。」「他の車のプラグを抜かないこと」とあるので，誤り。 C 「ホルスターにパワーケーブルを戻すべきである。」 充電後にする行動なので，誤り。 D 「自分の番を待つか，他の充電スポットに移動するべきである。」 ふさわしい行動なので，答え。

B

こんにちは，メグです。私は聖ウルスラ高校の生徒です。私たちの高校の春フェスティバルがもうすぐ始まり，私は興奮しています。私はテイラー高校の友人であるキャシーと私の母と一緒にフェスティバルに参加する予定です。私はチアリーディングチームのメンバーでもあり，午前10時から午後12時までチアリーダーズ・カフェで踊る予定です。ぜひカフェに来て，私たちの素晴らしいパフォーマンスを楽しんでみてはいかがでしょうか？　ブラスバンドのコンサートとバレーボールの試合にも行く予定です。フェスティバルがとても楽しみです！

聖ウルスラ高校春フェスティバル

4月21日，日曜日(午前10:00―午後4:00)

聖ウルスラ高校の春フェスティバルのときが来ました！　家族や友達と一緒に楽しみながら，生徒会の資金集めに協力してください。

ブラスバンド	保護者／教師によるバレーボールゲーム
ブラスバンドによる素晴らしい演奏をお楽しみください。コンサートは午前10時30分，午後12時30分，午後2時に開催されます。先着100名様に，メダルを獲得したコンサートのCDを無料で差し上げます。	昨年，毎年恒例の保護者と教師のバレーボールの試合で，保護者が教師に勝利しました。午後2時に体育館に来て，お気に入りのチームを応援してください。ハーフタイムのビンゴゲームでは，学校のTシャツが当たるかも知れません。

クッキーセール	チアリーダーズカフェ	クラブショップ
JRCルームではクッキーの販売を行います。秘伝のレシピで焼き上げたクッキーです。1つ買うと無料でコーヒーがもらえます。	チアリーダーたちが「Cheer Me Up」のダンスパフォーマンスでおもてなしします。食べ物や飲み物に10ドル以上支払うと，無料でエナジードリンクのボトルがもらえます。	学校中庭の売店では，さまざまなクラブが食べ物や飲み物，プレゼントなどのグッズを販売します。

チケット情報

大人：5ドル／生徒(聖ウルスラの)：3ドル／生徒(他の学校の)4ドル／5歳以下の児童：無料

早期割引：3月31日までにチケットを買うと，各チケットにつき1ドル割引きになります

(a) 「メグはどのブラスバンドの公演に参加しそうか。」 メグは「ブラスバンドのコンサートとバレーボールの試合にも行く予定です」と言っている。メグは「午前10時から午後12時までチアリーダーズ・カフェで踊る予定です」とも言っているので，A以外になる。また，バレーボールの試合は午後2時に始まるので，Cは不可能である。コンサートは午前10時30分，午後12時30分，午後2時に開催されるので，答えはB。　A　午前10:30　B　午後12:30　C　午後2:00　D　午後4:30

(b) 「メグは自分，キャシーそして母親のチケットを，3月31日までに買う。彼女は全部でいくら払うか。」 メグは聖ウルスラ高校の生徒なので3ドル。キャシーは他の高校の生徒なので4ドル。母親は5ドルなので，全部で12ドルになる。しかし，早期割引によってそれぞれ1ドルずつ割引になるので，Bが答え。　A　7ドル　B　9ドル　C　11ドル　D　12ドル

C

ジャクソンビル・タイガーズ　バスケットボール　イベント

特に明記されている場合を除き，すべてのイベントはジャクソンビルスポーツ コンプレックスで開催されます。

3月9日　土曜日　フリー・バスケットボール・クリニック　午後2:00―午後4:00
(9歳から12歳の子供用)

3月10日　日曜日　ジャクソンビル・タイガーズ　クラブ・ピクニック
場所：　フランクリン山公園
時　午前10:00―午後2:00
費用　無料
雨の場合には，ピクニックはレイクランド・アスレチック・クラブにて

3月16日，土曜日　女性バスケットボール　対　サンダーズ　午前10:00
男性バスケットボール　対　シャークス　午後6:00

3月17日，日曜日　女性バスケットボール　対　ユニコーンズ　午後1:00
試合はグリーンバーグ・スタジアムにて

(a) 「天候が悪いとき，ピクニックはどこで行われるか。」「雨の場合には，ピクニックはレイクランド・アスレチック・クラブにて」とあるので，Cが答え。　A　ジャクソンビル スポーツコンプレックス　B　フランクリン山公園　C　レイクランド・アスレチック・クラブ　D　グリーンバーグ・スタジアム

(b) 「男性のチームはいつプレイするか。」「男性バスケットボール　対　シャークス　午後6:00」とあるので，Dが答え。　A　午前10:00　B　午後1:00　C　午後2:00　D　午後6:00

Ⅷ　(会話文問題：語句補充)

利用者：こんにちは！　本を何冊か借りたいです。
司書　：こんにちは！　(1)図書館カードはお持ちですか。
利用者：いいえ，持っていません。(2)どうやったらもらえますか。
司書　：図書館カードをもらうには，写真付き身分証明書と住所の証明が必要です。(3)それらをお持ちですか。
利用者：はい，学生証と両親からの手紙があります。
司書　：いいですね！　図書館カードをおつくりします。すぐにできます。
司書　：これがあなたの図書館カードです。一度に5冊まで借りられます。

利用者：ありがとう！　(4)いつまで借りられますか。
司書　：3週間借りられます。もっと借りたいときには，他の誰もリクエストをしていない場合に，それらを更新することができます。
利用者：わかりました。(5)どうやって返したらいいですか。
司書　：ちょうどこのデスクで返せます。また，営業時間後の返却用の箱もあります。
利用者：どうもありがとう！
司書　：どういたしまして！　本を楽しんでください。

Ⅸ（長文読解問題・物語文：内容吟味，語形変化，語句補充）

（全訳）教授は，石と砂が入ったいくつかの箱と非常に大きな空の瓶で覆われたテーブルの後ろで学生たちの前に立っていました。授業が始まると，彼は何も言わずに(1)瓶にピンポン玉大の石を詰め始めました。

それから彼は生徒たちに瓶がいっぱいかどうか尋ねました。彼らはそれに同意しました。

そこで教授は，小さな石が入った箱を取り出し，瓶に注ぎました。彼は瓶を軽く(2)振りました。もちろん，小さな石は大きな石の間の隙間に落ちました。

それから彼は再び生徒たちに瓶がいっぱいかどうか尋ねました。彼らはそうであることに同意しました。

教授は砂の入った箱を手に取り，それを瓶に注ぎました。もちろん，砂は瓶の残りのスペースを埋めました。

それから彼は，この瓶がいっぱいかどうかをもう一度尋ねました。どの生徒も「はい。」と言いました。

「さて，この瓶があなたの人生を表していることを知ってほしいのです。」と教授は言いました。(3)石は大切なものです―あなたの家族，あなたのパートナー，あなたの健康，あなたの子供たち―そして他のすべてが失われ，それらだけが残ったとしても，あなたの人生はまだ満たされているでしょう。(4)小さな石は，あなたの仕事，家，車など，他の重要なものかもしれません。砂はその他すべて，取るに足らないものです。」

「最初に砂を瓶に入れると，小さな石や大きな石が入る余地がなくなります。」と彼は続けました。あなたの人生においても同じことが当てはまります。小さなことにすべての時間とエネルギーを費やしていると，自分にとって(5)重要なことを考える余地がまったくなくなります。あなたの幸福にとって重要なことに注意を払ってください。子供と一緒に遊んでください。パートナーと一緒に出かけましょう。自分を大事にして下さい。仕事に行ったり，家の掃除をしたり，ディナーパーティーを開いたり，キッチンのシンクを修理したりする時間はいつでもあります。」

「まず(6)石―本当に大切なもの―を大事にしましょう。あなたにとって重要なものに順位をつけましょう。あとはただの砂です。」

(a)　第1，第3，第5段落の内容に合うので，Aが答え。
(b)　shake は「振る」という意味の動詞。shake - shook と変化する。
(c)　大きな石は重要な物を表している。その例として「あなたの家族，あなたのパートナー，あなたの健康，あなたの子供たち」が挙げられており，「お金」は挙げられていないので，Cが答え。
(d)　小さな石は「他の重要なもの」を表している。「家族」は「大きな石」の例に挙げられているので，Dが答え。
(e)　重要ではない小さなものに時間とエネルギーを使うと，「大きな石や小さな石＝重要なもの」のための余裕がなくなると言っている。よって，Bが答え。
(f)　初めに大事にするべきものは「石＝一番重要なもの」なので，Cが答え。

(g) 「教授によれば，瓶の中に初めに砂を入れたら，何が起こるか。」 A 「多くの砂は入れられないので瓶は割れる。」 文中に書かれていない内容なので，誤り。 B 「大きな石や小さな石のためのスペースがなくなる。」 「最初に砂を瓶に入れると，小さな石や大きな石が入る余地がなくなります」とあるので，答え。 C 「砂は石と混ざって使い物にならなくなる。」 文中に書かれていない内容なので，誤り。 D 「小さな石は砂を瓶から押し出してしまう。」 文中に書かれていない内容なので，誤り。

重要 (h) (1) 「大きな石を瓶の中に入れた後には，小さな石が入るスペースがなくなった。」 大きな石を入れた後に小さな石を入れたので，誤り。 (2) 「教授の主なメッセージは，重要なことに注意を払うということだった。」 教授が教えた内容に合うので，正しい。

★ワンポイントアドバイス★

Vの(a)では〈 make A B 〉「AをBにする」が用いられている。これと似たものとして〈 make A B 〉で「AにBを作る」があるので，意味を考えて間違えないようにしよう。「A＝B」ならば前者，そうでなければ後者になる。

＜国語解答＞

一 問一 ① ひい(でる) ② すす(める) ③ お(しむ) ④ けんご ⑤ ていさい 問二 ① 通勤 ② 専念 ③ 順延 ④ 尋(ねる) ⑤ 誕生

二 問一 ① ウ ② カ ③ キ 問二 ア 問三 ① 風 ② 雨 問四 ① 供給 ② 未知 問五 ウ 問六 ① ア ② イ 問七 ① 夏 ② 春 ③ 秋 問八 食べられる

三 問一 X ア Y ウ 問二 イ 問三 エ 問四 (始め)宮崎監督は (終わり)いる哲学者 問五 感性に重きをおいた新しい思考のあり方 問六 ウ 問七 エ 問八 ア 問九 イ

四 問一 (最初)秋の空 (最後)ました 問二 イ・ウ・エ 問三 ウ 問四 皆別れ別れに，自分の近いと思う道を歩いて，銘々の運を試して(みること) 問五 ア 問六 イ 問七 (二郎次) 盗賊[泥棒] (三郎次) 長者 問八 ウ 問九 ア

五 問一 いわく 問二 ウ 問三 エ 問四 撞く人も無くて十二時に鳴らさむと為《す》る 問五 法師[別当] 問六 ウ 問七 右図 問八 イ 問九 A(さん)

20【 ≥7 】年2月

日	月	火	水	木	金	土
	1	2	3	4	5	6
7	8	9	10	⑪	12	13
14	15	16	17	18	19	20
21	22	23	24	25	26	27
28						

○配点○
一　各1点×10　　二　各2点×15　　三　各2点×10　　四　各2点×10　　五　各2点×10
計100点

＜国語解説＞

一 （漢字の読み書き）

問一　①「秀でる」とは，他よりも特にすぐれていること。②「勧める」とは，人がそのことを行うように誘いかけること。③「寸暇を惜しむ」とは，わずかの暇(時間)も無駄にしないという意味。④「堅固」とは，ここでは守りがしっかりしていて，攻められても容易には破られないこと。⑤「体裁を整える」とは，外見がよく見えるように繕うさま，内容は差し置いて外面を気にかける様子。

問二　①「通勤」とは，自宅または宿所から出かけて行って，その職務に従事すること。②「専念」とは，一つのことに心を集中すること。③「順延」とは，順繰りに日程を延ばすこと　④「尋ねる」とは，ここでは分からないことを人に聞くこと。⑤「誕生」とは，ここでは物事や状態が新しくできること。

二 （敬語，部首，熟語，対義語，文と文節，接続語の問題，俳句－その他，用法）

問一　①「食べる」の尊敬語は，「召し上がる」である。②「見る」の謙譲語は，「拝見する」である。③「だ」は断定の助動詞なので，その丁寧語は「です」である。

問二「広」の部首は，まだれである。

問三　①「順風満帆」とは，物事がすべて順調に進行することのたとえ。②「晴耕雨読」とは，田園で世間のわずらわしさを離れて，心穏やかに暮らすこと。

問四　①「需要」の対義語は，必要に応じて物を与えるという意味の「供給」である。②「既知」の対義語は，まだ知らないという意味の「未知」である。

問五「言語行為は」「人間関係に」「大きな」「影響を」「与える」の5文節である。

問六　①　走ったことによって，電車に乗ることができたので，原因と結果を結びつける「だから」が入る。②　テストの結果に自信がなかったことと，合格だったことが逆接となっているので，「しかし」が入る。

問七　①　季語は「かたつむり」であり，季節は夏である。②　季語は「菜の花」である，季節は春である。③　季語は「コスモス」であり，季節は秋である。

問八「食べれる」は，食べることができるという意味。下一段活用動詞「食べる」を可能動詞化したものだが，「食べられる」が本来の言い方。

三 （論説文－脱文・脱語補充，内容吟味，指示語の問題，文脈把握，大意）

問一　X　空欄の後に，「一見アニメなので敷居が低いように見えるけれども，内容が深いために，簡単にはすべてを理解できないし，後から考えさせられる」とあり，宮崎監督は自身の作品の入り口について，敷居が高いものと表現している。Y　空欄の前に，「動画は本を読むのと異なり，自分のペースで読み進めていくことが出来ません。映像が映し出されるがままについていくだけです。たとえば100分間のアニメ映画を観るときは，全員がそれを100分かけて，同じペースで観るのです」と動画鑑賞する際の特徴について説明している部分に着目する。

問二　傍線部の前に，「ジブリアニメは国民的人気があります。いや，世界的に人気があるといってもいいでしょう。しかも子どもだけではなく，大人まで楽しめるのが特徴」と，筆者が考えるジブリアニメの特徴について述べている。

問三　傍線部の前に,「最近は宮崎アニメを哲学の研究対象として扱うようになりました」として,その内容がヨーロッパやアメリカで発表されているとしている。

問四　傍線部の後に,「宮崎監督は深く思索し,その成果をアニメという形で表現している哲学者といっても過言ではない」と筆者はとらえている。

重要 問五　傍線部に「今から定義する意味での」とあることから,傍線部の後から適する内容を探すと,「感性に重きをおいた新しい思考のあり方をアニメ哲学と名付けた」と筆者が初めて定義した概念について説明している。

問六　傍線部の後に,「アニメというコンテンツはその性質上,実写に比べるとフィクションの度合いが強くなることから,想像の余地が大きくなります」と,筆者が考えるアニメの性質について述べている。

問七　筆者の考える「アニメ哲学」とは,「理性よりも,どちらかというと感性を働かせて思考している」ため,「もしこれらの文章が形式としては詩やエッセイに近く,それでいて哲学的思考のようなものを感じさせる要素をはらんでい」れば成功としている点に着目する。

問八　傍線部の後に,「どこからアプローチすればいいのか,いわば思考の道筋を示すためのヒントだと思ってもらえばいいでしょう」と,筆者が「考えるためのヒント」をつけた理由を示している。

問九　「読者の皆さんも,ぜひこれらの作品を観ながら,アニメ哲学に挑戦してみてください」とあることから,読者に対してアニメ哲学を勧めている。

四 (小説文－内容吟味,慣用句,指示語の問題,心情,脱文・脱語補充,文脈把握)

問一　三人兄弟が,都へ行こうと決意した翌日の天候はどのようなものであったかを読み取る。

問二　傍線部の後に,「この兄弟は少い時に,両親に分かれたため,少しばかりあった田や畑も,いつの間にか他人に取られてしまい,今では誰もかまってくれるものもなく,他人の仕事などを手伝って,漸くその日その日を暮しておりました」と,三人兄弟の不幸事について述べている。

問三　「善は急げ」とは,良いと思ったことは,ためらったり躊躇したりせずに,すぐに急いで実行するべきだということ。「都へ行けば,きっといいことがある」という二郎次と三郎次に対し,それほどいいことであれば,すぐにでも都へ行こうということで,明日出発することを一郎次は提案している。

重要 問四　傍線部の前に一郎次が,「兄弟が一緒に揃っていては,奉公口を見つけるにも都合が悪くはなかろうか。それよりも皆別れ別れに,自分の近いと思う道を歩いて,銘々の運を試して見ようか」と問いかけたのに対し,二郎次も三郎次も同意したとある。

問五　右の道を進んだ一郎次は,途中で牡牛に襲われてしまい,「もう死ぬような気がしました」と死期を悟ったような表現があることに着目する。

問六　一郎次を襲った牡牛は,左大臣藤原道世の車を引く牛だったので,道世は大変気の毒に思い,手厚い介抱をするために一郎次を御殿へ連れて行き,都で一番の医者を呼んで治療を施した。そのような待遇を受けていることに対して,一郎次は夢ではないかと驚いたのである。

問七　検非違使になった一郎次が,捕まえた盗賊は二郎次であり,その盗賊が忍び行った家の持ち主である加茂の長者は三郎次であった。

問八　「捨てて置けない」とは,咎めるべき事柄などを見過ごせないさま。傍線部の前に,「前から盗賊のあばれ廻ることを怒っておりましたが,こんなに都の中へ這入って来るようでは」とあることから,都で盗賊があばれ廻ることをこれ以上は許せないという内容である。

問九　都に入る道を三者三様に選んだことで,一人は検非違使となり,一人は長者となり,一人は盗賊となってしまった。つまり,都への道が人生の分かれ道となったのである。

五 （古文－仮名遣い，脱語補充，文学史，内容吟味，文脈把握，表現技法，大意）

〈口語訳〉 今は昔，小野篁という人が，愛宕寺を建立し，そこでつかうために鋳物職人に鐘をつくらせたところ，鋳物職人は「この鐘は，つく人がなくても日に十二回鳴るようつくるつもりです。それには，鋳あげて後，土を掘って埋め，三年間そのままにしておかなければなりません。今日から数え始めて三年経った日の，その翌日，掘り出さなくてはなりません。(しかし,)一日でも足りず，またはそれより日を遅らせて掘り出しましたら，そのようなつく人もなく日に十二回鳴るようなことは，ありません。そのような工夫をしました」と言って，鋳物職人は帰っていった。

それで，土を掘って埋めたが，その後，その寺の責任者である法師が，二年を過ぎて，三年目が来て，まだその(鋳物職人が言った)日にもなっていないのに，待ちきることができず，本当に鳴るか心配で，あさはかにも掘り出してしまった。

その為，つく人もなく日に十二回鳴るようなことはなく，ただの普通の鐘であった。「鋳物職人が言った様に，(決められた)その日に掘り出したとしたら，つく人もなく日に十二回鳴っただろうに。その様に鳴ったなら，鐘の音の聞こえる所では時も確実に分かり，素晴らしかっただろう。非常につまらない事をした別当だ」と，その当時の人は言って非難した.

その様なことであるから，せっかちで，忍耐力のない人は，必ずこのようにやりそこなうのだ。愚かで約束を守らない結果である。世間の人はこれを聞いて，けっして約束を破ることはしてはならないと，語り伝えているということだ。

問一 語頭以外の「は・ひ・ふ・へ・ほ」は，「ワ・イ・ウ・エ・オ」となる。

問二 本文の中，鐘は「日に十二回鳴る」と何度も出てくる。お寺の鐘(梵鐘)は，朝夕の勤行の合図や人々に時刻を伝えるために用いられた。

問三 「奥の細道」は，松尾芭蕉が崇拝する西行の500回忌にあたる1689(元禄2)年に，門人の河合曾良を伴って江戸を発って，奥州や北陸道を巡った紀行文であるため，江戸時代の成立である。

問四 鋳物職人は，「この鐘は，つく人がなくても日に十二回鳴るようつくるつもりです」と，小野篁に対して発言している。

問五 鋳物職人が時が来るまで鐘を掘り出してはならないというのに，その寺の責任者である法師が，時を待てず，掘り出してしまった。

問六 鋳物職人の言いつけの期限を守ることができなかったため，掘り出した時は普通の鐘であった。

問七 ① 「今日から数え始めて三年経った」とあることから，2024(令和6)年の3年後である2027年である。 ② また，「三年経った日の，その翌日」とあることから，埋めた月日が2月10日なので，その翌日の2月11日に掘り起こさなければならないとしている。

問八 「ける」は過去の助動詞「けり」の連体形。文末は終止形で終わるものだが，「なむ」という助詞を用いることで係り結びとなり，文末は連体形となる。

問九 Aさんは，「三年間も土の中に埋めておいた」という発言をしているが，愛宕寺の責任者である法師は，三年という時間を待てず，その鐘を掘り出してしまったため誤り。

★ワンポイントアドバイス★

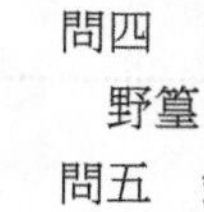

俳句・短歌についても知識と鑑賞力をつけておこう！
語彙力を増やすとともに，表現技法など国語の基礎事項をしっかりと固めよう！
やや長めの文章を素早く読み込む練習をしておこう！

MEMO

大切なことはメモしておこうネ！

2023年度

★★★★★★★★★★★★★★★★★★★★★★★★★★★

入　試　問　題

2023年度

藤沢翔陵高等学校入試問題

【数　学】（50分）　　＜満点：100点＞

Ⅰ　次の問に答えなさい。

① $48 \div (-6) + 3$　を計算しなさい。

② $0.4 - \frac{2}{7} \times \frac{21}{10}$　を計算しなさい。

③ $18x^3 \times 4xy^2 \div 3xy$　を計算しなさい。

④ $\frac{6}{\sqrt{2}} + \sqrt{18}$　を計算しなさい。

⑤ $(x+8)(x-2)-(x+6)(x-6)$　を計算しなさい。

⑥ $2x^2 + 12x + 18$　を因数分解しなさい。

Ⅱ　次の方程式を解きなさい。

① $\frac{5x-1}{2} = \frac{x+5}{3}$

② $\begin{cases} 5x - 4y = 8 \\ 2x - 3y = -1 \end{cases}$

③ $x^2 + 11x - 26 = 0$

④ $2x^2 + 3x - 6 = 0$

Ⅲ　次の問に答えなさい。

① xの値が２増加するときyの値は６増加し，$x=-3$のとき$y=-5$となる１次関数の式を求めなさい。

② $1.5 < \sqrt{a} < 3$を満たす整数aの値は何個あるか求めなさい。

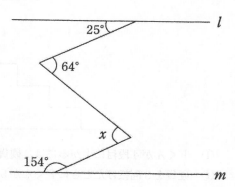

③ ２点A，Bを通る２次関数$y=x^2$がある。点Aのx座標が-2，点Bのx座標が４のとき，直線ABに平行で原点を通る直線の方程式を求めなさい。

④ 右の図で$l \parallel m$のとき，$\angle x$の大きさを求めなさい。

⑤ 体積の等しい２つの円柱A，Bがある。それぞれの底面の円の半径の比が２：５であるとき，円柱Bの高さは円柱Aの高さの何倍であるかを求めなさい。

⑥　袋の中に500個の青色の球を含む，たくさんの球が入っている。この袋の中から，200個の球を無作為に抽出したとき，青色の球が40個入っていた。この袋の中には，全部でおよそ何個の球が入っていると考えられるか答えなさい。

⑦　下の表は，中学３年生６名が行った数学のテストの点数を示したものである。

$$77,\ 68,\ 45,\ 86,\ a,\ 52$$

中学３年生６名の数学のテストの点数において，中央値と平均値が等しく，点数 a が３番目に低い点数であるとき，a の値を求めなさい。

Ⅳ　S高校では在校生に所属している部活動の調査を毎年行っている。
昨年は運動部にのみ所属している生徒と文化部にのみ所属している生徒の人数を合わせると740人だった。
今年の運動部にのみ所属している生徒の人数は昨年に比べて30％増え，今年の文化部にのみ所属している生徒の人数は昨年に比べて20％減った。また，今年の運動部にのみ所属している生徒と文化部にのみ所属している生徒の人数を合わせると797人だった。
今年の運動部にのみ所属している生徒の人数と文化部にのみ所属している生徒の人数を，連立方程式をつくりそれぞれ求めなさい。
ただし，昨年の運動部にのみ所属している生徒の人数を x 人，昨年の文化部にのみ所属している生徒の人数を y 人とする。

ア
イ

Ⅴ　下の図のような７段の階段があり，はじめにFくんは床の上にいる。１回硬貨を投げるごとに，表が出れば階段を１段上がり，裏が出れば階段を２段上がることにする。
このとき，次の問に答えなさい。

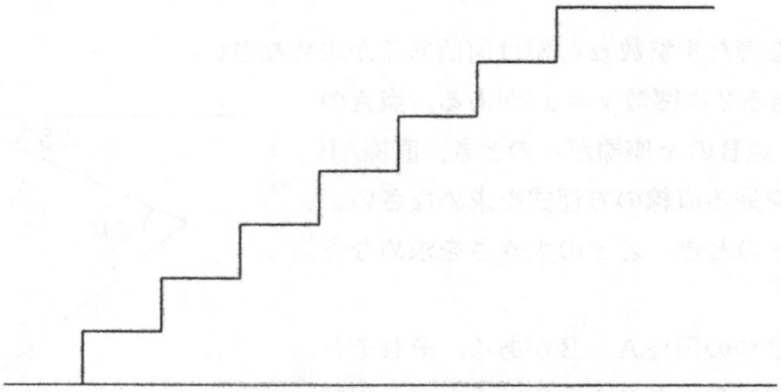

①　Fくんが４段目に上がるには，硬貨の表裏の出方は何通りあるか求めなさい。

②　硬貨を３回投げたときにFくんが５段目に上がる確率を求めなさい。

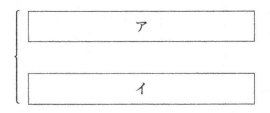

Ⅵ　下の図のような点A（-2, 2）を通る２次関数 $y = ax^2$ のグラフがある。２次関数 $y = ax^2$ と直線 l の x 座標が負の交点をA，x 座標が４の交点をBとし，直線 l と x 軸との交点をCとするとき，以下の問に答えなさい。

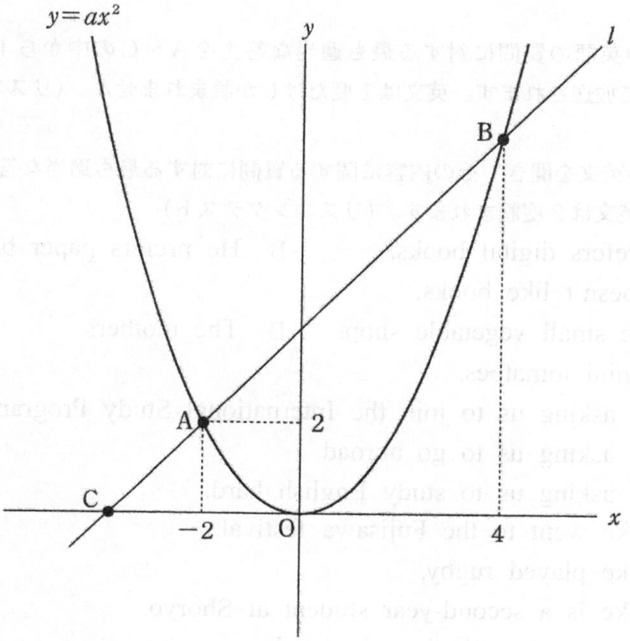

①　a の値を求めなさい。

②　直線 l の式を求めなさい。

③　△OABの面積を求めなさい。

④　△OABと△OACの面積比を求めなさい。

【英　語】（50分）　＜満点：100点＞

【注意】問題Ⅰ・Ⅱはリスニングテストです。

※試験開始10分経過後，放送されます。

Ⅰ．No.1～No.5の英語の質問に対する最も適当な答えをＡ～Ｃの中から１つ選びなさい。「質問」・「答え」すべて放送されます。英文は１度だけしか読まれません。（リスニングテスト）

Ⅱ．No.1～No.5の英文を聞き，その内容に関する質問に対する最も適当な答えをＡ～Ｃの中から１つ選びなさい。英文は２度読まれます。（リスニングテスト）

No.1　A．He prefers digital books.　　B．He prefers paper books.
　　　C．He doesn’t like books.

No.2　A．At the small vegetable shop.　　B．The mothers.
　　　C．The mini tomatoes.

No.3　A．He is asking us to join the International Study Program.
　　　B．He is asking us to go abroad.
　　　C．He is asking us to study English hard.

No.4　A．Daisuke went to the Fujisawa festival.
　　　B．Daisuke played rugby.
　　　C．Daisuke is a second-year student at Shoryo.

No.5　A．Because the captain is very good.
　　　B．Because there are many good players.
　　　C．Thanks to good teamwork.

※リスニングテストの放送台本は非公表です。

Ⅲ．日本語を参考に，(a)～(e)の［　］内に示してある文字で始まる語を入れて文章を完成させなさい。解答欄の文字に続けてつづりを書きなさい。

Mr. and Mrs. Smith were enjoying their summer (a)[v　　] with their children, Mike and Alice, on a small island.

They were staying at an old (b)[h　　] near the beach. Their room was on the tenth floor. The room was not so (c)[l　　], but they liked the room very much because the view from the room was (d)[w　　].

The children enjoyed (e)[s　　] in the sea and playing on the beach with their mother.

スミス夫妻は小さな島で夏休みを子供たちのマイクとアリスと楽しんでいました。

彼らはビーチの近くの古いホテルに滞在していました。彼らの部屋は10階でした。その部屋はそれほど大きくはありませんでしたが，部屋からの眺めはすばらしかったので彼らはとても気に入りました。

子供たちは海で泳いだりビーチで母親と遊んだりして楽しみました。

Ⅳ．次の各組の文がほぼ同じ内容を表すように，（　）内に適する語を答えなさい。

(a) Fujisawa Shoryo has a lot of club activities.
There are (　　　) club activities in Fujisawa Shoryo.

(b) Could you tell me the way to Zengyo station?
Could you tell me (　　　) to get to Zengyo station?

(c) They speak English in Australia.
English (　　　) spoken in Australia.

(d) Let's play volleyball.
(　　　) we play volleyball?

(e) Because I don't have a lot of money, I can't buy a new smartphone.
If I (　　　) a lot of money, I could buy a new smartphone.

Ⅴ．次の英文の（　）内に入れるのに最も適切なものを選び，記号で答えなさい。

(a) "Do you know that cheese is made (　　　) milk?" "Of course, I do."
A．from　　B．into　　C．of　　D．for

(b) She has been ill (　　　) she came to Japan.
A．before　　B．till　　C．for　　D．since

(c) Her father bought a nice sports car, (　　　) he?
A．does　　B．hasn't　　C．did　　D．didn't

(d) (　　　) you show me how to use this computer?
A．Shall　　B．May　　C．Would　　D．Must

(e) They were (　　　) show me the way to the station.
A．enough kind of
B．kind enough to
C．to enough kind to
D．kind to enough

Ⅵ．次の日本文に合うように，（　）内の語(句)を並べかえたとき，2番目と4番目にくる語（句）を順番に番号で答えなさい。

(a) 番号をお間違えだと思いますよ。
I think (1. the wrong　2. have　3. number　4. you).

(b) 木の下で歌っている少年は誰ですか。
Who (1. singing　2. under the tree　3. is　4. the boy)?

(c) 高橋さんが撮った写真が壁にかかっています。
The (1. taken　2. Mr. Takahashi　3. by　4. picture) is hanging on the wall.

(d) 台所に何か冷たい飲み物がありますか。
Is there (1. anything　2. drink　3. cold　4. to) in the kitchen?

(e) 彼は私の兄より5歳年上です。
He is (1. years　2. five　3. older　4. than) my brother.

Ⅶ．次のＡ・Ｂ・Ｃの内容に関して，(a)と(b)の質問に対する答えとして最も適切なものをＡ～Ｄの中から１つずつ選び，記号で答えなさい。

Ａ．

(a) Where will these signs likely be found?

Ａ．At a train station.　Ｂ．On a bridge.　Ｃ．On a road.　Ｄ．On a ship.

(b) Who can go beyond these signs?

Ａ．All travelers who are going to cross the bridge.

Ｂ．People who live near the bridge.

Ｃ．Police vehicles, firetrucks or ambulances from neighboring towns.

Ｄ．Nobody can go beyond the signs.

Ｂ．

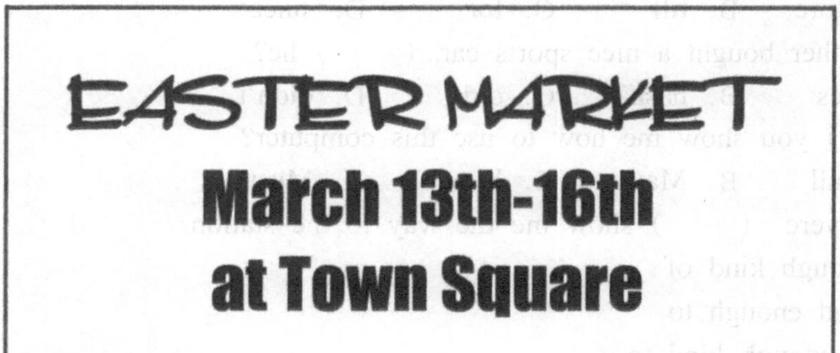

EASTER MARKET
March 13th-16th
at Town Square
■FOOD
■EASTER EGGS
■MUSIC
■WORKSHOPS
Being the biggest Easter market in Kamome city, the market offers various food and traditional Easter goods including painted eggs, art flowers, embroidered cloths or wooden toys. Kids can enjoy fun activities such as painting eggs and making traditional decorations, chicks or flower pots. Town Square features a zoo with sheep, goats, rabbits and ponies. You can experience a wonderful festival with a wide choice of food stands, workshops, concerts, shows, and live performances!

For more information:
Visit our website: www.happyeaster.com
Kamome Easter Market Executive Committee

(a) What is this poster for?

A. To look for volunteer staff for the festival.
B. To inform people of Easter eggs.
C. To attract visitors to the festival.
D. To feature the Easter Market animal farm.

(b) What does "workshop" probably mean?

A. A gathering of people buying fruits and vegetables.
B. A meeting at which a group of people can do an activity.
C. A zoo that can travel from place to place for the purposes of entertainment.
D. Artificial chocolate eggs or decorated hard-boiled eggs given at Easter.

C.

Hi, I'm Meg. I'm an exchange student from Australia and I'm looking for opportunities to volunteer. I want to meet new people and improve my Japanese through volunteer work. I'm 17 years old and in the second grade at Kamome Highschool. I belong to the school softball team, so can only volunteer on weekends. Also, I'm thinking of taking Japanese lessons in my free time. I'm looking forward to making many friends in Japan!

Search

Red Cross Kamome needs volunteers to provide translation support for our office or language and emotional support to help refugees from Ukraine integrate into their new communities. You must be available for at least three days from Monday through Friday. 18 years and over.

Kamome University is looking for volunteers who can give learning assistance to students with disabilities, including providing assistance to and from classes and lectures. You must be available from 9:00-16:00 for at least one day from Monday to Friday. You need a degree in Economics.

Community Café, the city library's popular café, is looking for part-time volunteers who can help full-time staff. Responsibilities include reading to children and simple café work such as taking orders and serving drinks. Flexible schedule means you can work whichever days you like. 16 years and over.

Do-Re-Mi, Kamome city's oldest musical group, is looking for volunteers to help at events. If you love music and dancing, this is the job for you. You must be available Wednesday evenings, Saturdays and Sundays. 16 years and over.

Nihon-go Lessons by Volunteer Groups

In Kamome City, there are several Japanese language classes organized by volunteer groups. Please see the list (click here) for details. If you have any questions, or wish to visit or apply for a class, please contact the group directly.

- Chinese: Mondays
- Tagalog: Tuesdays
- Nepalese: Wednesdays
- Vietnamese: Thursdays
- Portuguese: Fridays
- English: Saturdays

(a) Which volunteer group would Meg probably apply to?

A. Red Cross Kamome.　B. Kamome University.
C. Community Café.　D. Do-Re-Mi.

(b) When could Meg take part in a language lesson?

A. On Mondays.　B. On Wednesdays.　C. On Fridays.　D. On Saturdays.

Ⅷ. 次の対話文を読んで，対話の流れが自然になるように（１）～（５）に入る最も適当な文をＡ～Ｅの中から１つずつ選びなさい。

Sho : I went to a really good restaurant yesterday.
Ryo : Really? （ 1 ）
Sho : It was French.
Ryo : Wow. （ 2 ）
Sho : No, not at all. It is a very small restaurant. The food is home-style French cooking.
Ryo : （ 3 ）
Sho : I had a seafood salad and then French-style beef stew.
Ryo : （ 4 ）
Sho : It was wonderful. I had fruit and ice cream.
Ryo : Well, next time take me with you.
Sho : OK. （ 5 ）
Ryo : Sounds good !

A. Was it expensive?　B. How was the dessert?
C. What kind of restaurant?　D. How about next weekend?
E. What did you have?

Ⅸ. 次の英文を読んで，あとの問いに答えなさい。

A happy (1)school of little fish lived in a corner of the sea *somewhere. They were all red. Only one of them was as black as *a mussel shell. He swam (2)[fast] than (3)his brothers and sisters. His name was (4)Swimmy.

One bad day *a tuna fish, *swift, *fierce and very hungry, came *darting through the waves. *In one gulp he *swallowed all the little red fish. Only Swimmy escaped.

He swam away in the deep wet world. He was scared, lonely, and very sad. But the sea was full of wonderful creatures, and as he swam *from marvel to marvel Swimmy was happy again.

He saw a *medusa made of *rainbow jelly...
a *lobster, who walked about like a water-moving machine...
strange fish, pulled by *an invisible thread...
a forest of *seaweeds growing from *sugar-candy rocks...

an *eel whose tail was almost too far away to remember...

and *sea anemones, who looked like pink *palm trees *swaying in the wind.

Then, hidden in the dark shade of the rocks and weeds, he saw a school of fish, just like his own.

"Let's go and swim and play and SEE things!" he said happily.

"⑸We can't," said the little red fish. "The big fish will eat us all."

"But you can't just lie there," said Swimmy. "We must THINK of something."

Swimmy thought and thought and thought. Then suddenly he said, "I have ⑹it!"

"We are going to swim all together like the biggest fish in the sea!"

He ⑺[teach] them to swim close together, each in his own place, and when they had learned to swim like one giant fish, he said, "I'll be the eye." And so they swam in the cool morning water and in the *midday sun and *chased the big fish away.

Swimmy by Leo Lionni

somewhere：どこか　a mussel shell：カラス貝　a tuna fish：マグロ　swift：速い
fierce：恐ろしい　darting：突進する　In one gulp：一口で　swallowed：飲み込んだ
from marvel to marvel：あちこちの面白い物　medusa：クラゲ　rainbow jelly：虹色のゼリー
lobster：ロブスター　an invisible thread：透明な糸　seaweeds：海藻
sugar-candy rocks：氷砂糖のような岩　eel：うなぎ　sea anemones：イソギンチャク
palm trees：ヤシの木　swaying：揺れ動く　midday：昼間　chased…away：追い払った

(a)　下線部⑴の本文中の意味として最も適切なものを下の選択肢Ａ～Ｄの中から１つ選び記号で答えなさい。

Ａ．学校　Ｂ．授業　Ｃ．群れ　Ｄ．先生

(b)　⑵の［　］内の単語を適切な形に直しなさい。

(c)　下線部⑶・⑷は何色か。それぞれ本文中から英語で抜き出しなさい。

(d)　下線部⑸とあるが，何をすることが出来ないのか。最も適切なものを下の選択肢Ａ～Ｄの中から１つ選び記号で答えなさい。

Ａ．To fight the big fish.　Ｂ．To go and swim and play and see things.

Ｃ．To just lie there.　Ｄ．To hide in the dark shade of the rocks and weeds.

(e)　下線部⑹の内容に含まれないものはどれか。最も適切なものを下の選択肢Ａ～Ｄの中から１つ選び記号で答えなさい。

Ａ．To swim all together like the biggest fish in the sea.

Ｂ．To swim close together, each in his own place.

Ｃ．To swim one by one.

Ｄ．To swim like one giant fish.

(f)　⑺の［　］内の単語を適切な形に直しなさい。

(g)　以下の⑴・⑵が本文の内容と合っていれば○，合っていなければ×を解答欄に書きなさい。

⑴　Swimmy was happy to see a lot of sea creatures in the sea.

⑵　Swimmy became the ear of the giant fish.

当なものを選び、記号で答えよ。

ア　江戸時代が終わり、文明開化となったこと。

イ　戦乱の世が織田信長によって平定されたこと。

ウ　権力者だった平氏が源氏に滅ぼされたこと。

エ　太平洋戦争が終わって民主化されたこと。

問八　本文に通じる無常観のあるものを選び、記号で答えよ。

ア　夏草や兵《つわもの》どもが夢の跡　　松尾芭蕉

イ　目に青葉山ほととぎす初鰹《はつがつお》　　山口素堂

ウ　夏河を越すうれしさよ手に草履《ぞうり》　　与謝蕪村

エ　やれ打つな蝿《はえ》が手をすり足をする　　小林一茶

ウ　優れた建物を順次紹介することによって、建物＝文化の象徴であることを示している。

エ　歴代の王の偉業を並べることで、文化を高めるには権力が必要であることを示している。

五、次の文章を読み、各設問に答えよ。

（本文）

祇園精舎の鐘の声　諸行無常の響きあり
沙羅双樹の花の色　盛者必衰の理をあらはす
おごれる人も久しからず　ただ春の夜の夢のごとし
たけき者も遂にはほろびぬ　ひとへに風の前の塵に同じ

「平家物語」

（現代語訳）

祇園精舎の鐘の音は、諸行無常の響きがある。沙羅双樹の花の色は、盛んな者も必ず衰えるという物事の道理を示している。おごり高ぶっている人（の栄華）も長く続くものではなく、まるで（覚めやすいと言われている）春の夜の夢のようである。勢いが盛んな者も結局は滅亡してしまう、まったく風の前の塵と同じである。

問一　この作品に関わりの深いものを二つ選び、記号で答えよ。

ア　和漢混交文　イ　江戸時代　ウ　軍記物語
エ　歌人　オ　王朝

問二　本文の特徴として挙げられるものを二つ選び、記号で答えよ。

ア　五七調　イ　七五調　ウ　対句　エ　反語　オ　倒置法

問三　「諸行無常」に関して次の問いに答えよ。

1　諸行無常の意味として適当なものを選び、記号で答えよ

ア　世の中にあるものは、何事でも五感で認識して始めて存在すること。

イ　世の中にあるものは、常に変化し、生滅して永久不変のものはないこと。

ウ　世の中にあるものは、実際には存在していない仮の姿であるということ。

エ　世の中にあるものは、本人の価値観次第で見え方が全く違うということ。

2　無常観を描いている随筆を選び、記号で答えよ。

ア　枕草子　イ　源氏物語　ウ　古事記　エ　方丈記

問四　この作品はどのような状況を背景にしているか。適当なものを選び、記号で答えよ。

ア　少数の権力者に多くの庶民が抵抗している状況。

イ　貴族社会から武家社会へと大きく変わる状況。

ウ　経済的発展があり人々が生き生きしている状況。

エ　混乱に乗じて誰でも権力を手に入れられる状況。

問五　「人の一生のはかなさ」を例えている部分を本文より二カ所抜き出せ。それぞれ五字である。（順不同）

問六　この作品が世の中に広まった要因の一つとして挙げられるものを選び、記号で答えよ。

ア　百人一首　イ　落語　ウ　俳諧　エ　琵琶法師

問七　ここでいう「盛者必衰の理」とはこの時代のどのようなことか。適

ア　純粋の計画都市　イ　人工的な空間
ウ　地中海の沿岸都市　エ　ナイルに完結した世界

問四　――線部３「アレクサンドリアは書物収集に好都合であった」とあるがその理由として**相応しくない**ものを選び、記号で答えよ。
ア　王朝がナイルの中下流域に首都を置いていたから
イ　設立当時の王朝に権威があったから
ウ　海路で輸入された書物を没収したから
エ　地中海は石板やパピルスが入手しやすかったから

問五　――線部４「ファロス島の灯台」は何を例えるために使われているか。適当なものを選び、記号で答えよ。
ア　灯台も時代を経れば海に沈んだように、施設に集められた人々、資料もやがては消えゆくということ。
イ　灯台が目的地を目指す者たちを導いたように、施設は知を求める者を導く存在であったということ。
ウ　灯台に膨大な費用がかかったように、施設の大規模な事業にはそれなりの人と費用がかかること。
エ　灯台を作るのに時間がかかったように、優れたものを作るということは一朝一夕にはいかないこと。

問六　――線部５「知の水平線に光線をあまねく放射するかのようだった」とはどういうことか。適当なものを選び、記号で答えよ。
ア　真理が見えず不安の多い人々に、未来への希望を提供する存在。
イ　真理が見えず不満が多い世の中で、解決の糸口を提供する存在。
ウ　真理が見えない暗闇の世界に、導くための環境を提供する存在。
エ　真理が見えない一般市民に、寄り添いながら解決策を提供する存在。

問七　【Ｘ】に入る組み合わせとして正しいものを選び、記号で答えよ。
ア　アリストテレスとリュケイオン
イ　ビブリオテケとムセイオン
ウ　エジプトと西アジア
エ　プトレマイオスとビブリオテケ

問八　本文の中心となる話は何か。適当なものを選び、記号で答えよ。
ア　ファロス灯台　イ　アレクサンドロス大王
ウ　プトレマイオス１世　エ　アレクサンドリア

問九　ヘレニズム文化の特徴として書かれているのは何か。適当なものを選び、記号で答えよ。
ア　地中海の国々の優れた人がそれぞれの個性によって作り出した文化。
イ　大王を始めとするエジプト人の文化を更に継いでできた文化。
ウ　色々な国の文化の良いところを混ぜ合わせて、新しく作り出した文化。
エ　ギリシャ文化とエジプトを始めとする多様な文化の融合がなされた文化。

問十　この文章の構成を説明しているものとして適当なものを選び、記号で答えよ。
ア　建物、都市、人と文化に必要な要素を示すことで、アレクサンドロス大王を始めとする代々の王がいかに偉大かを示している。
イ　最初に灯台を示し、次に町、そして施設とつなげることでプトレマイオス１世らの融合への意図を示している。

明確な民族区分に固執したわけだ。民族区分ということであれば、すでに大王は、オリエント遠征のなかで、ギリシア人と現地人との混和を推奨し、兵士の結婚をすすめたといわれる。【 ② 】、実際にはこうしてヘレニズム国家を建設することになってみれば、民族区分の原則は無視しうるわけはない。【 ③ 】その区分を前提としつつ、諸要素のかね合わせを工夫し、操作していったのだった。

知の灯台としての図書館

こうして創設されたアレクサンドリア。その名を歴史上で不朽にしたのは、いうまでもなくこの首府に建設された文化施設である。王朝の設立とともに、図書館と高等研究所とがスタートした。前者はビブリオテケ、後者はムセイオンとよばれた。いずれもギリシア語によっているとおり、ヘレニズムの理想を体現したものである。図書館は、王朝の権威をかけて、増強された。古代地中海における書物は、石板やエジプト産のパピルスによっていたが、それだけに3アレクサンドリアは書物収集に好都合であった。プトレマイオス朝の王たちは、歴代にわたって事業に専念し、はやくも前三世紀のうちには、数十万部の蔵書をほこる世界最大の図書館に成長させた。ときには、海路で輸入される書物を強権をもって没収した結果であるともいわれる。

図書館が市内のどこに所在したかは、さだかではない。王宮内とも、ブルケイオン区ともいうが、いずれにせよいまひとつの施設である研究所と密接な関係があったであろう。ムセイオンは、アテナイにあるプラトンの学校アカデメイアと、その高弟であるアリストテレスのリュケイオンという、ギリシア学堂の伝統をうけついで、アレクサンドリアにもうけられた。ここでは、ギリシア本来の古典哲学はもとより、西アジアからエジプトにいたる全オリエントの学問が教育と研究の対象となった。アリストテレスの教え子であったアレクサンドロス大王の面目も躍如といったところである。

【 X 】、このふたつには、およそ東地中海世界を代表するような、多数の学者たちがおとずれた。初代図書館長としては、文献学者のゼノドトス、二代目には詩人アポロニオス、三代目には地理学者エラトステネス。つまり、分野をとわず、ギリシア世界から最高の学者が招聘されて、仕事にあたった。かつて文運もきわだつアテナイにおいてすらも実現できなかった、世界すべてを集約する知の王宮がここに誕生した。ヘレニズムの理想が結晶をみたのである。それはちょうど4ファロス島の灯台が、とおく地中海をてらしだしたように、5知の水平線に光線をあまねく放射するかのようだった。」〔『地中海』 樺山紘一 岩波書店〕

問一 空欄①～③に入る語句の組み合わせとして正しいものを選択肢より選び、記号で答えよ。

ア ① つまり ② だが ③ むしろ
イ ① たとえば ② しかし ③ さて
ウ ① だから ② さらに ③ ただ
エ ① いわゆる ② そして ③ もちろん

問二 ――線部1「これ」が指し示す人物は誰か。適当なものを選び、記号で答えよ。

ア プトレマイオス1世　イ プトレマイオス2世
ウ アレクサンドロス大王　エ ソステリアノス

問三 ――線部2「古来のエジプト文明」の説明として適当なものを選び、記号で答えよ。

われる。

都市アレクサンドリアのほうは、それからさかのぼること五〇年、前三三一年に大王によって、新設されていた。マケドニアからオリエントにむけて、さらにはインドにおよぶ遠征の途上で、大王は三〇をこえる数のアレクサンドリア市を建設した。そのうち、歴史をこえて、存在をうたいあげつづけたのは、ここエジプトのアレクサンドリアだけである。大王は、メソポタミアの地で三三歳の若い生涯をとじた。後継者たちのはげしい主導権争いがおこり、ようやくのことで決着がついたのは、二〇年ものちのことである。エジプトを制したのはプトレマイオス。三〇四年、エジプト王を称して、すでに三〇〇〇年にちかい系譜をもつエジプト王朝の継承権を手にした。

しかし、プトレマイオス一世は、長い伝統を裏切り、ナイル河畔に王朝の首座をおくことをこばんだ。「ナイルの賜物」であったエジプトを統治するにあたって、王は新設の海都アレクサンドリアを首都に指名する。これには巨大なリスクがあることを、プトレマイオス王はよく承知していたにちがいない。けれども、ナイル河畔や下流デルタ地帯に過剰にかかわり、底知れぬエジプトの社会や政治に身をしずめるようになることを警戒したのだろう。アレクサンドロス大王とともに、オリエント征服に参加し、あらたな世界観を注入されたプトレマイオスは、みずからギリシア人であるという意識にささえられた。エジプトにとっては最北端にあたる地中海の沿岸都市に、王朝の運命を託したのである。

計画都市の誕生

このことを、エジプトの側からみれば、どういう意味があるのだろうか。ピラミッドの時代このかた、エジプトの王朝は一貫して、ナイルの中下流域に首都をおき、そこの生産力によりかかって統治を実現してきた。北方の地中海とのあいだには、むろん軍事上の関係も、あるいは交易もあったとはいえ、その相手はかなたから訪れる外来者である。エジプトからそとへ討ってでるということは、ほとんどない。エジプトはナイルに完結した世界だったのである。プトレマイオスのギリシア人王朝、つまりヘレニズム政権の樹立は、エジプト史にとってまったくの新事態である。

むろん、この王朝はさしあたりは、征服王朝である。エジプトに根っこをもたない外来者。しかし、プトレマイオスはアレクサンドリアにあって、[2]古来のエジプト文明を受容し、自己のギリシア文明との融合をはかった。それは賢明な選択だった。ただし、その融合を実現するための方策と主体はどこに発見されるのか。新都の建設にあたって、斬新なアイディアが発揮された。すでに大王の在世期間から、アレクサンドリアはユニークな構造をとりはじめていた。純粋の計画都市だったのである。海岸線にそって、港湾が設置されたうえで、後背地は正確な格子状（グリッド）に分割され、幾何学的に配置された道路が、東西と南北にはしる。その外側は、すくなくとも当時にあってはすべて砂漠であった。砂漠と海とにはさまれた人工的な空間。ギリシア人の秩序感覚にうらうちされた計画都市がここに誕生した。

支配者として到来したギリシア人は、その中核部分に統治機構と居住地をもうけた。くわえて西寄りのセクションには、エジプト人を、そして北と東とにはユダヤ人。【 ① 】、エジプトを構成する民族要素に対応するかたちで、都市を空間区分したのである。のちに紀元前後にローマ人が到来したときには、あらたに第四区が用意された。それほどに、

オ　土の匂いが普段とは違ったこと

問三　――線部3「白は思わず～叫ぼうとしました」とあるが、白が叫ばなかったのはなぜか。そのときの心情をあらわす部分を文中より十字以内で抜き出せ。（句読点等は含まない）

問四　□　に入る語句として適当なものを選び記号で答えよ。

ア　じりじり　イ　ひりひり　ウ　こつこつ　エ　だらだら

問五　――線部4「罠にかかる心配はありません」と言える理由として、適当なものを選び記号で答えよ。

ア　お嬢さんに犬殺しのことが報告できたから

イ　これからは坊ちゃんと散歩に行けるから

ウ　主人の家に帰って来ることが出来たから

エ　お隣の黒が身代わりになってくれたから

問六　――線部5「お嬢さんも坊ちゃんもただ呆気（あっけ）にとられた」のはなぜか。その理由を文中より八字で抜き出せ。（句読点等は含まない）

問七　――線部6「犬の教えてくれる芸」とはどんな芸か。その説明として適当なものを選び、記号で答えよ。

ア　人間の言葉を聞き分けること

イ　投げられたボオルに飛びつくこと

ウ　闇の中を見通すこと

エ　往来どめの縄をかけること

問八　――線部7「白の心もち」が表現されている部分を文中より十三字で抜き出せ。（句読点等は含まない）

問九　――線部8「白はため息を洩《も》らしたまま、しばらくはただ電柱の下にぼんやり空を眺めていました」は、白のどんな状況を表していると考えられるか。次の中から**適当でないもの**を選び、記号で答えよ。

ア　失望　イ　落胆　ウ　茫然　エ　解放

問十　本文の表現・内容を説明したものとして、適当なものを選び記号で答えよ。

ア　「御覧なさい。坂を駈《か》けおりるのを！」といった表現を用いて、その場面が視覚的にイメージできるよう工夫されている。

イ　「白」という犬が主人公であるこの物語は、犬殺しの登場によって「白」の勇敢さが読者に伝わるよう工夫されている。

ウ　「白はほとんど風のように」「鍋底のようにまっ黒」等、擬人法を使用することで、「白」の心情が丁寧に表現されている。

エ　「白」の飼い主であるお嬢さんや坊ちゃんだけには、決して「白」の本当の気持ちが伝わらないよう表現されている。

四、次の文章を読み、各設問に答えよ。

プトレマイオス朝のヘレニズム都市として

アレクサンドリアのファロス灯台は、おそらく紀元前二八五年ころまでに、建設されたものと推測されている。設計者は、クニドスのソステリアノス。建設を指示したのは、ときのエジプト王朝の国王プトレマイオス一世と二世。まさしく、ヘレニズム国家エジプトの創設記念碑でもあった。プトレマイオス朝は、前三二三年にアレクサンドロス大王が死去したのち、1これの後継者将軍のひとり、プトレマイオス一世によって定礎された。四〇年におよぶ治世の終盤にかけて、この大事業は進行し、おそらく新国王である同二世の即位のころに、竣工したものとおもら。しかし今前足を見ると、いや、――前足ばかりではありません。胸も、腹も、後足も、すらりと上品に延びた尻尾も、みんな鍋底《なべぞこ》のようにまっ黒なのです。まっ黒！　まっ黒！　白は気でも違ったように、飛び上ったり、跳ね廻ったりしながら、一生懸命に吠え立てました。

「あら、どうしましょう？　春夫さん。この犬はきっと狂犬《きょうけん》だわよ。」

お嬢さんはそこに立ちすくんだなり、今にも泣きそうな声を出しました。しかし坊ちゃんは勇敢です。白はたちまち左の肩をぽかりとバットに打たれました。と思うと二度目のバットも頭の上へ飛んで来ます。白はその下をくぐるが早いか、元来《もとき》た方へ逃げ出しました。けれども今度はさっきのように、＊一町も二町も逃げ出しはしません。芝生《しばふ》のはずれには＊棕櫚《しゅろ》の木のかげに、クリイム色に塗《ぬ》った犬小屋があります。白は犬小屋の前へ来ると、小さい主人たちを振り返りました。

「お嬢さん！　坊ちゃん！　わたしはあの白なのですよ。いくらまっ黒になっていても、やっぱりあの白なのですよ。」

白の声は何とも云われぬ悲しさと怒りとに震《ふる》えていました。けれどもお嬢さんや坊ちゃんにはそう云《い》う7白の心もちも呑《の》みこめるはずはありません。現にお嬢さんは憎《にく》らしそうに、

「まだ＊あすこに吠えているわ。ほんとうに図々《ずうずう》しい野良犬《のらいぬ》ね。」

などと、＊地だんだを踏んでいるのです。坊ちゃんも、――坊ちゃんは小径《こみち》の砂利《じゃり》を拾うと、力一ぱい白へ投げつけました。

「畜生《ちくしょう》！　まだ愚図愚図《ぐずぐず》しているな。これでもか？　これでもか？」

砂利は続けさまに飛んで来ました。中には白の耳のつけ根へ、血の滲《にじ》むくらい当ったのもあります。白はとうとう尻尾を巻き、黒塀の外へぬけ出しました。黒塀の外には春の日の光に銀の粉《こな》を浴びた紋白蝶《もんしろちょう》が一羽、気楽そうにひらひら飛んでいます。

「ああ、きょうから宿無し犬になるのか？」

8白はため息を洩《も》らしたまま、しばらくはただ電柱の下にぼんやり空を眺めていました。

（『芥川龍之介全集5』ちくま文庫）

＊往来…通り
＊横丁…表通りから横に入った町
＊七八間…約13～15ｍ
＊印半纏…家紋などを染めた半纏《はんてん》（現代ではお祭り・お神輿《みこし》の担ぎ手が着用）
＊けたたましい…突然やかましい音がするさま
＊けしき…様子
＊五味…ゴミ
＊ボオル…ボール　＊一町…ひとつの町
＊あすこ…あそこ
＊棕櫚…ヤシ科の常緑高木
＊地だんだを踏んで…悔しがって地面を何度も踏むさま

問一　――線部1「午過ぎ」の「午」は十二支のひとつである。その「午」をあらわすものとして適当なものを選び、記号で答えよ。

ア「うし」　イ「み」　ウ「うま」　エ「いぬ」

問二　――線部2「びっくりした～しまいました」とあるが、白が「びっくりした」理由として適当なものをすべて選び記号で答えよ。

ア　美味そうなパンを食べていたこと
イ　仲良しの黒が狙われていたこと
ウ　黒に犬殺しが嚇《おど》されていたこと
エ　印半纏の犬殺しを発見したこと

の姿が隠れるが早いか、可哀《かわい》そうな黒を残したまま、一目散《いちもくさん》に逃げ出しました。

その途端《とたん》に罠が飛んだのでしょう。続けさまに＊けたたましい黒の鳴き声が聞えました。しかし白は引き返すどころか、足を止める＊けしきもありません。ぬかるみを飛び越え、石ころを蹴散《けち》らし、往来どめの縄《なわ》を擦《す》り抜け、＊五味《ごみ》ための箱を引っくり返し、振り向きもせずに逃げ続けました。御覧なさい。坂を駈《か》けおりるのを！　そら、自動車に轢《ひ》かれそうになりました！　白はもう命の助かりたさに夢中になっているのかも知れません。いや、白の耳の底にはいまだに黒の鳴き声が虻《あぶ》のように唸《うな》っているのです。

「きゃあん。きゃあん。助けてくれえ！　きゃあん。きゃあん。助けてくれえ！」

白はやっと喘《あえ》ぎ喘ぎ、主人の家へ帰って来ました。黒塀《くろべい》の下の犬くぐりを抜け、物置小屋を廻《まわ》りさえすれば、犬小屋のある裏庭です。白はほとんど風のように、裏庭の芝生《しばふ》へ駈けこみました。もうここまで逃げて来れば、4罠にかかる心配はありません。おまけに青あおした芝生には、幸いお嬢さんや坊ちゃんも＊ボオル投げをして遊んでいます。それを見た白の嬉しさは何と云えば好《い》いのでしょう？　白は尻尾《しっぽ》を振りながら、一足飛《いっそくと》びにそこへ飛んで行きました。

「お嬢さん！　坊ちゃん！　今日は犬殺しに遇《あ》いましたよ。」

白は二人を見上げると、息もつかずにこう云いました。（もっともお嬢さんや坊ちゃんには犬の言葉はわかりませんから、わんわんと聞えるだけなのです。）しかし今日はどうしたのか、5お嬢さんも坊ちゃんもただ呆気《あっけ》にとられたように、頭さえ撫《な》でてはくれません。白は不思議に思いながら、もう一度二人に話しかけました。

「お嬢さん！　あなたは犬殺しを御存じですか？　それは恐ろしいやつですよ。坊ちゃん！　わたしは助かりましたが、お隣《となり》の黒君は掴《つか》まりましたぜ。」

それでもお嬢さんや坊ちゃんは顔を見合せているばかりです。おまけに二人はしばらくすると、こんな妙なことさえ云《い》い出すのです。

「どこの犬でしょう？　春夫《はるお》さん。」

「どこの犬だろう？　姉さん。」

どこの犬？　今度は白の方が呆気《あっけ》にとられました。（白にはお嬢さんや坊ちゃんの言葉もちゃんと聞きわけることが出来るのです。我々は犬の言葉がわからないものですから、犬もやはり我々の言葉はわからないように考えていますが、実際はそうではありません。犬が芸を覚えるのは我々の言葉がわかるからです。しかし我々は犬の言葉を聞きわけることが出来ませんから、闇《やみ》の中を見通すことだの、かすかな匂《におい》を嗅ぎ当てることだの、6犬の教えてくれる芸は一つも覚えることが出来ません。）

「どこの犬とはどうしたのです？　わたしですよ！　白ですよ！」

けれどもお嬢さんは不相変《あいかわらず》気味悪そうに白を眺めています。

「お隣の黒の兄弟かしら？」

「黒の兄弟かも知れないね。」

坊ちゃんもバットをおもちゃにしながら、考え深そうに答えました。

「こいつも体中まっ黒だから。」

白は急に背中の毛が逆立つように感じました。まっ黒！　そんなはずはありません。白はまだ子犬の時から、牛乳のように白かったのですか

問五　次の類義語・対義語の組み合わせとして、正しいものを選び、記号で選べ。

A　類義語　ア　起業＝就職　イ　搬送＝更迭　ウ　便利＝重宝　エ　断念＝我慢

B　対義語　ア　原則↔例外　イ　釈放↔護送　ウ　抽象↔短絡　エ　購入↔売買

問六　次のことわざの意味として適当なものを選び、記号で答えよ。

船頭多くして船山に登る

ア　物事にはそれぞれ専門家がいること。

イ　指図する人が多過ぎて、仕事がはかどらないこと。

ウ　長引いて結論の出ない相談。

エ　夢の中ではさまざまなことを見ると言うこと。

問七　次の作品の中で夏目漱石の作品ではないものを選び、記号で答えよ。

ア　三四郎　イ　坊っちゃん　ウ　我が輩は猫である　エ　鼻

問八　次の敬語表現のうち正しいものを一つ選び、記号で答えよ。

ア　この場所で新聞をお読みになられます。

イ　これを私にさしあげていただけますか。

ウ　ご質問がありましたら、うけたまわります。

エ　どなたでもおいしくいただけます。

問九　次の□に共通して入る漢字一字を選び、記号で答えよ。

□が低い。　□を折る。　□を入れる。

ア　腕　イ　腰　ウ　鼻　エ　骨

問十　次の文で＝＝線部a、bの主語に対する述語を選び、それぞれ記号で答えよ。

a太郎は　花子に　b次郎が　ア言うことを　イ聞かないと
ウグチを　エこぼした。

三、次の文章を読んで、各設問に答えよ。

ある春の1午過《ひる》ぎです。白《しろ》と云う犬は土を嗅《か》ぎ嗅ぎ、静かな＊往来《おうらい》を歩いていました。狭い往来の両側にはずっと芽をふいた生垣《いけがき》が続き、そのまた生垣の間にはちらほら桜なども咲いています。白は生垣に沿いながら、ふとある＊横町《よこちょう》へ曲りました。が、そちらへ曲ったと思うと、さも2びっくりしたように、突然立ち止ってしまいました。それも無理はありません。その横町の＊七八間先には＊印半纏《しるしばんてん》を着た犬殺しが一人、罠《わな》を後《うしろ》に隠したまま、一匹の黒犬を狙っているのです。しかも黒犬は何も知らずに、犬殺しの投げてくれたパンか何かを食べているのです。けれども白が驚いたのはそのせいばかりではありません。見知らぬ犬ならばともかくも、今犬殺しに狙われているのはお隣の飼犬《かいいぬ》の黒《くろ》なのです。毎朝顔を合せる度にお互《たがい》の鼻の匂《におい》を嗅ぎ合う、大の仲よしの黒なのです。

3白は思わず大声に「黒君！　あぶない！」と叫ぼうとしました。が、その拍子《ひょうし》に犬殺しはじろりと白へ目をやりました。「教えて見ろ！　貴様から先へ罠《わな》にかけるぞ。」――犬殺しの目にはありありとそう云う嚇《おど》しが浮《うか》んでいます。白は余りの恐ろしさに、思わず吠《ほ》えるのを忘れました。いや、忘れたばかりではありません。一刻もじっとしてはいられぬほど、臆病風《おくびょうかぜ》が立ち出したのです。白は犬殺しに目を配りながら、□後《あと》すざりを始めました。そうしてまた生垣の蔭《かげ》に犬殺し

【国語】（五〇分）〈満点：一〇〇点〉

一、次の各問に答えよ。

問一　――部の漢字の読みをひらがなで答えよ。

①　生徒のいたずらを戒める。

②　地元の祭りに繰り出す。

③　トラックに荷物を載せる。

④　吹雪でバスが遅れる。

⑤　干潮の時刻になる。

問二　次の――線部のカタカナを漢字に直せ。

①　旅館のソウゲイバスが来た。

②　キンニクトレーニングをする。

③　品物をリョウサンする。

④　商品をセイゾウする。

⑤　ロウドウ時間を短縮する。

二、各設問に答えよ。

問一　次の文法に関する問に答えよ。

①　次の＝線部「の」と同じ意味の「の」を選び、記号で答えよ。

彼は私の好きなタイプだ。

ア　彼女の来るのを待つ。

イ　この本はぼくのだ。

ウ　映画のおもしろいのが見たい。

エ　近づいてくるのが見える。

②　次の＝線部と同じ意味のものを選び、記号で答えよ。

風邪で彼は学校を休んでいるそうだ。

ア　彼はとても元気そうだ。

イ　体育祭は雨で延期になるそうだ。

ウ　今日は早く帰った方がよさそうだ。

問二　次の熟語と同じ構成のものを選び、記号で答えよ。

微風

ア　登山　　イ　納期　　ウ　超越　　エ　不穏　　オ　貧富

問三　次の漢字の部首名とその部首の意味として適当なものを選び、記号で答えよ。

降

①　部首名　ア　りっとう　　イ　のぎへん　　ウ　おおざと　　エ　こざとへん

②　部首の意味　ア　高い所　　イ　人が住む場所　　ウ　穀物　　エ　刃物に関すること

問四　次の四字熟語に関する各問に答えよ。

①　次の四字熟語の□に漢数字を入れて、完成させよ。

②　また、意味を後の選択肢から記号で答えよ。

朝□暮四

意味

ア　その場に適するように即座に気を利かすこと。

イ　法令が目まぐるしく変わること。

ウ　刑罰や権力の極めて厳しいこと。

エ　口先で人を上手にごまかすこと。

MEMO

大切なことはメモしておこうネ！

2023年度

解　答　と　解　説

《2023年度の配点は解答欄に掲載してあります。》

＜数学解答＞

Ⅰ　①　-5　②　$-\frac{1}{5}[-0.2]$　③　$24x^3y$　④　$6\sqrt{2}$　⑤　$6x+20$

⑥　$2(x+3)^2[2(x+3)(x+3)]$

Ⅱ　①　$x=1$　②　$x=4,\ y=3$　③　$x=-13,\ 2$（順不同）　④　$x=\frac{-3\pm\sqrt{57}}{4}$

Ⅲ　①　$y=3x+4$　②　6個　③　$y=2x$　④　$\angle x=65°$　⑤　$\frac{4}{25}$　⑥　2500個

⑦　$a=62$

Ⅳ　ア　$x+y=740$，イ　$1.3x+0.8y=797$［$13x+8y=7970$も可］（順不同）

（運動部の人数）　533人，（文化部の人数）　264人

Ⅴ　①　5通り　②　$\frac{3}{8}$

Ⅵ　①　$a=\frac{1}{2}$　②　$y=x+4$　③　12（12cm²は不可）　④　3：1

○配点○

各4点×25（Ⅱ②，Ⅳの人数各完答，Ⅳのアとイは各2点）　　計100点

＜数学解説＞

本　Ⅰ　（数・式の計算，平方根の計算，式の展開，因数分解）

①　$48\div(-6)+3=-8+3=-5$

②　$0.4-\frac{2}{7}\times\frac{21}{10}=\frac{2}{5}-\frac{3}{5}=-\frac{1}{5}$　【別解】　与式$=0.4-0.6=-0.2$

③　$18x^3\times4xy^2\div3xy=18x^3\times4xy^2\times\frac{1}{3xy}=24x^3y$

④　$\frac{6}{\sqrt{2}}+\sqrt{18}=\frac{6\sqrt{2}}{2}+3\sqrt{2}=3\sqrt{2}+3\sqrt{2}=6\sqrt{2}$

⑤　$(x+8)(x-2)-(x+6)(x-6)=x^2+6x-16-(x^2-36)=x^2+6x-16-x^2+36=6x+20$

⑥　$2x^2+12x+18=2(x^2+6x+9)=2(x+3)^2$

基本　Ⅱ　（1次方程式，連立方程式，2次方程式）

①　$\frac{5x-1}{2}=\frac{x+5}{3}$　両辺を6倍して，$3(5x-1)=2(x+5)$　$15x-3=2x+10$　$13x=13$　$x=1$

②　$5x-4y=8\cdots(i)$　$2x-3y=-1\cdots(ii)$　$(i)\times3-(ii)\times4$から，$7x=28$　$x=4$　(ii)に$x=4$を代入して，$2\times4-3y=-1$　$3y=9$　$y=3$

③　$x^2+11x-26=0$　$(x+13)(x-2)=0$　$x=-13,\ 2$

④　$2x^2+3x-6=0$　二次方程式の解の公式から，$x=\frac{-3\pm\sqrt{3^2-4\times2\times(-6)}}{2\times2}=\frac{-3\pm\sqrt{57}}{4}$

Ⅲ （1次関数の式，平方根の大小，角度，体積，標本調査，統計）

基本 ①　$\frac{6}{2}=3$から傾きは3　$y=3x+b$に$x=-3$，$y=-5$を代入すると，$-5=3\times(-3)+b$　$b=-5+9=4$　よって，求める1次関数の式は，$y=3x+4$

②　$1.5<\sqrt{a}<3$　2乗して，$(1.5)^2<a<3^2$　$2.25<a<9$　よって，整数aの値の個数は，3，4，5，6，7，8の6個

③　$y=x^2\cdots(i)$　(i)に$x=-2$，4を代入して，$y=(-2)^2=4$，$y=4^2=16$　よって，A$(-2,\ 4)$，B$(4,\ 16)$　直線ABの傾きは，$\frac{16-4}{4-(-2)}=\frac{12}{6}=2$　平行な直線の傾きは等しいから，求める直線の方程式は，$y=2x$

④　右の図のように，角の頂点を通り直線ℓとmに平行な直線をひくと，平行線の錯角は等しいことから，$\angle x=(64^\circ-25^\circ)+(180^\circ-154^\circ)=39^\circ+26^\circ=65^\circ$

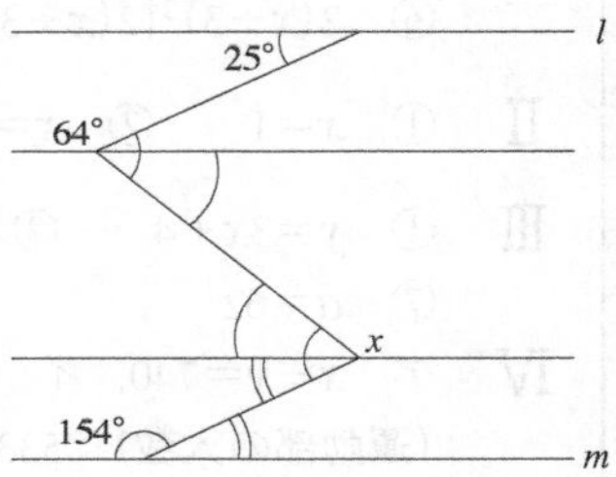

⑤　円柱A，Bの底面の円の半径を$2r$，$5r$，高さをa，bとすると，円柱A，Bの体積が等しいことから，$\pi\times(2r)^2\times a=\pi\times(5r)^2\times b$　$4\pi r^2a=25\pi r^2b$　$4a=25b$　$b=\frac{4}{25}a$

よって，円柱Bの高さは円柱Aの高さの$\frac{4}{25}$倍

⑥　袋に入っている球の数をx個とすると，$x:500=200:40$　$x=\frac{500\times200}{40}=2500$(個)

⑦　点数が低い順に並べると，45，52，a，68，77，86　中央値と平均値が等しいことから，$\frac{a+68}{2}=\frac{45+52+a+68+77+86}{6}$　$\frac{a+68}{2}=\frac{a+328}{6}$　両辺を6倍して，$3a+204=a+328$　$2a=124$　$a=62$

Ⅳ （連立方程式の応用問題）

昨年の運動部にのみ所属している生徒と文化部にのみ所属している生徒の人数から，$x+y=740\cdots(i)$　今年の運動部にのみ所属している生徒と文化部にのみ所属している生徒の人数から，$x\times(1+0.3)+y\times(1-0.2)=797$　$1.3x+0.8y=797\cdots(ii)$　$(ii)\times10-(i)\times8$から，$5x=2050$　$x=410$　(i)に$x=410$を代入して，$410+y=740$　$y=330$　よって，今年の運動部にのみ所属している生徒の人数は，$410\times1.3=533$(人)　今年の文化部にのみ所属している生徒の人数は，$330\times0.8=264$(人)

Ⅴ （場合の数，確率）

①　(表，表，表，表)，(裏，表，表)，(表，裏，表)，(表，表，裏)，(裏，裏)の5通り

②　硬貨を3回投げたときの表裏の出かたは全部で，$2\times2\times2=8$(通り)　そのうち，Fくんが5段目に上がる場合は，表が1回，裏が2回出るときだから，(表，裏，裏)，(裏，表，裏)，(裏，裏，表)の3通り　よって，求める確率は$\frac{3}{8}$

Ⅵ （図形と関数・グラフの融合問題）

基本 ①　$y=ax^2$に点Aの座標を代入すると，$2=a\times(-2)^2$　$4a=2$　$a=\frac{2}{4}=\frac{1}{2}$

②　$y=\frac{1}{2}x^2$に$x=4$を代入すると，$y=\frac{1}{2}\times4^2=8$　よって，B$(4,\ 8)$　直線ABの傾きは，$\frac{8-2}{4-(-2)}=\frac{6}{6}=1$　直線ℓの式を$y=x+b$として点Aの座標を代入すると，$2=-2+b$　$b=$

4　よって，直線ℓの式は，$y=x+4$

③　直線ℓとy軸との交点をDとすると，D(0, 4)　△OAB＝△OAD＋△OBD＝$\frac{1}{2}\times4\times2+\frac{1}{2}\times4\times4=4+8=12$

重要　④　直線ℓの式に$y=0$を代入すると，$0=x+4$　$x=-4$　よって，C(−4, 0)　△OABと△OACのそれぞれAB，ACを底辺とすると高さは同じだから，面積比は底辺の比と等しくなる。よって，△OAB：△OAC＝AB：AC＝{4−(−2)}：{(−2)−(−4)}＝6：2＝3：1

★ワンポイントアドバイス★

Ⅳで求めるのは今年の生徒の人数だから，連立方程式の解をそのまま答えにしないように気をつけよう。

＜英語解答＞

Ⅰ・Ⅱ　リスニング問題解答省略

Ⅲ　(a)　(v)acation　(b)　(h)otel　(c)　(l)arge　(d)　(w)onderful　(e)　(s)wimming

Ⅳ　(a)　many　(b)　how　(c)　is　(d)　Shall[shall]　(e)　had

Ⅴ　(a)　A　(b)　D　(c)　D　(d)　C　(e)　B

Ⅵ　(2番目，4番目の順)　(a)　2, 3　(b)　4, 2　(c)　1, 2　(d)　3, 2　(e)　1, 4

Ⅶ　(A)　(a)　C　(b)　B　(B)　(a)　C　(b)　B　(C)　(a)　C　(b)　D

Ⅷ　(1)　C　(2)　A　(3)　E　(4)　B　(5)　D

Ⅸ　(a)　C　(b)　faster　(c)　(3)　red　(4)　black　(d)　B　(e)　C　(f)　taught　(g)　(1)　○　(2)　×

○配点○

各2点×50(Ⅵは各完答)　計100点

＜英語解説＞

Ⅰ・Ⅱ　リスニング問題解説省略。

Ⅲ　(語句補充問題：名詞，形容詞，動名詞)

(a)　「休み」という意味の名詞が入る。

基本　(b)　「ホテル」という意味の名詞が入る。

(c)　「大きい」という意味の形容詞が入る。

(d)　「すばらしい」という意味の形容詞が入る。

(e)　「泳ぐこと」という意味の動名詞が入る。

Ⅳ　(書き換え問題：熟語，不定詞，受動態，助動詞，仮定法)

(a)　「藤沢翔陵には多くの部活動がある。」〈a lot of ～〉は「たくさんの～」という意味を表す。

(b)　「善行駅への道を教えてもらえませんか。」→「善行駅への行き方を教えてもらえませんか。」〈how to ～〉で「～する方法(仕方)」という意味を表す。

(c)　「オーストラリアでは英語を話す。」→「オーストラリアでは英語が話される。」受動態の文なので〈 be 動詞＋過去分詞〉という形にする。

(d) 「バレーボールをしましょう。」→「バレーボールをしませんか。」〈 shall we ～ ? 〉は「～しませんか」と勧誘する意味を表す。

(e) 「お金をたくさん持っていないので，新しいスマートフォンを買えない。」→「もしお金をたくさん持っていたら，新しいスマートフォンを買えるのに。」〈 if 主語＋過去形の動詞～ 〉は仮定法過去で，実際とは異なる仮定を表す。

Ⅴ （語句補充問題：受動態，現在完了，付加疑問文，助動詞，不定詞）

(a) 「チーズは牛乳から作られるのを知っていますか。」「もちろん，知っています。」〈 be made from ～ 〉で「～から作られる」という意味を表す。

基本 (b) 「彼女は日本に来てからずっと具合が悪い。」〈 since S V 〉で「SがVしてから」という意味になる。

(c) 「彼女の父親は良いスポーツカーを買いましたね。」 付加疑問の部分に用いるbe動詞・一般動詞・助動詞は，主文が肯定であれば否定に，主文が否定であれば肯定にして用いる。

(d) 「このコンピュータの使い方を教えてもらえますか。」 丁寧な依頼を表す場合には〈 would you ～ ? 〉という表現を用いる。

(e) 「彼らは私に駅への道を教えてくれるほど親切だった。」〈 ～ enough to … 〉で「…するくらい～だ」という意味になる。

Ⅵ （語句整序問題：接続詞，分詞，不定詞，比較）

(a) (I think) you have the wrong number (.) 〈 that S V 〉という形の that 節は「～こと」という意味を表す。この文では that は省略されている。

(b) (Who) is the boy singing under the tree (?) 現在分詞は「～している」という進行中の意味を表し，直前にある名詞を修飾する。

(c) (The) picture taken by Mr. Takahashi (is hanging on the wall.) 過去分詞は「～された」という受け身の意志を表し，直前にある名詞を修飾する。

(d) (Is there) anything cold to drink (in the kitchen?) 形容詞が something や anything を修飾する時は〈 something ＋形容詞 〉の語順にする。また，不定詞の形容詞的用法は「～するための」という意味を表す。

(e) (He is) five years older than (my brother.) 比較の文において，比較の差を表す語を比較級形の直前に置くことができる。

Ⅶ （読解問題：内容吟味）

A

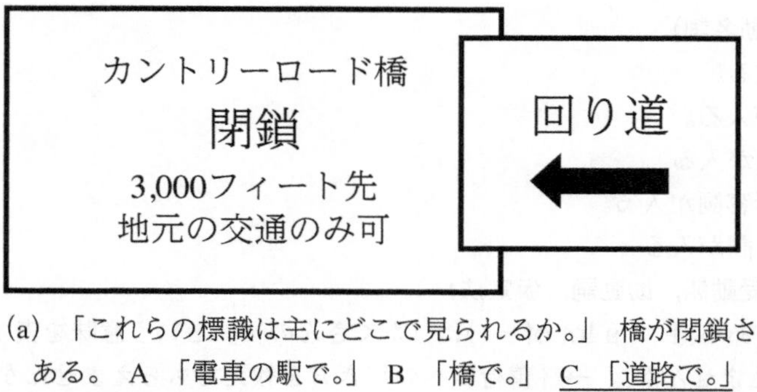

(a) 「これらの標識は主にどこで見られるか。」 橋が閉鎖されていることや回り道を伝える標識である。A 「電車の駅で。」 B 「橋で。」 C 「道路で。」 D 「船で。」

(b) 「この標識の向こうに行くことができるのは誰か。」 地元の交通だけならできるとある。A 「橋を渡ろうとするすべての旅行者。」 B 「橋の近くに住む人々。」 C 「近隣の町からの，警察車両，消防用車両，または救急車。」 D 「誰もこの標識の向こうに行くことはできない。」

B

イースターマーケット

3月13日から16日　タウンスクエアにて

■食べ物
■イースターエッグ
■音楽
■ワークショップ

カモメ市で最大のイースターマーケットです。マーケットでは，さまざまな食べ物や，塗装された卵，アートフラワー，刺繍布，木のおもちゃなどの伝統的なイースター商品を提供します。子供たちは，卵に絵を描いたり，伝統的な装飾品，ひよこや花のポットを作ったりするなど，楽しいアクティビティを楽しむことができます。タウンスクエアには，羊，ヤギ，ウサギ，ポニーがいる動物園が併設されています。屋台，ワークショップ，コンサート，ショー，ライブなどの幅広いラインナップで素敵なお祭りを体験できます！

より詳しい情報は：
ウエブサイトをご覧ください　www.happyeaster.com
カモメイースターマーケット実行委員会

(a) 「このポスターは何のためのものか。」 イースターマーケットを紹介し，人々に来てもらうためのものなのでCが答え。 A　フェスティバルのボランティアスタッフを見つけるため。 B　人々にイースターエッグを知らせるため。 C　来客をフェスティバルに引き付けるため。 D　イースターマーケットの動物農場を特集するため。

(b) 「『ワークショップ』は何を意味すると思われるか。」 ワークショップは人々が活動を行うために集まるものなのでBが答え。 A　青果物を買う人の集まり。 B　人々のグループが活動を行うことができるミーティング。 C　娯楽目的であちこち移動できる動物園。 D　イースターに与えられた人工のチョコレートの卵または装飾された固ゆで卵。

C

こんにちは，メグです。私はオーストラリアからの交換留学生で，ボランティアの機会を探しています。ボランティア活動を通じて新しい人と出会い，日本語を上達させたいです。かもめ高校2年生の17歳です。私は学校のソフトボール部に所属しているので，週末しかボランティアできません。また，空き時間に日本語のレッスンを受けようと思っています。日本でたくさんの友達ができることを楽しみにしています！

かもめ赤十字では，オフィスのために翻訳のサポートの提供をする，またはウクライナからの難民が新しいコミュニティに溶け

かもめ大学では，障害のある学生の学習支援をするボランティアを募集しています。授業や講義への出入りの支援を含みます。

込むのを支援するために言語や精神的なサポートを提供するボランティアを必要としています。月曜日から金曜日までの少なくとも3日間は，対応できる必要があります。18歳以上。

月曜日から金曜日までの少なくとも1日は，9:00から16:00まで勤務できる必要があります。経済学の学位が必要です。

市立図書館の人気カフェ「コミュニティカフェ」では，常勤スタッフのお手伝いをしていただける非常勤ボランティアを募集しています。子どもたちへの読み聞かせや，オーダー取りやドリンクの提供などカフェでの簡単な仕事が担当です。柔軟なスケジュールにより，好きな曜日に働くことができます。16歳以上。

かもめ市最古の音楽グループ「ドーレーミ」では，イベントのお手伝いをするボランティアを募集しています。音楽やダンスが好きな方にぴったりの仕事です。水曜日の午後，土曜日，日曜日に対応できる必要があります。16歳以上。

ボランティアグループによる日本語レッスン
かもめ市には，ボランティア団体による日本語教室がいくつかあります。詳しくは一覧(こちら)をご覧ください。ご不明な点や見学・お申し込みをご希望の方は，直接団体までお問い合わせください。

●中　国　語：月曜日　●タガログ語：火曜日　●ネパール語：水曜日
●ベトナム語：木曜日　●ポルトガル語：金曜日　●英　　語：土曜日

(a) 「メグはおそらくどのボランティアグループに申し込むか。」 メグは週末にしか活動できないので，Cが答え。 A　かもめ赤十字　B　かもめ大学　C　コミュニティカフェ　D　ドーレーミ

(b) 「メグは言語レッスンにいつ参加できるか。」 メグはオーストラリアから来た生徒で，英語で日本語のレッスンを受けるので，Dが答え。 A　月曜日。　B　水曜日。　C　金曜日。　D　土曜日。

Ⅷ （会話文問題：文挿入）

ショウ：昨日，本当に素敵なレストランに行ったよ。
リョウ：本当？ (1)どんな種類のレストランかな？
ショウ：フレンチだよ。
リョウ：わお。(2)高かった？
ショウ：いや，全然。とても小さいレストランなんだ。家庭的なフランス料理だよ。
リョウ：(3)何を食べた？
ショウ：シーフードサラダと，それからフレンチスタイルのビーフシチューだよ。
リョウ：(4)デザートはどうだった？
ショウ：すばらしかったよ。フルーツとアイスクリームを食べたよ。
リョウ：ええと，次はぼくを連れていって。
ショウ：わかった。(5)次の週末はどう？
リョウ：いいね！

Ⅸ （長文読解問題・物語文：内容吟味，語形変化）

(全訳)　どこかの海の片隅に幸せな小魚の(1)群れが住んでいました。それらはすべて赤色でし

た。そのうちの1匹だけがカラス貝のように黒でした。(3)彼は彼の兄弟や姉妹たちよりも(2)速く泳ぎました。彼の名前は(4)スイミーでした。

ある悪い日，素早く，獰猛で，お腹を空かせたマグロが波間を駆け抜けてきました。彼は一口ですべての小さな魚を飲み込みました。スイミーだけが逃げました。

彼は深く湿った世界へ泳ぎ去りました。彼は怖くて，孤独で，そしてとても悲しかったのです。しかし，海は素晴らしい生き物でいっぱいで，彼はあちこちの面白い物へと泳いだので，スイミーは再び幸せになりました。

彼はレインボーゼリーでできたクラゲを見ました…

水を動かす機械のように歩き回るロブスター…

見えない糸に引っ張られた奇妙な魚…

砂糖菓子の岩から生える海藻の森…

尻尾が遠すぎて思い出せないウナギ…

ピンクのヤシの木が風の中で揺れるように見えたイソギンチャク。

それから，岩と雑草の暗い陰に隠れて，彼は自身と同じような魚の群れを見ました。

「行って，泳いで，遊んで，ものを見よう！」彼はうれしそうに言いました。

「(5)私たちにはできないよ」と小さな赤い魚は言いました。「大きな魚が私たち全員を食べてしまうでしょう。」

「でも，ただそこに横たわることはできないよ」とスイミーは言いました。「私たちは何か考えなければならないね。」

スイミーは考えて考えて考えました。すると突然彼は「(6)それがわかった！」と言いました。

「海で一番大きな魚のようにみんなで泳ごう！」

彼は彼らに，それぞれ自分の場所で一緒に泳ぐように(7)教え，彼らが1匹の巨大な魚のように泳げるようになると，「ぼくが目になろう。」と言いました。そして，彼らは朝の冷たい水や昼間の太陽の中を泳ぎ，大きい魚を追い払いました。

スイミー　レオ・レオニ

重要 (a)　school には「群れ」という意味がある。

(b)　直後に than があるので，比較級の文だとわかる。

(c)　(3)「それらはすべて赤色でした」とある。(4)「そのうちの1匹だけがカラス貝のように黒でした」とある。

(d)　スイミーは「行って，泳いで，遊んで，ものを見よう！」と言ったので，Bが答え。A「大きな魚と戦うこと。」，B「行って泳いで遊んでものを見ること。」，C「そこに横になっていること。」，D「岩や藻の暗い陰の中に隠れること。」

(e)　スイミーはみんなで1匹の巨大な魚のように泳ぐことを思いついたので，Cが正しくない。A「海の中で一番大きい魚のように一緒に泳ぐこと。」，B「それぞれの場所で一緒に近くを泳ぐこと。」，C「1匹ずつ泳ぐこと。」，D「1匹の大きな魚のように泳ぐこと。」

(f)　過去に起こった出来事なので，過去形にする。

(g)　(1)「スイミーは海の中で多くの海の生き物を見られてうれしかった。」「海は素晴らしい生き物でいっぱいで，彼はあちこちの面白い物へと泳いだので，スイミーは再び幸せになりました」とあるので，正しい。(2)「スイミーは大きな魚の耳になった。」「ぼくが目になろう。」とあるので，誤り。

★ワンポイントアドバイス★

Vの(e)では〈 ~ enough to … 〉が用いられている。これは〈 so ~ that … 〉で書き換えることができる。この文を書き換えると They were so kind that they showed me the way となる。that 以下の動詞が過去形になることに注意しよう。

＜国語解答＞

一　問一　①　いまし(める)　②　く(り出す)　③　の(せる)　④　ふぶき
⑤　かんちょう　問二　①　送迎　②　筋肉　③　量産　④　製造　⑤　労働

二　問一　①　ア　②　イ　問二　イ　問三　①　エ　②　ア　問四　①　三
②　エ　問五　A　ウ　B　ア　問六　イ　問七　エ　問八　ウ　問九　イ
問十　a　エ　b　イ

三　問一　ウ　問二　イ・エ　問三　臆病風が立ち出した　問四　ア　問五　ウ
問六　体中まっ黒だから　問七　ウ　問八　何とも云われぬ悲しさと怒り
問九　エ　問十　ア

四　問一　ア　問二　ウ　問三　エ　問四　ア　問五　イ　問六　ウ　問七　イ
問八　エ　問九　エ　問十　イ

五　問一　ア・ウ　問二　イ・ウ　問三　1　イ　2　エ　問四　イ
問五　春の夜の夢(と)風の前の塵　問六　エ　問七　ウ　問八　ア

○配点○
一　各1点×10　二　各2点×15　三　各2点×10(問二完答)　四　各2点×10
五　問一・問二　各1点×4　他　各2点×8　計100点

＜国語解説＞

一　(漢字の読み書き)

問一　①「戒める」とは，間違いをしないように前もって注意する，してはいけないと命ずる。同じ過ちを犯さないように叱る，忌み嫌うという意味。②「繰り出す」とは，細長い物を順々に引き出す，次々に送り出す，手元から勢いよく突き出す，大勢が揃って出かけること。③「載せる」とは，乗り物の上や中に人や物を置く，音や調子に合わせる，物事が順調にいくようにする，仲間として加える，思惑の通りに相手を動かす，物事をある手段や経路によって運ぶ，新聞・雑誌などの刊行物に掲載するなどの意味がある。④「吹雪」とは，雪が激しい風に吹かれて乱れ飛びながら降ること。⑤「干潮」とは，潮が引いて海水面が最も低くなる現象。

問二　①「送迎」とは行く人を送り，来る人を迎えること。②「筋肉」とは，収縮性をもつ動物特有の運動器官。③「量産」とは，同一規格の製品を大量に作ること。④「製造」とは，原料に手を加えて製品にすること。⑤「労働時間」とは，労働者が労働に従事する時間。

二　(用法，熟語，部首，同義語・対義語，ことわざ・慣用句，文学史，敬語，文と文節)

問一　①　二重線部の「の」は，部分の主格の用きをしているので，アが適当。②「二重線部の「そうだ」の前には用言が接続されており，また意味は伝聞であるため，イが適当。

問二　「微風」とは，微かに吹く風を表すので，上下で修飾・被修飾の関係になる熟語。「納期」とは，税金や商品を納める期限のことなので，「微風」と同じ構成になっている。

問三　こざとへんとは，漢字の「阜」を略した象形文字で，段のついた土の山の形を表しており，「高い丘」「膨らんだ所」などの意味がある。また大きい，盛ん，多い，豊か，肥え太るなどの意味合いも含んだ部首である。

問四「朝三暮四」とは，目先の違いに囚われて，結局は同じ結果であることを理解しないこと。また，言葉巧みに人を欺くこと。転じて，変わりやすく一定しないことや生計の意味でも使われる。

問五　A「便利」「重宝」ともに都合の良いこと，役に立って具合の良いという意味。B「原則」とは元となる決まりということに対して，「例外」とは，それに当てはまらないこと。

問六「船頭多くして船山に登る」とは，指図する人が多くて物事が纏まらず，目的とは違う方向に進んでしまうこと。

問七　エ「鼻」は，芥川龍之介の作品である。

問八「うけたまわる」とは，「聞く」の謙譲語で，目上の人の言葉を謹んで聞く，拝聴するという意味がある。

問九「腰が低い」とは，腰の位置が低い，謙虚で丁寧な様子を表す。「腰を折る」とは，重要な部分を折ってしまうこと，「腰を入れる」とは，腰を安定させる，ある事を本気になって取り組むこと。

問十　a　太郎は花子に対してグチをこぼしたので，二重線部aの述語はエが適当。b　次郎は言うことを聞かないので，二重線部bの述語はイが適当。

三（小説文－語句の意味，文脈把握，心情，脱語補充，内容吟味，大意）

問一「午」は「うま」とも読み，現在の午前11時から午後1時までを表す。

問二　傍線部の後に，「その横町の七八間先には印半纏を着た犬殺しが一人，罠を後に隠したまま，一匹の黒犬を狙っている」「見知らぬ犬ならばともかくも，今犬殺しに狙われているのはお隣の飼犬の黒なのです。毎朝顔を合せる度にお互の鼻の匂を嗅ぎ合う，大の仲よしの黒なのです」と白が驚いた理由について2つ挙げている。

問三　傍線部の後に，「白は余りの恐ろしさに，思わず吠えるのを忘れました。いや，忘れたばかりではありません。一刻もじっとしていられぬほど，臆病風が立ちだしたのです」と，白が吠えるのを忘れて，怖気づいている様子が書かれている。

問四「じりじり」とは，ある一定の方向に，ゆっくりとではあるが確実に動いていくさま。犬殺しに殺されないよう，確実に後退している。

問五　傍線部の前に，「白はやっと喘ぎ喘ぎ，主人の家へ帰って来ました。（中略）もうここまで逃げて来れば」とあることから，犬殺しに襲われることなく，主人の家に帰ることができたのである。

問六「呆気にとられる」は，驚いてあきれるさま。思いがけない事柄に出くわした際の表現として用いる。姉弟の会話に，「お隣の黒の兄弟かしら？」「黒の兄弟かも知れないね。」（中略）「こいつも体中まっ黒だから。」とあり，急に自分たちが飼っていない黒い犬が裏庭の芝生に駆け込んできたと思って，姉弟は驚いたのである。

問七　傍線部の前に，「我々は犬の言葉を聞きわけることが出来ませんから，闇の中を見通すことだの，かすかな匂を嗅ぎ当てることだの」と犬が行う芸について説明している。

問八　いくら飼い主である姉弟に自分が白だと説明をしても，理解してもらえず，ましてや狂犬扱いをされ，バットで殴られて，白は「何とも云われぬ悲しさと怒りとに」声が震えていたのである。

問九　飼い主である姉弟に自分のことを理解してもらえず，「きょうから宿無し犬になるのか？」

とこれからの自分のことに失望，落胆している。また傍線部より，行くあてもなく，ただ茫然と空を眺めている。

重要 問十　犬殺しから逃れるために，ぬかるみ，石ころ，往来どめの縄，ゴミ箱に構う事なく一目散に逃げ，最後に坂を駆け下りる場面で「御覧なさい」と，読者に訴えかける事で，犬が走るシーンを想像してもらおうとしている。

四 （論説文一接続語の問題，指示語の問題，内容吟味，文脈把握，脱語補充，大意，文章構成）

問一　①　空欄の前後で，「中核部分に統治機構と居住地をもうけた。くわえて西寄りのセクションには，エジプト人を，そして北と東とにはユダヤ人」「エジプトを構成する民族要素に対応するかたちで，都市を空間区分した」と同様の意味になっている事から，「つまり」「いわゆる」が適当。　②　空欄の前で，アレクサンドロス大王はギリシア人とオリエントに住む現地人との混和として結婚を勧めている。空欄の後で，国家建設のために民族区分の原則は無視していないことから，逆接の接続詞「だが」「しかし」が適当。③　空欄の後で，「その区分を前提としつつ，諸要素のかね合わせを工夫し，操作していった」と，前の内容を受けて，さらなる改善を行ったと説明している事から，「もちろん」「むしろ」が適当。

問二　プトレマイオス朝のアレクサンドロス大王が死去した後，彼の後継者の一人である，プトレマイオス1世によってファロス灯台の建築工事が始まったのである。

問三　傍線部の前に，「エジプトはナイル川に完結した世界だった」と，エジプトの王朝がナイル川流域に都市を作り，繁栄してきた様子を纏めている。

問四　傍線部の前後に，「図書館は，王朝の権威をかけて，増強された。古代地中海における書物は，石板やエジプト産のパピルスによっていた」「ときには，海路で輸入される書物を強権をもって没収した」と，アレクサンドリアが書物収集に適していた理由が述べられている。

問五　灯台は塔状の建造物で，最上部には遠方からでも識別可能な強力な光源が設置される。ファロス灯台は，「とおく地中海をてらしだし」ていたのである。それと同様に，図書館は「世界すべてを集約する知の王宮」として，探求者を導く存在だったのである。

重要 問六　灯台は，港口・岬・島など航路の要衝に築き，航行中の船舶にその所在などを明示するために，海を照らすものである。夜だと真っ暗な海を照らすように，「世界すべてを集約する知の王宮」である図書館が先の見えなかった知を照らし，全世界の学者の灯台的役割を果たすものであるとしている。

問七　「こうして創設された」から始まる段落で，アレクサンドリアで建設された文化施設である，ビブリオテケとムセイオンについて説明し，【　X　】から始まる段落でも，その内容を引き継いでいる。

問八　アレクサンドリアにあるファロス灯台，そして町そのもの，アレクサンドリアにある文化施設と説明が続いているので，本文の中心はアレクサンドリアという都市にある。

問九　オリエント遠征の上，エジプトを制したプトレマイオスは，「古代のエジプト文明を受容し，自己のギリシア文明との融合をはか」り，ヘレニズム文化を誕生させた。アレクサンドリアに建設されたビブリオテケ(図書館)やムセイオン(高等研究所)が，ギリシア語で呼ばれる事も「ヘレニズムの理想を体現したもの」と筆者は説明している。

問十　ファロス灯台，アレクサンドリアの町そのもの，そしてそこにある文化施設と説明を続けることで，プトレマイオスが目指した「ヘレニズムの理想」について述べている。

五 （古文－文学史，表現技法，語句の意味，内容吟味，その他）

問一　「平家物語」は，かなで書かれた和文体と，漢文体を混ぜた和漢混交文であり，鎌倉時代に成立したとされる日本の軍記物語である。

問二　「祇園精舎」と「鐘の声」,「諸行無常」と「響きあり」というように七音と五音を中心とした韻律となっている。また，最初の二句が次の二句と，さらに次の二句が最後の二句と対句の形式をとっている。

問三　1 「諸行無常」とは仏教用語で，この世の現実存在は全て，姿も本質も常に流動変化するものであり，一瞬といえども存在は同一性を保持することができない事をいう。 2 「方丈記」は，鴨長明による鎌倉時代の随筆であり，日本中世文学の代表的な随筆とされ，無常観の文学とも言われる。

問四　「平家物語」では，武士階級の台頭なども描かれ，貴族社会から武家社会の変化を背景としている。

問五　春の夜に見る夢は「短い」ので,「儚い」という意味に繋がっている。また「風の前の塵」とは，風が吹く中にある小さなゴミということで，風が吹けばあっという間になくなるような存在ということを表している。

問六　盲目の僧として知られる琵琶法師が，日本各地を巡って口承で伝えてきたとされている。

問七　ここで言う「盛者必衰」とは，平家の栄華と没落を表している。

問八　アの俳句の意味は，夏草だけが生い茂っている，ここはかつて奥州藤原氏が栄華を誇った場所だ，である。田畑に変わり果て，ただ夏草だけが茂る景色を見渡して，この地で栄華を誇った者や，そこに仕えて功名を競い合った武士たちの姿を思い浮かべつつ「すべては短い夢のようだ」と無常観を詠んでいる。

★ワンポイントアドバイス★

俳句・短歌についても知識と鑑賞力をつけておこう！
語彙力を増やすとともに，表現技法など国語の基礎事項をしっかりと固めよう！
やや長めの文章を素早く読み込む練習をしておこう！

MEMO

大切なことはメモしておこうネ！

2022年度

★★★★★★★★★★★★★★★★★★★★★★★

入　試　問　題

2022年度

藤沢翔陵高等学校入試問題

【数　学】（50分）　　＜満点：100点＞

Ⅰ　次の問に答えなさい。

① $-8-10\div5$ を計算しなさい。

② $\frac{1}{3}-(-2)^2\times\frac{1}{10}$ を計算しなさい。

③ $32a^4b^3\div(-2ab)^3$ を計算しなさい。

④ $\sqrt{48}+\frac{6}{\sqrt{3}}$ を計算しなさい。

⑤ $(x+4)(x-4)-(x-4)^2$ を計算しなさい。

⑥ $5x^2-45$ を因数分解しなさい。

Ⅱ　次の方程式を解きなさい。

① $1.6x-0.3=5.1-0.2x$

② $\begin{cases} 3x+y=24 \\ x-\frac{y}{3}=-2 \end{cases}$

③ $x^2+16x-17=0$

④ $3x^2-4x-1=0$

Ⅲ　次の問に答えなさい。

① y は x に反比例し，$x=3$ のとき $y=-1$ である。$x=2$ のときの y の値を求めなさい。

② 2元1次方程式 $2x+3y-8=0$ のグラフと x 軸との交点の座標を求めなさい。

③ $(3x-1):4=2:1$ のとき，x の値を求めなさい。

④ 下の図でBCの長さを求めなさい。

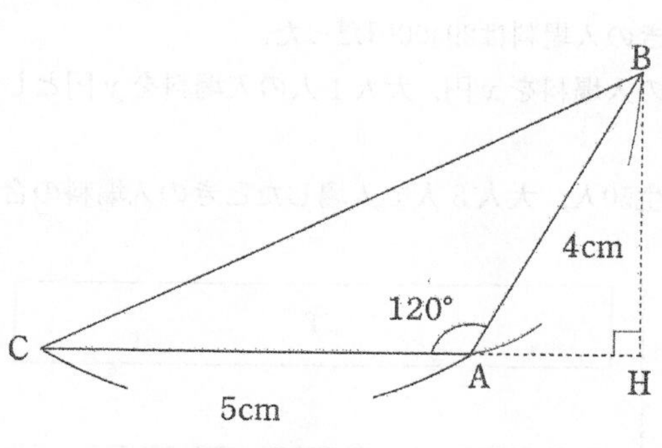

⑤　下の図でBR // PQ，BP：PC＝１：２，AR：RC＝３：４であるとき，AS：SPを求めなさい。

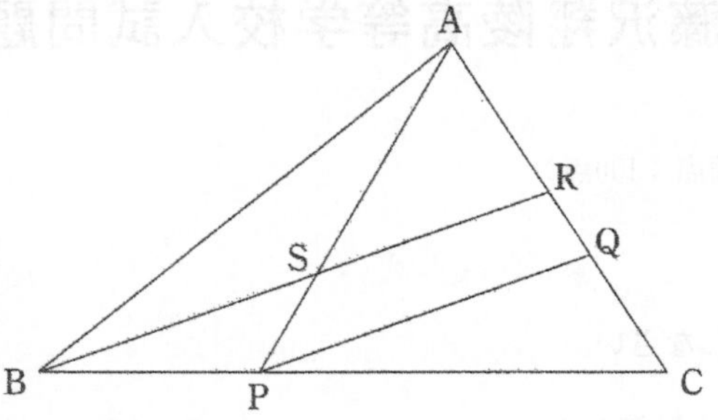

⑥　右の図で∠xの大きさを求めなさい。

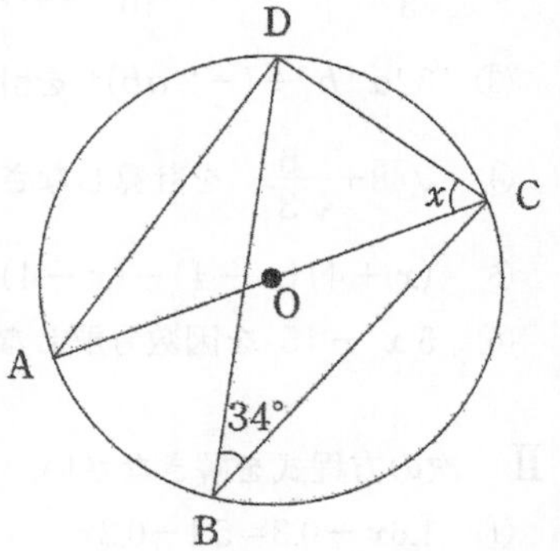

⑦　右の表は，過去30年間におけるＦ市の２月の平均気温を，度数分布表にまとめたものである。この度数分布表において，中央値が含まれている階級の階級値を求めなさい。

階級（℃）	度数（回）
5 以上 7 未満	1
7 以上 9 未満	3
9 以上 11 未満	10
11 以上 13 未満	13
13 以上 15 未満	3
合計	30

Ⅳ　ある遊園地では，10人以上の団体で入場すると，入場料が全員200円の割引をしてもらえる。
この遊園地に，中学生７人と大人２人で入場したときの入場料は14000円だった。また，中学生19人と大人４人で入場したときの入場料は29400円だった。
この遊園地の中学生１人の入場料をx円，大人１人の入場料をy円として連立方程式をつくりなさい。
また，この遊園地に中学生50人，大人５人で入場したときの入場料の合計金額はいくらかを答えなさい。

ア

イ

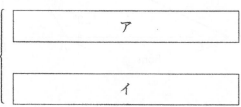

Ⅴ　1，2，3，4，5の数字を1つずつ記入した5枚のカードがある。このカードをよくきってから1枚ずつ2回続けてひき，ひいた順にカードを並べて，2けたの整数をつくる。

①　できる2けたの整数の個数を求めなさい。

②　できる整数が奇数になる確率を求めなさい。

③　できる整数が34以上になる確率を求めなさい。

Ⅵ　下の図のような点A（2，2）を通る2次関数 $y = ax^2$ のグラフがある。2次関数 $y = ax^2$ 上の x 座標が－4である点をBとする。以下の問に答えなさい。

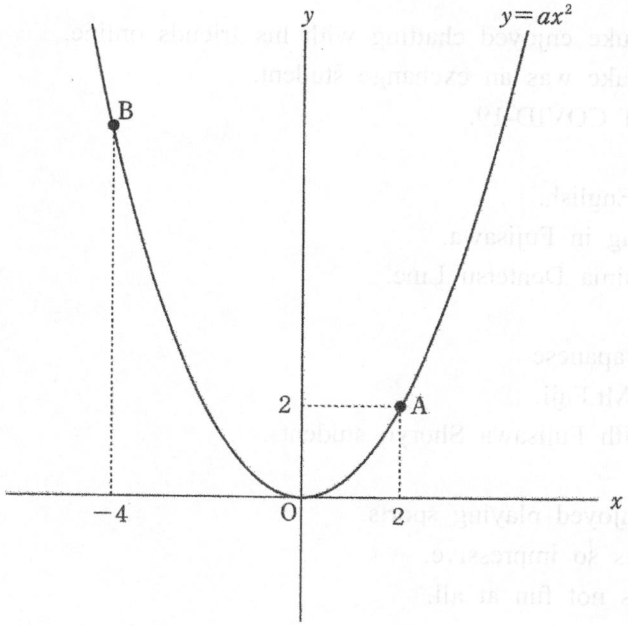

①　a の値を求めなさい。

②　点Bを通り，OAに平行な直線の式を求めなさい。

③　x 軸上を動く点をPとし，点Pの x 座標を p とする。
　　AP＋PBが最小となるときの p の値を求めなさい。

【英　語】（50分）　＜満点：100点＞

【注意】　問題Ⅰ・Ⅱはリスニングテストです。※試験開始10分経過後，放送されます。

Ⅰ．No. 1 ～ No. 5 の英語の質問に対する最も適当な答えをＡ～Ｃの中から１つ選びなさい。「質問」・「答え」すべて放送されます。英文は１度だけしか読まれません。（リスニングテスト）

Ⅱ．No. 1 ～ No. 5 の英文を聞き，その内容に関する質問に対する最も適当な答えをＡ～Ｃの中から１つ選びなさい。英文は２度読まれます。（リスニングテスト）

No. 1

Ａ．Because Luke enjoyed chatting with his friends online.
Ｂ．Because Luke was an exchange student.
Ｃ．Because of COVID-19.

No.2

Ａ．Speaking English.
Ｂ．Volunteering in Fujisawa.
Ｃ．The Enoshima Dentetsu Line.

No.3

Ａ．Studying Japanese.
Ｂ．Climbing Mt.Fuji.
Ｃ．Talking with Fujisawa Shoryo students.

No.4

Ａ．Yes, he enjoyed playing sports.
Ｂ．Yes, it was so impressive.
Ｃ．No, it was not fun at all.

No.5

Ａ．Your favorite subjects.
Ｂ．Fujisawa Shoryo High School.
Ｃ．An expert.

※リスニングテストの放送台本は非公表です。

Ⅲ．日本語を参考に，(a)～(e)の［　］内に示してある文字で始まる語を入れて文章を完成させなさい。解答欄の文字に続けてつづりを書きなさい。

Rose loved drawing. She was very (a)[p　　　] and didn't have pens or pencils. She drew pictures in the sand with sticks. One day, an old woman saw Rose and said, "Hello! Here's a paintbrush and some paper for you."

"(b)[T　　　] you!" smiled Rose. She was so happy. "Hmmm, what can I paint?" she thought. She looked around and saw a duck on the (c)[p　　　]. "I know! I'll paint a duck!"

So she did. (d)[S　　　], the duck (e)[f　　　] off the paper and onto the (c)[p　　　]. "Wow!" she said. "A magical paintbrush!"

ローズは絵を描くのが好きだった。彼女はとても貧しくペンも鉛筆も持っていなかった。彼女は木の枝を使って砂に絵を描いていた。ある日，老女がローズを見て言った。「こんにちは！おまえにこの絵筆と何枚か紙をあげよう。」

「ありがとう！」とローズは微笑んだ。彼女はとても嬉しかった。「ふうむ，何を描いたらいいかしら？」と彼女は考えた。彼女は辺りを見回すと池に一羽のアヒルが見えた。「そうだ！アヒルを描こう！」

そこで彼女はアヒルを描いてみた。突然，そのアヒルは紙から池の上に飛び立って行った。「わあ！」と彼女は言った。「魔法の絵筆だわ！」

Ⅳ. 次の各組の文がほぼ同じ内容を表すように，（　）内に適する語を答えなさい。

(a)
Mr.Suzuki was our English teacher.
Mr.Suzuki (　　　) us English.

(b)
My birthday is May 13.
I was (　　　) on May 13.

(c)
I couldn't study because I was very tired last night.
I was (　　　) tired to study last night.

(d)
He played baseball and had a good time.
He (　　　) playing baseball.

(e)
Do you have any notebooks in your bag?
Are (　　　) any notebooks in your bag?

Ⅴ. 次の英文の（　）内に入れるのに最も適切なものを選び，記号で答えなさい。

(a) Ken doesn't know (　　　) to use this computer.
A. what　B. which　C. how　D. who

(b) A : How did you get to the station?
B : (　　　).
A. A five-minute walk　B. Go along this street
C. Yes, it is　D. By bus

(c) Tomomi is a girl (　　　) likes classical music.
A. which　B. whose　C. whom　D. who

(d) Sarah uses a computer (　　　) in the U.S.A.
A. make　B. made　C. makes　D. making

(e) He (　　　) his homework yet.
A. hasn't finished　B. not to have finish
C. hasn't finish　D. is not finished

Ⅵ. 次の日本文に合うように，(　) 内の語(句)を並べかえたとき，2番目と4番目にくる語(句)を順番に番号で答えなさい。なお，文頭にくる語の頭文字も小文字にしてあります。

(a) 私たちは彼を待つ必要はありません。
We (1. wait　2. to　3. have　4. don't) for him.

(b) これは私が今までに見た中で最も高いビルです。
This is (1. building　2. that　3. tallest　4. the) I have ever seen.

(c) 私の妹はそこで動物を見られて嬉しそうでした。
My sister (1. see　2. looked　3. to　4. happy) the animal there.

(d) 武史はサッカーに興味があるのかな。
I wonder if (1. Takeshi　2. in　3. interested　4. is) soccer.

(e) この犬を散歩に連れて行ってくれませんか。
(1. take　2. you　3. this dog　4. will) for a walk?

Ⅶ. 次のA・B・Cの内容に関して，(a)と(b)の質問に対する答えとして最も適切なものをA～Dの中から1つずつ選び，記号で答えなさい。

A.

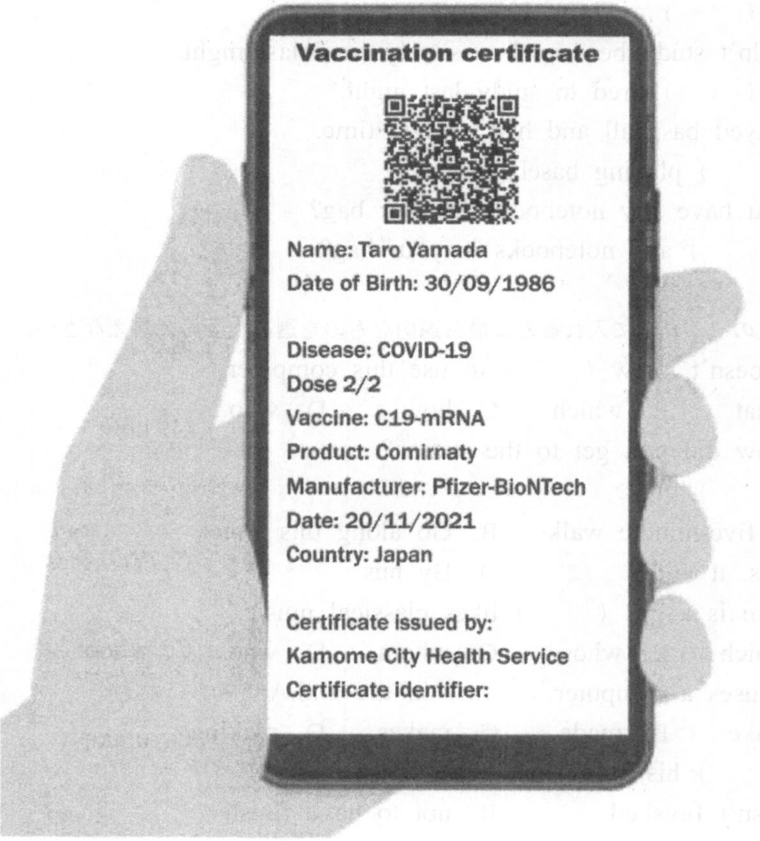

(a) The holder of this smartphone finished his second vaccine shot in …
A. September
B. October
C. November
D. December

(b) Where will this certificate most likely be shown by the holder?
A. At City Health Service
B. At Comirnaty
C. At Pfizer-BioNTech
D. At a restaurant or movie theater

B.

OVERDUE NOTICE

Mr. John McDermotte Date: 20th January, 2022

You have overdue library books,

The Spy and the Traitor: The Greatest Espionage Story
Kitchen Confidential: Adventures in the Culinary Underbelly

They were due 13th January and will cost $ 39.50 if you cannot find them. Please look for them and return them as soon as possible.

Kamome City Library

(a) This notice was sent to …
A. a man who wanted to borrow the books.
B. a man who wanted to read the books.
C. a man who didn't return the books.
D. a man who really liked the books.

(b) What does 'overdue' mean?
A. To buy more of something than you need.
B. Not done or happening when expected or when needed.
C. To stay longer in a place than you are allowed or wanted.
D. To pay someone too much or an amount paid that is too much.

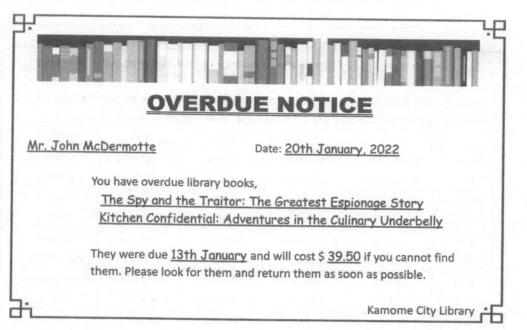

C.

Hi, I'm Meg. I work for an IT company. Due to the COVID-19 pandemic, my company has adopted remote working. I'm tired of staying home. How are you spending your time at home? To make the most of my time at home, I'm thinking of starting to take lessons. I have long been interested in playing music and I think this is a good chance to start. I have to be at my office on Wednesday and Friday from 11 a.m. to 5 p.m. and I can't take lessons during my office hours. Also, I'll take online lessons because I don't need to wear a face mask (I have to wear one during in-person lessons) and they give me some discount. Things sometimes don't work out the way I would like them to, but I'll get by.

Kamome Culture Center

Providing more than 100 courses –Find a course you enjoy, and take the life-changing lessons. We have courses that can give you the knowledge, skills and confidence to succeed.

	MON	TUE	WED	THR	FRI
10:00～ 11:30	Flower ($95) arrangement	Calligraphy ($120)	Guitar ($90)	Camera ($80)	Ballet ($90)
13:00～ 14:30	Tea ceremony ($120)	Painting ($100)	Violin ($90)	Folk tales ($75)	Yoga ($95)
14:50～ 16:20	Cooking ($140)	Color therapy ($85)	Jazz piano ($90)	Astrology ($75)	Hawaiian Hula ($90)
16:40～ 18:10	Sewing ($90)	Aromatherapy ($110)	Okinawan music ($95)	Bookkeeping ($75)	Hip-hop dance ($95)
18:30～ 20:00	Knitting ($90)	Pottery ($125)	Wadaiko ($85)	English ($75)	Flamenco ($90)

★In-person / Online lessons provided for every class.
Costs shown on the chart are for in-person lessons. The cost of online lessons is $20 cheaper than the cost shown above.

★Registration is now open for all courses. Sign up at the administration office.
Visit our website (http://www.kamome-cc.com) for more information.

(a) What lesson will Meg most likely take?

A. Jazz Piano　B. Wadaiko　C. Hawaiian Hula　D. Hip-hop dance

(b) How much will Meg pay for her lesson?

A. $65　B. $70　C. $90　D. $110

Ⅷ．次の対話文を読んで，対話の流れが自然になるように（１）～（５）に入る最も適当な文をＡ～Ｅの中から１つずつ選びなさい。

Kazuya：How was your winter vacation, Hiroki?

Hiroki：（ 1 ）

I planned to go on a trip to France. （ 2 ）

Kazuya：That's too bad. Did you do anything special instead?

Hiroki：（ 3 ）

I was too disappointed to make another plan. （ 4 ）

Kazuya：I went to my grandparents' house and had a New Year's party. They looked happy to see me.

（ 5 ）

Hiroki：Great!

I couldn't see my grandparents during the vacation, so I will visit them in spring.

Ａ．It was a lot of fun.

Ｂ．No, I didn't.

Ｃ．However, it became impossible because of COVID-19.

Ｄ．It was boring.

Ｅ．How about you?

Ⅸ．次の英文を読んで，あとの問いに答えなさい。

It was a normal January afternoon in New York for Wesley Autry. Wesley picked up his two daughters, aged 4 and 6, and was taking them home before *heading to work himself.

As the (1) three of them waited for the subway train to arrive, (2) a young college student standing near the *tracks suddenly began to *shake, then he fell to the floor. Wesley and two other women tried to help the young man, but after a few moments the student seemed to *recover. *Shakily, he stood up then suddenly fell over *backward-right onto the train tracks.

Wesley acted quickly, as he knew the train was coming soon. He asked one of the women to watch his daughters, and (3) jumped down onto the tracks. Wesley hoped to lift the student back onto the *platform, but the man was *confused and weak.

Then, Wesley felt the *rush of air and he heard the sound of a train. When he looked up, he saw (4) the bright lights, coming quickly toward them. He was out of time.

Wesley did (5) the only thing he could do. Quickly, he pushed the student into the low space between the tracks, and then lay on top of him. Wesley held the student's arms and legs down so he could not move, and said, "Sir, please don't move! If you move, one of us is going to die!"

Unable to stop, the train ran right over top of the two men, its brakes making a terrible noise. People on the platform shut their eyes *in horror. When the cars finally came to a stop, there was a silence. Then, a voice came up from *beneath the train: "We're OK down here!"

The crowd on the subway platform *burst into cheers.

"I've got two daughters up there," continued Wesley. "Let them know their daddy's OK!"

In the days and weeks to come, Wesley *was showered with praise. Donald Trump offered Wesley a *check for $10,000; Wesley's family was given *free rides for a year on the subway, and a one-week trip to Disney World; and the school that the young student had been attending offered to teach Wesley's daughters for free.

But on that day-after *dusting himself off and seeing the young man safely in the care of hospital staff-Wesley simply headed off to work. He was happy to have done the right thing.

heading to work：仕事に向かう　tracks：線路　shake：震える　recover：回復する
Shakily：震えて　backward：後方へ　platform：プラットホーム　confused：混乱した
rush of air：突風　in horror：恐怖で　beneath：～の下　burst into cheers：どっと歓声を上げた
was showered with praise：称賛を浴びた　check：小切手　free rides：無料乗車券
dusting himself off：ほこりを払う

(a) 下線部(1)に含まれる人物として最も適切なものを下の選択肢A～Dの中から１つ選び記号で答えなさい。

A．A young college student　B．Wesley Autry's daughters
C．Donald Trump　D．Two other women

(b) 下線部(2)の身に起こった出来事を本文中に起こった順に並べたものとして最も適切なものを下の選択肢A～Dの中から１つ選び記号で答えなさい。

(1) 後ろに倒れ線路に落下した　(2) 回復して立ち上がった
(3) 地下鉄のホームに並んでいた　(4) 急に震えだして地面に倒れた

A．(3) → (1) → (2) → (4)　B．(3) → (4) → (2) → (1)
C．(4) → (3) → (2) → (1)　D．(1) → (2) → (4) → (3)

(c) Wesleyが下線部(3)の行動をとった理由として最も適切なものを下の選択肢A～Dの中から１つ選び記号で答えなさい。

A．To stop the train.　B．To watch his daughters.
C．To lift the student onto the platform.　D．To walk down the track.

(d) 下線部(4)のlightは何から発せられたlightであるか，本文中から英語１語を抜き出して答えなさい。

(e) 下線部(5)とあるが，このときWesleyが取った行動として本文中に出てきていないものを次のページの選択肢A～Dの中から１つ選び記号で答えなさい。

Ａ．学生を線路の間の低いスペースに押し込んだ。
Ｂ．学生の上に自分が横たわった。
Ｃ．学生が動かないように腕と足を押さえた。
Ｄ．線路の上に立ち上がって，電車に止まるように両手を振った。

(f) この出来事の後，Wesley 一家が受け取っていない物を下の選択肢Ａ～Ｄの中から１つ選び記号で答えなさい。
Ａ．１万ドルの小切手
Ｂ．地下鉄の無料乗車券
Ｃ．ディズニーワールドのチケット
Ｄ．ドナルドトランプのサイン

(g) 以下の問いに英語のつづりで答えなさい。
How old were Wesley's daughters?
They were (　１　) and (　２　) years old.

(h) 以下の(1)・(2)が本文の内容と合っていれば○，合っていなければ×を解答欄に書きなさい。
(1) この事故のために電車は故障してしまった。
(2) Wesley はこの出来事の後まっすぐ仕事に向かった。

次の選択肢の中から適当なものを選び、記号で答えよ。

ア 試合の終盤でせっかく盗塁をして見せ場を作ったにもかかわらず、あっという間に主将がフライを打ち上げ残念だったから。

イ 砂埃をあげて盗塁しユニフォームが泥で汚れ、口に入った砂を出すためと、吉高のショートからうるさいことを言われ腹が立ったから。

ウ 自分が判断ミスをしたことに後悔し、それに加えて、あとで監督から注意されそうで気が重くなっているから。

エ 二つも盗塁を成功して、内心はガッツポーズをとりたいが、場の空気を読んで悔しそうに装っているから。

問九 ――5「けっこうむなしい」とあるが、その理由として適当なものを次の選択肢の中から選び、記号で答えよ。

ア 代走として出場したにもかかわらず、チームの勝利に貢献することができなかったから。

イ 一緒にホームインをしてくれるほかの選手がおらず、一人ぼっちだったから。

ウ 敗北が決定し、点が入らないという状況にもかかわらずホームインをしなければならなかったから。

エ せっかく起用してもらったので、もっと走りたいという感情が自分の中にあったから。

問十 本作品の特徴として、**当てはまらない**ものを次の選択肢の中から選び、記号で答えよ。

ア テンポがよく、短い文の連続は読者に作品のリアルを感じさせる。

イ 心の声を文にすることで、読者と主人公の心の距離を縮めている。

ウ 高校生がよく使う擬音語を使用し、読者により親近感を持たせる。

エ 一つの場面を細かく描写することで、試合の緊迫感が読者に伝わる。

俺はひとり寂《さび》しくホームイン。この瞬間は、けっこうむなしい。5

「ナイスラン、須藤！」

バックネットのあたりから、でかい声がした。

顔をあげると、同じユニフォームを着たでかい男が、笑ってる。俺は曖昧《あいまい》に笑って手をあげた。ナイスランじゃねーだろ。負けたんだから空気読め。

吉高の連中が喜びながら集まって、ウチはあからさまにやる気がない感じで走ってくる。俺も d 走って、整列に加わった。

スコアボードは2対5。

春季大会ベスト16。まあ、いいんじゃないのかね。春なんて、夏のシード権とれればいいしさ。

『雲は湧き、光あふれて』須賀しのぶ（集英社オレンジ文庫）

問一 「 A 」があがる」には「気合が増す」と同じ意味の言葉が入る。適語を次の選択肢の中から選び、記号で答えよ。

ア モーション　イ ジャンクション

ウ シミュレーション　エ テンション

問二 a ～ d に入る語の組み合わせで、正しいものを次の選択肢の中から選び、記号で答えよ。

ア a だらだら　b どんどん
　c にやにや　d チョロチョロ

イ a ふらふら　b どんどん
　c けらけら　d うろうろ

ウ a チョロチョロ　b じりじり
　c にやにや　d だらだら

エ a チョロチョロ　b うろうろ
　c けらけら　d じりじり

問三 主人公の須藤が代走として出場することを予見しているシーンを本文中より12字で抜き出せ。

問四 ピッチャーが須藤を警戒していることが分かる部分を、本文中より一文（7字）で抜き出せ。（句読点を含む）

問五 ――1「そろそろ来るころか」とあるが、須藤は自身の役割をどのように考えているか。解答欄につながる形で、本文中より10字で抜き出せ。（句読点を含む）

問六 ――2「襲いかかる日差し」とあるが、ここで使われている表現技法を次より選び、記号で答えよ。

ア 倒置法　イ 擬人法　ウ 直喩《ちょくゆ》　エ リフレイン

問七 ――3「いくならどうぞって感じだ」とあるが、なぜ、須藤はバッテリーがこのように考えていると思ったのか。次の選択肢の中から適当なものを選び、記号で答えよ。

ア 点差はあるが、まだ追いつけると考えており、相手のバッテリーの隙《すき》を見抜いたから。

イ 相手のピッチャーが状況を考えずに、油断しているように感じたから。

ウ 相手校のピッチャーとは面識があり、親切にしてくれると感じたから。

エ 点差や打順などの状況から、相手チームの勝ちがほぼ決定していると考えたから。

問八 ――4「舌打ちしつつ」とあるが、なぜ須藤は舌打ちをしたのか。

と一人しとめればおまえの勝ちだろ。五回からぜんぜん打たれてないじゃん。この春やたら調子いいし、こないだなんか完封《かんぷう》して、新聞にちょっと載《の》ってたじゃん。

　俺が試合に出るのは今だけなんだから、うしろで　a　するぐらいはかんべんしてほしい。

　試合中、俺はバットもグラブももつことはない。俺の仕事はただ、走ることだけなんだから。

「集中しろよ、須藤」

　一塁コーチャーの恩田《おんだ》が、顔を近づける。顔が濃いから暑苦しい。

「わかってるよ」

「盗めるぞ」

　言われるまでもない。そもそもバッテリーは、3いくならどうぞって感じだ。

　三点差だしね。五回からノーヒットで九回表二死一塁って、ま、ふつうダメでしょ。

　ウチは本当に、左投手が苦手だ。高村がフォア選ぶのが精一杯じゃあな。ここから下位打線だし、武山たちも二塁いきたきゃどうぞって感じなんだろう。

　それじゃあまあ、せっかくだから、行かせてもらうか。親切は無にしちゃ悪い。

　b　リードひろげていると、武山がいきなりこっちに投げてきやがった。

　へえ、いちおう牽制《けんせい》はしてくるのね。けっこう大胆《だいたん》にリードしてたもんで、ちょっと焦《あせ》って塁に戻る。

「おい、油断すんなよ」

　うるせえよ恩田。してねえよ。眉毛《まゆげ》太いよ。

　武山のクセは結構わかってんだ。何度も練習試合やってるし。

　武山が投球動作に入る。よし、今度はこない。一気に、二塁へ向けて猛ダッシュ。五十メートル六秒ジャストの実力を見せてやりますよ。

　横目でキャッチャーをうかがうと——ああ余裕だね、こりゃ。

「っしゃあ！」

　砂埃《すなぼこり》をあげてベースに滑りこむ。

　ベースカバーに入ったショートは、グラブを構える格好をしただけだった。

　キャッチャーから球はこない。賢明《けんめい》。どうせ今のタイミングじゃ、絶対アウトにできない。慌《あわ》てて大暴投なんてしたら、傷口ひろげる。

「んだよ、ムダなことすんなよ。往生際《おうじょうぎわ》悪いな」

　吉高のショートが　c　笑いながら言った。うるせえ、ニキビに石《せっ》灰《かい》すりこむぞ。

「走らねーと監督に怒られんだよ」

　打者のバットが、カキン、と微妙にポイントのずれた音をたてた。

　こら江口。せっかく俺が盗塁《とうるい》したんだから、せめて粘《ねば》れ。初球でそれはないわ。おまえ仮にも主将だろ。

　4舌打ちしつつ、セオリー通り三塁へダッシュ。視界の端に、レフトが手をあげて、バックするのが見えた。

　三塁側、吉高の応援席から歓声があがったのは、俺が三塁蹴《け》ってすぐだった。

　ボールの行方を見ていた武山が、大きくガッツポーズをする。

号で答えよ。
ア　自分が就職活動をする前の年
イ　自分がリクルートスーツを着ていたとき
ウ　毎年、冬から春にかけて
エ　就職活動が思い出されるとき

問七　――5「五感」とは「人間が持つ五つの感覚」のことであるが、次の中から五感に含まれないものを選び記号で答えよ。
ア　聴覚　イ　触覚　ウ　幻覚　エ　嗅覚

問八　――6「友人と楽しく～考えるのは困難です」とあるが、それはなぜか。その理由を解答欄の「から」に続くよう文中より二十五字以内で抜き出せ。(句読点等があれば含む)

問九　――7「このような経験」を挙げながら筆者が主張している部分を、文中より三十字以上四十字以内で抜き出し、その最初と最後の五字を答えよ。(句読点等があれば含む)

問十　本文の内容に合うものには○、合わないものには×で答えよ。
ア　脳が何か答えを出そうとしているとき、顕在意識だけでなく無意識も協力している。
イ　何かになりたいという願望を引き寄せるためには、誰よりも強く願うことが大切だ。
ウ　世界はシンプルなものなので、私たちはより詳細に物事をとらえなければならない。
エ　脳の焦点化という性質は、自身の願望を実現するために活用することも可能である。

五

次の文章を読んで、後の問いに答えよ。(設問の都合上、本文の一部を省略・加工している)

スパイクの紐《ひも》を結びなおす。

かたく結び終えたところで、ベンチの中で歓声が弾けた。顔をあげてグラウンドに目を向ければ、打席にいた高村《たかむら》が一塁にむかって走っていく姿が見える。

九回表、2対5。三点ビハインドで二死一塁。さて、1そろそろ来るころか。姿勢を正したところで、案の定、監督がこっちを向いた。

「須藤《すどう》行け」

「はい!」

返事は大きくはっきりと。高三になっても小学校時代の教えにいまだに忠実な俺は、すぐにベンチを飛び出した。

2途端に襲いかかる日差しに、一瞬くらりとする。まだ五月頭だっていうのに、この強烈さ。真夏になったらどうなっちまうんだろうか。

「選手の交代をお知らせします。一塁走者の高村君に代わりまして、須藤君」

武蔵《むさし》高校のマネージャーはアナウンスがうまいと評判だ。うん、やっぱきれいな声で名前を呼んでもらうと、[A]があがる。いっそう元気に一塁めざして走っていくと、四球で出塁《しゅつるい》した高村が片手をあげた。

「頼む、須藤」

「おー」

ジャンプして屈伸《くっしん》して、ベースにつくと、吉高《よしこう》のピッチャー・武山《たけやま》が振り向いた。目つきが怖い。

そんなイヤそうな顔すんなと言いたい。疲れてるのはわかるけど、あこの焦点化の原則は願望実現をどのように拒んでいるのか、また願望を実現させるためにどう活用すればいいかは、順を追って説明していきます。

ここでは、「意識は同時にふたつ以上のことをとらえるのが苦手である。よって焦点化が起きる」という原則をまず頭に入れておいてください。

次に、脳の基本プログラムの三つめ、脳は快を求めて痛みを避けるという「快・痛みの原則」を見ていきましょう。

たとえば、中学や高校時代の試験勉強を思い出してください。

得意な科目の勉強は楽しくできても、苦手な科目の勉強は気乗りがしない。苦手な科目は勉強を始めようとしても集中できない、何かほかのことをやりたくなる。けっきょくろくに勉強できずに、試験の点数はイマイチ……。

7 このような経験はないでしょうか。

仕事でも同じような経験があると思います。得意な仕事は張り切ってできるのに、たとえばレポートを書くのは苦手で遅々として進まない、というようなことが。

これは、脳の「快・痛みの原則」に関係があるのです。

脳は「快」につながるような思考や行動をとるときに、最大限に働いてくれるのです。

よって得意科目はますます得意になります。苦手な科目の勉強は「痛み」なので、これを避けるためにたとえば部屋の掃除などを始めてしまいます。部屋はいつも以上にピカピカになります。痛みを避けた結果なのです。

『「体感イメージ」で願いをかなえる』山崎啓支（サンマーク文庫）

※1 顕在…はっきりと具体的な形にあらわれて存在すること。

問一 [a] に入る語句として、最も適当なものを選び記号で答えよ。

ア 瞬間　イ 疑問　ウ 認識　エ 経験

問二 [b] ～ [e] に入る語句の組み合わせとして適当なものを選び、記号で答えよ。

ア b ところが　c よって　d つまり　e たとえば

イ b つまり　c たとえば　d ところが　e よって

ウ b たとえば　c ところが　d よって　e つまり

エ b たとえば　c つまり　d よって　e ところが

問三 ――1「脳の三つの基本プログラム」とは、どのようなものか。解答欄の指定字数に従って、それぞれ、文中より抜き出せ。

問四 ――2「知っているはずの～気持ちが悪いですね」と思う理由を説明したものとして、最も適当なものを選び記号で答えよ。

ア 脳には空白を埋めようとする性質があるから。

イ 脳には名前をわすれるという弱点があるから。

ウ ずっと思い出せないと脳に負担がかかるから。

エ 脳は瞬間的に思い出す機能を持っているから。

問五 ――3「願望を実現させやすい人」とはどういう人か、適当なものを選び記号で答えよ。

ア お金持ちになりたいといつも考えている人。

イ プロ野球選手になるため常に努力できる人。

ウ 社長になって社会貢献をしようと考える人。

エ 好きな俳優にあこがれを抱き続けている人。

問六 ――4「そのとき」が指す内容として、最も適当なものを選び記ん。東大に入ったらどんな勉強をしたいか、どんな大学生活を送りたいかを考えている人が、東大に合格するのです。

会社に入りたいと強く願っている人がその会社の入社試験をパスできるのではありません。会社に入ったらそこでどんな仕事をしたいかを考えている人が、その会社の入社試験をパスできるのです。

[c]、自然に無意識（潜在意識）を活用している人たちが、願望を実現させるのです。願望実現をイメージすることの重要性については第4章でさらに詳しく扱っていきます。

次に、意識は同時にふたつ以上のことをとらえるのが苦手である、[d]焦点化が起こるという「焦点化の原則」について見ていきましょう。

もしあなたが、過去に新卒の就職活動をした経験があったら、そのときのことを思い出してみてください。

[4]そのとき、「街中にリクルートスーツ姿の学生がこんなにたくさんいるとは……」と感じませんでしたか。

就職活動をする学生の数は、年によってそれほど大きく変わるわけではありません。毎年、とくに冬から春にかけては、リクルートスーツ姿の学生が目立つようになります。あなたが就職活動をする前の年も、さらにその前の年も同じようにいたはずなのです。しかし気づかなかった。

[e]自分が就職活動をする立場になり、ほかの就職活動生を意識してはじめて、彼らの存在が目に入るようになったわけです。

あるいは妊娠した女性が、「世の中に、おなかの大きい人がこんなにいるとはいままで気づかなかった」というのもよく聞きます。

自分が妊娠してはじめて、ほかの妊婦も意識するようになり、彼女たちの存在が目に入るようになった、というわけです。

私たちは通常、[5]五感を使って外の世界を認識しています。その世界には無数のモノや人、生き物、自然があります。しかし実際には、そのなかの焦点を当てたものにしか、その存在に気づかないのです。

就職活動を始めて、ほかの就職活動生に焦点を当てたから彼らの存在に気づくようになったのです。自分が妊娠して、ほかの妊婦に焦点を当てたから彼女たちの存在に気づくようになったのです。

このように、私たちの意識は何かしらに焦点を当てます。私たちが住む「世界」は、無数のモノや人、生き物が存在する非常に複雑な世界ですが、私たちの意識はどこかに焦点を当て、世界をシンプルにとらえているのです。

この背景には、私たちの意識は同時にふたつ以上のことをとらえるのが苦手、という性質があります。

たとえば、[6]友人と楽しく趣味の話をしながら、自分の将来について真剣に考えるのは困難です。あるいは過去のうれしかった出来事と辛《つら》かった出来事を同時に思い出すのも困難ですね。同時に思い出そうとすると頭が混乱して、けっきょくどちらも思い出せなくなります。

同時にふたりの人の話を真剣に聞くのもむずかしいですね。どちらの話も真剣に聞こうとすると、頭が混乱するはずです。

このような混乱を避けるために、焦点化が起きるのです。原則的に、意識は焦点を当てたひとつのことしか処理できないのです。

実は、この脳のプログラムが、あなたの願望実現を拒む要因となっている場合があります。しかし同時に、願望を実現させるために活用できる原則でもあるのです。

まずはひとつめ、脳は空白をつくるとそれを埋《う》めようとする、という「空白の原則」についてです。

たとえば、次のような経験はないでしょうか。

友だちと映画やテレビ番組の話題で盛り上がっているとき、ある俳優について話したいと思ったのに、その俳優の名前が思い出せない——。

その俳優の名前はたしかに知っているはず、顔もしっかり思い出せる。でも名前が出てこない、というような経験が。

2知っているはずのことが思い出せないと、どことなく気持ちが悪いですね。モヤモヤとした気分になる。そしてなんとか必死に思い出そうとします。その俳優が出演した映画のタイトルを思い出してみたり、あいうえお順に「音」を思い浮かべてみたり……。それでもやっぱり思い出せない。

ところが友だちと別れたあと、何気ない拍子にパッと名前が出てきたりする。ふとした瞬間に思い出したりするのです。

実は、これが「脳の基本的なプログラム」のひとつ、「空白の原則」なのです。

つまり、脳は空白をつくるとそれを埋めようとするのです。

空白とは、[a]のことです。

脳には、「わからない状態（空白）」を嫌うという性質があるのです。その結果、疑問が生じるとその答えを無意識に探しつづける。つまり、空白を埋めようとするのです。

そして、脳が答えを探しているとき、意識（※1 顕在《けんざい》意識）のみならず無意識（潜在《せんざい》意識）も答えを探すために協力するといわれています。

なかなか思い出せなかった名前が、ある瞬間にふと浮かぶ。思い出そうと意識していないときに、パッと思い出すのは、無意識が働いていたからだといえるのです。

裏返せば、この空白（疑問）を利用することによって、私たちは意図的に無意識を活用することができるのです。

これはどういうことか。

仮にあなたが、「将来は作家になりたい」と考えているとしましょう。

[b]「作家になったら、どんな作品を書きたいか？」と自分に問いかけてみてください。

あなたの意識は、問いの答えを探すために動きはじめます。あなたは「社会派の作品を書きたい、しかも若い人にも読んでもらいたいからエンターテイメント性のある社会派の作品を書きたい」などと考えるかもしれません。必死に考えれば考えるほど、無意識も答えを出すために協力します。

意識が考えに考え抜き、無意識も協力して考え抜き、無意識も「エンターテイメント性のある社会派の作品を書きたい」と考えたとしましょう。

こうなれば、作家になりたいという願望が引き寄せられる準備がひとつ整った、といえるのです。

3願望を実現させやすい人というのは、その願望の実現後を見ている人です。

作家になりたいと強く願っている人が作家になれるのではありません。作家になったらどんな作品を書くかを考えている人が、作家になれるのです。

東大に入りたいと強く願っている人が東大に合格するのではありませ

①
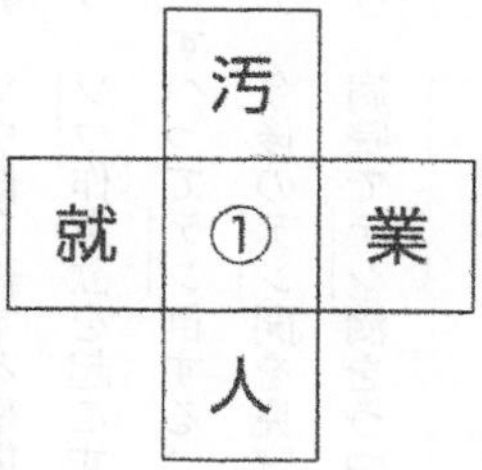

②
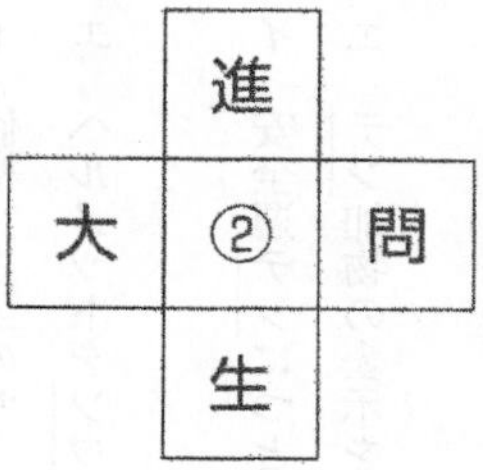

③
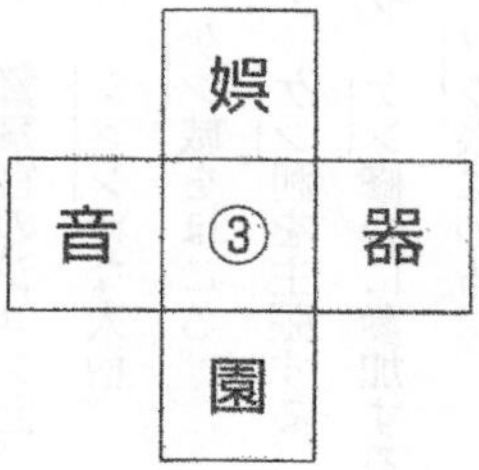

④
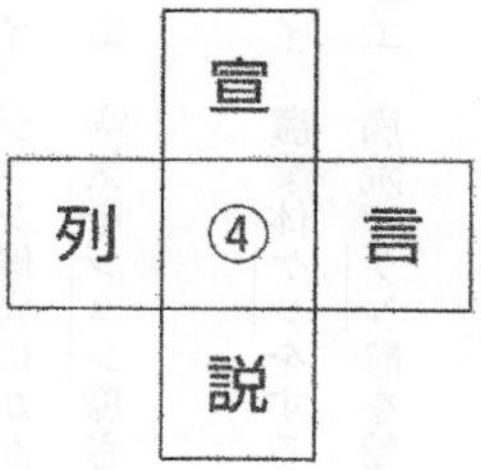

問三　空欄に適語を入れると共通するものが浮かぶ。その共通するものを次の選択肢より選び、記号で答えよ。

①　電光石【　】
【　】を見て森を見ず
【　】泡に帰す
郷【　】料理
一【　】千秋
日進【　】歩
時は【　】なり

ア 色彩　イ 数字　ウ 曜日　エ 季節

②　【　】戦錬磨
十【　】十色
一期【　】会
【　】尾貫徹

ア 物語　イ 和歌　ウ 漢詩　エ 日記

三

次の文章の空欄に入る語句を、あとの語群より選び、解答欄に答えよ。

俳諧には【 ① 】のリズムがある。また、季節感を表すために詠みこまれる【 ② 】がある。例えば、雑煮と言えば「新年」、「梅」と言えば【 ③ 】、「除夜」と言えば【 ④ 】を示す。更に余情を出し、主題を強調する【 ⑤ 】がある。【 ⑥ 】の「古池や蛙飛びこむ水の音」では【 ⑦ 】、【 ⑧ 】の「春の海ひねもすのたりのたりかな」では【 ⑨ 】という【 ⑤ 】が使われている。

一方、和歌に使われる修辞として枕詞（まくらことば）がある。枕詞はある語を導き出すためにかぶせる修飾的な語句である。例えば「あしひきの」は【 ⑩ 】の枕詞となる。

【語群】
松尾芭蕉　与謝蕪村　宮沢賢治　春
夏　秋　冬　節句　季語　五七五
五七五七　五七五七七　切れ字　捨て字
決まり字　や　かな　山　光

四

次の文章を読んで、後の問いに答えよ。（設問の都合上、本文の一部を省略・加工している）

では、[1]「脳の三つの基本プログラム」をひとつずつ見ていきましょう。

【国　語】（五〇分）〈満点：一〇〇点〉

一 次の各問に答えよ。

問一　傍線部の漢字の読みをひらがなで答えよ。

①　初詣のご利益をさずかる。
②　容疑者を追尾する。
③　歳末セールへ出かける。
④　起床時間を確認する。
⑤　その類いの話は苦手だ。

問二　各問の傍線部と同じ漢字が使われているものをそれぞれの選択肢から選び、記号で答えよ。

①　ジュン真な眼差し。
ア　警察官のジュン回。　イ　ジュン優勝にかがやく。
ウ　ジュン粋な人柄。　エ　空気をジュン環させる。

②　ケン威をほこる。
ア　ケン利を主張する。　イ　農業体ケンをする。
ウ　ケン修会に参加する。　エ　病院でケン診を受ける。

③　ソウ談にのる。
ア　ソウ像を絶する事態だ。　イ　価格ソウ当のサービス。
ウ　ソウ作意欲を起こす。　エ　ヘルメットをソウ着する。

④　すべってテン倒する。
ア　今後のテン開を見守る。　イ　安全運テンにつとめる。
ウ　病院でテン滴をうつ。　エ　テン加物の表示を確認する。

⑤　試合にノゾむ。
ア　リン時の会議が入る。　イ　希ボウの高校に合格する。
ウ　駐リン場をさがす。　エ　ボウ易会社に入社する。

二 次の各問に答えよ。

問一　次の各文に、まちがって使われている同じ読みの漢字が二字ある。解答用紙の「誤」の欄に誤字を、「正」の欄に正しい漢字を記せ。（順不同）

①　高校受験を真近にひかえた太郎は、緊張と不安をぬぐい去るため、塾の入試直前講習に取り組む。入試当日まで一分一秒を有功活用している。

②　高校生になった太郎は、放課後を部活見学に費やした。テニス部や卓球部、漫画研究部を訪れ、それぞれの特色を理解し、入りたい部活を決めた。

問二　例にならって、次のページの空欄に入る適語を答えよ。

例

	立	
青	（春）	雨
	菊	

上から下に「立春（りっしゅん）」
「春菊（しゅんぎく）」
左から右に「青春（せいしゅん）」
「春雨（はるさめ）」
という順番で読みます。これを踏まえ、真ん中に入る語（漢字一字）を答えてください。

2022年度

解　答　と　解　説

《2022年度の配点は解答欄に掲載してあります。》

＜数学解答＞

Ⅰ　①　-10　②　$-\frac{1}{15}$　③　$-4a$　④　$6\sqrt{3}$　⑤　$8x-32$　⑥　$5(x+3)(x-3)$

Ⅱ　①　$x=3$　②　$x=3,\ y=15$　③　$x=-17,\ 1$

④　$x=\frac{2\pm\sqrt{7}}{3}$

Ⅲ　①　$y=-\frac{3}{2}$　②　$(4,\ 0)$　③　$x=3$　④　$\sqrt{61}$ cm　⑤　9：4

⑥　$\angle x=56°$　⑦　12℃

Ⅳ　ア　$7x+2y=14000$，イ　$19(x-200)+4(y-200)=29400$　入場料の合計金額　63000円

Ⅴ　①　20個　②　$\frac{3}{5}$　③　$\frac{1}{2}$

Ⅵ　①　$a=\frac{1}{2}$　②　$y=x+12$　③　$p=\frac{4}{5}$

○推定配点○

各4点×25（Ⅱ②，③は各完答，Ⅳのアとイは各2点）　計100点

＜数学解説＞

基本　Ⅰ　（数・式の計算，平方根の計算，式の展開，因数分解）

①　$-8-10\div5=-8-2=-10$

②　$\frac{1}{3}-(-2)^2\times\frac{1}{10}=\frac{1}{3}-4\times\frac{1}{10}=\frac{1}{3}-\frac{2}{5}=\frac{5}{15}-\frac{6}{15}=-\frac{1}{15}$

③　$32a^4b^3\div(-2ab)^3=32a^4b^3\div(-8a^3b^3)=-4a$

④　$\sqrt{48}+\frac{6}{\sqrt{3}}=4\sqrt{3}+\frac{6\sqrt{3}}{3}=4\sqrt{3}+2\sqrt{3}=6\sqrt{3}$

⑤　$(x+4)(x-4)-(x-4)^2=x^2-16-(x^2-8x+16)=x^2-16-x^2+8x-16=8x-32$

⑥　$5x^2-45=5(x^2-9)=5(x+3)(x-3)$

基本　Ⅱ　（1次方程式，連立方程式，2次方程式）

①　$1.6x-0.3=5.1-0.2x$　両辺を10倍して，$16x-3=51-2x$　$16x+2x=51+3$

$18x=54$　$x=3$

②　$3x+y=24\cdots(i)$　$x-\frac{y}{3}=-2$　両辺を3倍して，$3x-y=-6\cdots(ii)$　$(i)+(ii)$から，

$6x=18$　$x=3$　これを(i)に代入して，$3\times3+y=24$　$y=24-9=15$

③　$x^2+16x-17=0$　$(x+17)(x-1)=0$　$x=-17,\ 1$

④　$3x^2-4x-1=0$　2次方程式の解の公式から，

$$x=\frac{-(-4)\pm\sqrt{(-4)^2-4\times3\times(-1)}}{2\times3}=\frac{4\pm\sqrt{28}}{6}=\frac{4\pm2\sqrt{7}}{6}=\frac{2\pm\sqrt{7}}{3}$$

Ⅲ （比例関数，1次関数，比例式，三平方の定理，三角形と比の定理，円周角の定理，統計）

基本 ①　$y=\frac{a}{x}$に$x=3$，$y=-1$を代入すると，$-1=\frac{a}{3}$　$a=-1\times3=-3$　$y=-\frac{3}{x}$に$x=2$を代入して，$y=-\frac{3}{2}$

②　$2x+3y-8=0$　この式に$y=0$を代入すると，$2x-8=0$　$2x=8$　$x=4$
よって，求める座標は，(4，0)

③　$(3x-1):4=2:1$　$(3x-1)\times1=4\times2$　$3x-1=8$　$3x=9$　$x=3$

④　$\angle BAH=180^\circ-120^\circ=60^\circ$　よって，△BAHは$\angle BAH=60^\circ$の直角三角形になるから，
$AH=\frac{BA}{2}=\frac{4}{2}=2$，$BH=\sqrt{3}\times AH=\sqrt{3}\times2=2\sqrt{3}$　$CH=CA+AH=5+2=7$
△BCHにおいて三平方の定理を用いると，$BC=\sqrt{CH^2+BH^2}=\sqrt{7^2+(2\sqrt{3})^2}=\sqrt{61}$ (cm)

重要 ⑤　RQ：QC=BP：PC＝1：2＝4：8　AR：RC＝3：4＝9：12　よって，AR：RQ＝9：4
AS：SP＝AR：RQ＝9：4

⑥　円周角の定理より，$\angle DAC=\angle DBC=34^\circ$　ACは直径だから，$\angle ADC=90^\circ$
よって，△ADCにおいて内角の和の関係から，$\angle x=180^\circ-(34^\circ+90^\circ)=56^\circ$

⑦　中央値は，15番目と16番目が含まれている階級の階級値だから，12℃

Ⅳ （連立方程式の応用問題）

中学生7人と大人2人で入場したときの入場料から，$7x+2y=14000$…ア
中学生19人と大人4人で入場した時の入場料から，$19(x-200)+4(y-200)=29400$…イ
イから，$19x-3800+4y-800=29400$　$19x+4y=34000$…ウ　ウ－ア×2から，
$5x=6000$　$x=1200$　これをアに代入して，$7\times1200+2y=14000$　$2y=5600$
$y=2800$　よって，中学生50人，大人5人で入場したときの入場料は，
$50\times(1200-200)+5\times(2800-200)=50000+13000=63000$(円)

Ⅴ （場合の数，確率）

基本 ①　できる2けたの整数の個数は，$5\times4=20$(個)

②　できる整数が奇数になる場合は，13，15，21，23，25，31，35，41，43，45，51，53の12個
よって，求める確率は，$\frac{12}{20}=\frac{3}{5}$

③　できる整数が34以上になる場合は，34，35，41，42，43，45，51，52，53，54の10個
よって，求める確率は，$\frac{10}{20}=\frac{1}{2}$

Ⅵ （図形と関数・グラフの融合問題）

基本 ①　$y=ax^2$に点Aの座標を代入すると，$2=a\times2^2$　$4a=2$　$a=\frac{2}{4}=\frac{1}{2}$

②　$y=\frac{1}{2}x^2$に$x=-4$を代入すると，$y=\frac{1}{2}\times(-4)^2=8$　よって，B(－4，8)

直線OAの傾きは，$\frac{2}{2}=1$　OAに平行な直線であることから，求める直線の傾きは1
求める直線の式を$y=x+b$として点Bの座標を代入すると，$8=-4+b$　$b=8+4=12$
よって，求める直線の式は，$y=x+12$

重要 ③　x軸に関して，点Aと対称な点をA'とすると，A'(2，－2)　AP＋PB＝A'P＋PBとなるから，点Pが直線A'B上にあるときAP＋PBは最小となる。

直線A'Bの傾きは，$\frac{-2-8}{2-(-4)}=\frac{-10}{6}=-\frac{5}{3}$　直線A'Bの式を$y=-\frac{5}{3}x+c$として点A'の座標を

代入すると，$-2=-\frac{5}{3}\times2+c$　$c=-2+\frac{10}{3}=\frac{4}{3}$　よって，直線A'Bの式は，$y=-\frac{5}{3}x+\frac{4}{3}$ 点Pはx軸上の点だから，この式に$y=0$を代入して，$0=-\frac{5}{3}x+\frac{4}{3}$　$\frac{5}{3}x=\frac{4}{3}$　$x=\frac{4}{3}\times\frac{3}{5}=\frac{4}{5}$　よって，$p=\frac{4}{5}$

★ワンポイントアドバイス★

Ⅲ⑤は，1＋2＝3から，RCを3と4の最小公倍数12として考えよう。

＜英語解答＞

Ⅰ・Ⅱ　リスニング問題解答省略

Ⅲ　(a)　(p)oor　(b)　(T)hank　(c)　(p)ond　(d)　(S)uddenly　(e)　(f)lew

Ⅳ　(a)　taught　(b)　born　(c)　too　(d)　enjoyed　(e)　there

Ⅴ　(a)　C　(b)　D　(c)　D　(d)　B　(e)　A

Ⅵ　(2番目，4番目の順)　(a)　3, 1　(b)　3, 2　(c)　4, 1　(d)　4, 2　(e)　2, 3

Ⅶ　(A)　(a)　C　(b)　D　(B)　(a)　C　(b)　B　(C)　(a)　B　(b)　A

Ⅷ　(1)　D　(2)　C　(3)　B　(4)　E　(5)　A

Ⅸ　(a)　B　(b)　B　(c)　C　(d)　train [subway]　(e)　D　(f)　D

(g)　(1)　four　(2)　six　(h)　(1)　×　(2)　○

○推定配点○

Ⅰ　各2点×50(Ⅵ，Ⅳ(g)は各完答)　計100点

＜英語解説＞

Ⅰ・Ⅱ　リスニング問題解説省略。

Ⅲ　(語句補充問題：形容詞，動詞，名詞，副詞)

(a)「貧しい」という意味の形容詞が入る。

基本 (b)「感謝する」という意味の動詞が入る。

(c)「池」という意味の名詞が入る。

(d)「突然」という意味の副詞が入る。

(e)「飛んだ」という意味の動詞が入る。

Ⅳ　(書き換え問題：SVOO，受動態，不定詞，動名詞，there)

(a)「鈴木先生は私たちの英語の先生だった。」→「鈴木先生は私たちに英語を教えた。」〈teach A B〉は「AにBを教える」という意味を表す。

(b)「私の誕生日は5月13日だ。」→「私は5月13日に生まれた。」〈be born〉で「生まれる」という意味を表す。

(c)「昨夜私はとても疲れていたので，勉強できなかった。」→「昨夜私は勉強するには疲れすぎていた。」〈too ～ to …〉で「…するには～すぎる」という意味を表す。

(d)「彼は野球をして,楽しんだ。」→「彼は野球をすることを楽しんだ。」〈enjoy ～ ing〉で「～

するのを楽しむ」という意味を表す。

(e) 「あなたはバッグの中にノートを持っていますか。」→「あなたのバッグの中にノートはありますか。」〈 there is / are ～ 〉は「～がある」という意味を表す。

Ⅴ (語句補充問題：不定詞，前置詞，関係代名詞，分詞，現在完了)

(a) 「ケンはこのコンピューターの使い方を知らない。」

基本 (b) A「あなたはどうやって駅に着きましたか。」 B「バスでです。」 交通手段を表すときは〈 by ～ 〉を用いる。

(c) 「トモミはクラシック音楽が好きな少女だ。」 likes 以下が girl を修飾しているので，主格の関係代名詞を用いる。先行詞が人なので A は誤り。

(d) 「サラは合衆国で作られたコンピューターを使う。」「～された」という意味を表して，直前にある名詞を修飾するときには，過去分詞の形容詞的用法を使う。

(e) 「彼はまだ宿題を終えていない。」 現在完了の文なので，〈 have ＋過去分詞〉の形になる。

Ⅵ (語順整序問題：助動詞，比較，不定詞，受動態)

(a) (We) don't have to wait (for him.) 〈 don't have to ～ 〉で「～する必要がない」という意味になる。

(b) (This is) the tallest building that (I have ever seen.) 〈 最上級を伴う名詞＋that＋現在完了の経験用法 〉で「～した中で一番…」という意味を表す。

(c) (My sister) looked happy to see (the animal there.) 〈 A look B 〉で「 A は B に見える」という意味を表す。また，不定詞の副詞的用法は，感情の理由を表すことができる。

(d) (I wonder if) Takeshi is interested in (soccer.) 〈 be interested in ～ 〉で「～に興味を持つ」という意味を表す。

(e) Will you take this dog (for a walk?) 「～してくれませんか」と丁寧にお願いする時は，〈 will you ～ 〉や〈 would you ～ 〉を用いた疑問文にする。

Ⅶ (読解問題：内容吟味)

A

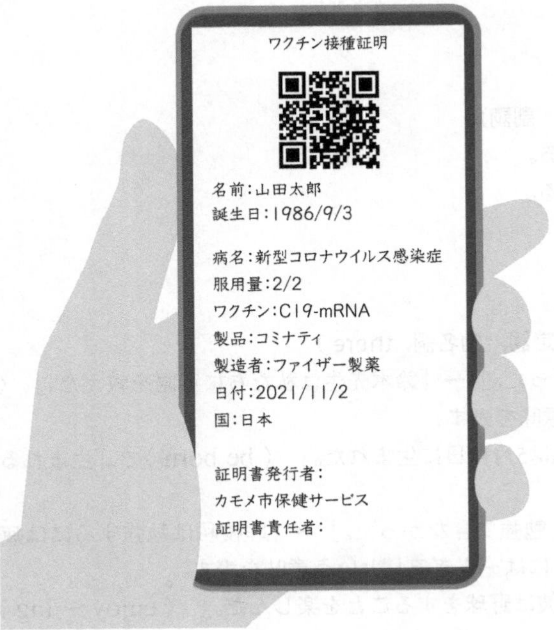

(a) 「このスマートフォンを持つ人は＿＿＿に2回目のワクチン接種を終えた。」 日付のところに11月とある。

A 「9月」 B 「10月」 C 「11月」 D 「12月」

(b) 「この証明書は持っている人によってどこで提示されることが多そうか。」 ワクチン接種証明書を提示する場所をたずねている。 A 「市の健康サービス」 B 「コミナティにて」 C 「ファイザー製薬にて」 D 「レストランや映画館で」

B

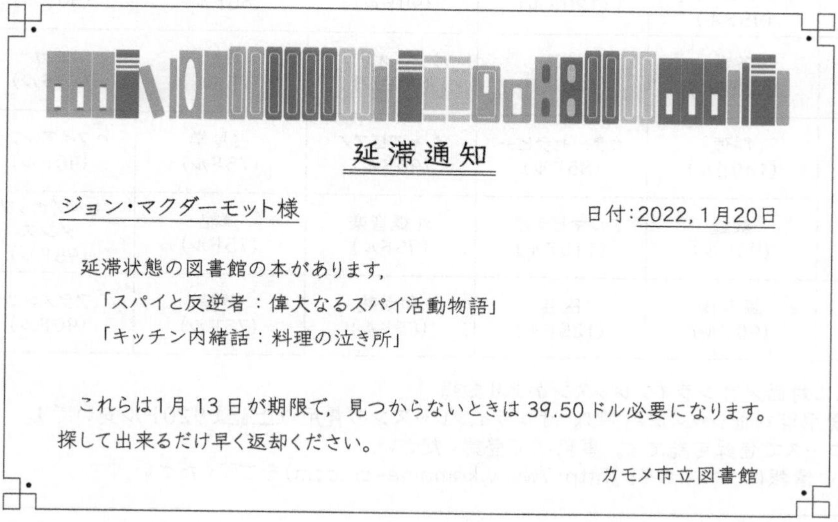

延滞通知

ジョン・マクダーモット様

日付：2022，1月20日

延滞状態の図書館の本があります，

「スパイと反逆者：偉大なるスパイ活動物語」

「キッチン内緒話：料理の泣き所」

これらは1月 13 日が期限で，見つからないときは 39.50 ドル必要になります。探して出来るだけ早く返却ください。

カモメ市立図書館

(a) 「この注意書きは＿＿＿に送られた。」 図書館から借りた本についての「延滞」を知らせる注意書きである。

A 本を借りたいと思った人。 B 本を読みたいと思った人。 C 本を返さなかった人。

D 本当に本が好きだった人。

(b) 「『延滞』とは何を意味するか。」「延滞」に近い意味を表すものを選ぶ。

A 必要である以上に何かを買うこと。 B 期待されていたり必要とされているときに，何もされなかったり，何も起こらなかったこと。 C あなたが許されたり求められる以上に長い間ある場所にとどまること。 D 誰かに多すぎる支払いをしたりすることや，多く払い過ぎた量。

C

こんにちは，私はメグです。私はIT企業で働いています。新型コロナウイルスのパンデミックのため，私の会社はリモートワークを採用しています。私は家にいるのにうんざりしています。家でどのように過ごしていますか？

家での時間を最大限に活用するために，レッスンを受けようと思っています。私は長い間音楽を演奏することに興味があり，これは始める良い機会だと思います。私は水曜日と金曜日の午前11時から午後5時までオフィスにいなければならず，営業時間中はレッスンを受けることができません。また，フェイスマスクを着用する必要がないため（対面レッスンではフェイスマスクを着用する必要があります），オンラインレッスンを受講します。フェイスマスクを使用すると割引が適用されます。物事が望むようにうまくいかないことがありますが，私は何とかやっていきます。

カモメ　カルチャー　センター

100以上のコースがあります―楽しいコースを選んで，人生を変えるレッスンを受けてください。
成功するのに必要な知識，技術そして自信をあなたに与えられるコースがあります。

	月曜日	火曜日	水曜日	木曜日	金曜日
10:00～11:30	フラワーアレンジメント（95ドル）	書道（120ドル）	ギター（90ドル）	カメラ（80ドル）	バレー（90ドル）
13:00～14:30	茶道（120ドル）	絵画（100ドル）	ヴァイオリン（90ドル）	民話（75ドル）	ヨガ（95ドル）
14:50～16:20	料理（140ドル）	カラーセラピー（85ドル）	ジャズピアノ（90ドル）	占星学（75ドル）	ハワイアンフラ（90ドル）
16:40～18:10	裁縫（90ドル）	アロマセラピー（110ドル）	沖縄音楽（95ドル）	簿記（75ドル）	ヒップホップダンス（95ドル）
18:30～20:00	編み物（90ドル）	陶芸（125ドル）	和太鼓（85ドル）	英語（75ドル）	フラメンコ（90ドル）

★全クラスに対面／オンラインレッスンがあります。
表中の費用は対面レッスン用です。オンラインレッスンの費用は上記より20ドル安いです。
★現在全コースで登録可能です。事務所で登録ください。
より詳しい情報はウエブサイト（http://www.kamome-cc.com）をご覧ください。

(a)「メグはどのレッスンを受けそうか。」メグは音楽に興味があると言っているので，水曜日のどれかのレッスンを受けると思われる。また，水曜日は午前11時から午後5時まで仕事があるので，和太鼓のレッスンが可能だとわかる。

A　ジャズピアノ　　B　和太鼓　　C　ハワイアンフラ　　D　ヒップホップダンス

(b)「メグはレッスンにいくら払うか。」和太鼓のレッスンは85ドルである。オンラインレッスンは20ドル安くなる。

A　65ドル　　B　70ドル　　C　90ドル　　D　110ドル

Ⅷ（会話文問題：語句補充）

カズヤ：ヒロキ，冬休みはどうでしたか。

ヒロキ：(1)退屈でした。ぼくはフランスに旅行する計画をしていました。(2)でも，新型コロナウイルスのせいで不可能になりました。

カズヤ：それは残念でした。代わりに何か特別なことをしましたか。

ヒロキ：(3)いいえ，しませんでした。私は失望しすぎて，他の計画を立てられませんでした。(4)君はどうでしたか。

カズヤ：ぼくは祖父の家に行って，新年のパーティーをしました。みんなぼくに会ってうれしそうでした。(5)とても楽しかったです。

ヒロキ：いいですね！　ぼくは休み中に祖父母に会えなかったので，春に彼らを訪れます。

Ⅸ（長文読解問題・物語文：内容吟味，語句補充）

（全訳）ウェズリー・オートリーにとって，ニューヨークの普通の1月の午後だった。ウェズリーは，4歳と6歳の2人の娘を迎えに行き，仕事に向かう前に家に連れて行った。

(1)彼ら3人が地下鉄の電車が到着するのを待っていると，線路の近くに立っていた(2)若い大学生が突然揺れ始め，床に倒れた。ウェズリーと他の2人の女性は若い男性を助けようとしたが，しばらくすると学生は回復したように見えた。恥ずかしそうに，彼は立ち上がった後，突然後ろに倒れた一線路の真上に。

ウェズリーは電車がすぐに来ることを知っていたので，すぐに行動した。彼は女性の1人に娘たちを見るように頼み，(3)線路に飛び降りた。ウェズリーは学生をプラットホームに戻すことを望んだが，その男は混乱して弱っていた。

それから，ウェズリーは突風を感じ，電車の音を聞いた。彼が見上げると，彼は(4)明るい光がすぐに彼らに向かってくるのを見た。時間切れだった。

ウェズリーは(5)彼ができる唯一のことをした。すぐに，彼は学生を線路の間の低いスペースに押し込み，それから彼の上に横になった。ウェズリーは学生の腕と脚を動かせないように押さえて，「君，動かないでください！　君が動くと，ぼくらのどちらかが死ぬだろう！」

止まれないので，列車は2人の男の上を走り，ブレーキがひどい音を立てた。プラットフォーム上の人々は目を閉じて恐怖を感じた。電車がやっと止まったとき，沈黙があった。すると，電車の下から「ぼくらは大丈夫です。ここにいます！」

地下鉄のホームの群衆は歓声を上げた。

「そこに2人の娘がいます」とウェズリーは続けた。彼らのパパは大丈夫だと知らせてください！」

それからの数日と数週間で，ウェズリーは称賛を浴びた。ドナルド・トランプはウェズリーに1万ドルの小切手を提供した。ウェズリー一家は地下鉄を1年間無料で乗車でき，ディズニーワールドへの1週間の旅行が与えられた。そして，若い学生が通っていた学校は，ウェズリーの娘たちに無料で教えることを申し出た。

でもその日一ほこりを払い，病院のスタッフの世話で若い男性が安全であることを見て一ウェズリーはただ仕事に出かけた。彼は正しいことをして幸せだった。

(a)　第1段落にウェズリーと2人の娘とある。

(b)　第2段落に書かれている内容の順になっているものを選ぶ。「突然揺れ始め，床に倒れた」→「回復したように見えた」→「突然後ろに倒れた」とあるので，Bが答え。

(c)　直後の文に「ウェズリーは学生をプラットホームに戻すことを望んだ」とあるので，Bが答え。A「電車を止めること」，B「娘を見ること」，C「学生をプラットフォームに戻すこと」，D「線路伝いに歩くこと」

(d)　線路にいたウェズリーが見たものなので，電車の光だとわかる。

重要 (e)　ウェズリーがとった行動として，「学生を線路の間の低いスペースに押し込み」，「彼の上に横になった」，「腕と脚を動かせないように押さえて」がある。Dの内容は書かれていないので，答え。

(f)　ウェズリーに与えられたものの内容として，「1万ドルの小切手」，「地下鉄を1年間無料で乗車でき」，「ディズニーワールドへの1週間の旅行」，「若い学生が通っていた学校は，ウェズリーの娘たちに無料で教える」とある。Dの内容は書かれていないので，答え。

(g)　「ウェズリーの娘たちは何歳だったか。」 第1段落の第2文に「4歳と6歳の2人の娘」とある。

(h)　(1)　電車は故障したという内容は書かれていないので，誤り。　(2)　最後の段落の内容に合うので，正しい。

★ワンポイントアドバイス★

Ⅳの(c)では〈 too ~ to … 〉が用いられている。これは接続詞を用いた構文である〈 so ~ that S can't … 〉を使って書き換えることができる。この文を書き換えると，I was so tired that I couldn't study last night. となる。

＜国語解答＞

一　問一　①　りやく　②　ついび　③　さいまつ　④　きしょう　⑤　たぐ(い)
　　問二　①　ウ　②　ア　③　イ　④　イ　⑤　ア

二　問一　①　[誤]　真　[正]　間　[誤]　功　[正]　効
　　　　　②　[誤]　果　[正]　課　[誤]　慢　[正]　漫
　　問二　①　職　②　学　③　楽　④　伝　問三　①　ウ　②　イ

三　①　五七五　②　季語　③　春　④　冬　⑤　切れ字　⑥　松尾芭蕉
　　⑦　や　⑧　与謝蕪村　⑨　かな　⑩　山

四　問一　イ　問二　エ　問三　[一つ目]　空白の原則　[二つ目]　焦点化の原則
　　[三つ目]　快・痛みの原則　問四　ア　問五　ウ　問六　イ　問七　ウ
　　問八　意識は焦点を当てたひとつのことしか処理できない(から)
　　問九　脳は「快」~るのです。　問十　ア　○　イ　×　ウ　×　エ　○

五　問一　エ　問二　ウ　問三　スパイクの紐を結びなおす　問四　目つきが怖い。
　　問五　俺の仕事はただ，走る(こと)　問六　イ　問七　エ　問八　ア　問九　ウ
　　問十　エ

○推定配点○

一　各1点×10　二　各2点×10(問一[誤][正]完答)　三　各2点×10　四　各2点×15
五　各2点×10　計100点

＜国語解説＞

一　(漢字の読み書き)

問一　①「ご利益」とは，「神仏を信ずることによって受ける恵みのこと」。「ごりえき」と読まないように注意。　②「追尾」とは，「あとを追うこと」。「追跡」とほぼ同義。　③「歳末」は，年末と同義。「としまつ」と読まないように注意。　④「起床」は「床」が書き問題でも出題されうるので注意。　⑤「類い」は「類」と一文字で書くこともあり，「同じ種類」を指す。

問二　①　純真　ア「巡回」　イ「準優勝」　ウ「純粋」　エ「循環」　②　権威　ア「権利」　イ「体験」　ウ「研修会」　エ「検診」　③　相談　ア「想像」　イ「相当」　ウ「創作」　エ「装着」　④　転倒　ア「展開」　イ「運転」　ウ「点滴」　エ「添加」　⑤「臨む」　ア「臨時」　イ「希望」　ウ「駐輪」　エ「貿易」

二　(漢字の読み書き，熟語，慣用句)

問一　①「間近」とは，「時間や距離がすぐ近くということ」。「間」があまりなく，「近い」という意味である。「有効」とは「効果が有る」ということ。　②「放課後」とは，「その日の課業(＝授業)が終わった後」という意味。「漫画」とは，「気の向くままに描く」という意味に由来する言葉。

問二 ① 「汚職」とは，「自分の職権を利用してわいろを受け取るなど不正な行いをすること」。

② 易問。「大学」の正式名称は「大学校」と思う受験生もいるかもしれないが，「大学校」は文部省が管轄していない機関のことであり，「大学」とは別物。

③ 易問。①・②とは違い，「音楽」「楽器」では「楽」を「がく」，「娯楽」「楽園」では「楽」を「らく」と読み分けることがポイント。

④ 「列伝」とは，「際立った人々の伝記」。

問三 ① それぞれ「電光石火」，「水泡に帰す」，「郷土料理」，「一日千秋」，「日進月歩」，「時は金なり」。火，木，水，土，日，月，金が適語だが，すべて後ろに「曜日」がつけられる。

② それぞれ「百戦錬磨」，「十人十色」，「一期一会」，「首尾貫徹」。百，人，一，首が適語だが，これらから想像できるものは和歌。百人一首とは，百人の歌人の和歌を，一人につき一首ずつ選んでつくった秀歌撰である。共通するものというより，連想できるものを選ばせる設問。

三 **（脱文・脱語補充，俳句，文学史，表現技法，和歌）**

① 「俳諧」は「俳句」と同義と考えてよい。俳句には五七五，和歌には五七五七七のリズムがある。

② 季節感を表すために詠みこまれるものは「季語」。春夏秋冬それぞれについて，その季節を思わせる語句を詠みこむ技法。季語は季節を感じられるものであれば広く認められている。

③ 梅は桜の前に咲き，春の訪れを知らせる花である。

④ 「除夜」は「大晦日の夜」という意味であり，「除夜の鐘」が一般に知られるので季節は冬である。

⑤ ここまでのみでは解答しづらいが，「古池や…」「春の海…」で共通して詠みこまれているものは「切れ字」。「決まり字」とは，百人一首かるたの際に上の句が読まれ始めてから，取り札である下の句を取って良いことが確定するまでの先頭の数文字のこと。

⑥・⑧ 「古池や…」は松尾芭蕉，「春の海…」は与謝蕪村のそれぞれ代表作である。宮沢賢治は童話作家・詩人であり，俳人ではない。

⑦・⑨ 切れ字は厳密には十八個あるとされるが，頻出は「や」「かな」「けり」「ぞ」。

⑩ 枕詞「あしひきの」で導かれる語は「山」「峰」など山に関する語。枕詞自体は訳さなくてもよい。

四 **（論説文―脱文・脱語補充，接続語の問題，文脈把握，指示語の問題，その他，内容吟味）**

問一 空欄a直後の第十一段落に「わからない状態(空白)」とあるため，この「わからない」と合致するイが適当。

問二 bは，読者が作家になりたがっていると仮定し，具体的な行為を導き，それについて説明を加えようとしていることから「たとえば」が適当。この時点でウ・エに絞られる。 c単独で絞るのはやや難しいが，文脈の流れからc以降で何か新しいことを述べているわけではないのでこの時点でエを選択してもよい。 eは，直前では毎年リクルートスーツ姿の学生はいたはずなのに，自分が就職活動をするまではそれに気づかなかったこと，直後ではリクルートスーツ姿の学生が目に入るようになったという，「気付かなかったものに気付いた」という逆転が起きていることから，逆接の「ところが」が適当。よってエが選択できる。

問三 第二段落に「まずはひとつめ」として挙げられている「空白の原則」，第四十三段落に「三つめ」として挙げられている「快・痛みの原則」は比較的見つけやすい。二つ目については，ナンバリングはされていないが「～の原則」という形にのっとっている，第二十六段落で初出の「焦点化の原則」が適当。

問四 第十一段落「脳には，…性質があるのです」「つまり，空白を埋めようとすのです」から，わからない状態を嫌う性質があるため気持ちが悪くなり，わからないという空白を埋めようとすると考えられる。よってアが適当。

問五　第二十一段落より，傍線部3とは「その願望の実現後を見ている人」である。この時点で，選択肢の中でウだけが社長になった後に社会貢献をする，という実現後について考えているものと言えるため解答できる。しかし，ここだけでは不安であれば，第二十二～第二十四段落で「なりたいと強く願うのではなく，なってからどんなことをしたいかを考える人が願望を実現できる」ということが具体例を用いながら共通して述べられているので，ここからもウが適当と言える。

問六　「そのとき」は厳密には2度辿る必要がある。まずは「そのとき，『街中に…』と感じませんでしたか」であるが，ここの「そのとき」が指すのは，「あなたが，過去に新卒の就職活動をした経験」を指す。つまり読者が新卒で，リクルートスーツを着て就職活動をしていた当時のことである。よってイが適当。

問七　ほぼ知識問題。ただ，「五感を使って外の世界を認識しています」から，外の世界の認識に必要ない，むしろこれがあると外の正解を正しく認識できないウが含まれないものと推理することもできる。五感はア・イ・エの他に視覚，味覚。

問八　傍線部6は具体例であるが，何の具体例かというと直前の「意識は同時に…苦手」ということである。ここを抜き出した受験生もいると思うが，ここでは「から」につなげることができない。すると，同じく具体例が述べられている第三十八段落を経て，第三十九段落で「意識は焦点を…処理できない」とまとめられているため，ここが抜き出し箇所として適当。

問九　傍線部7の指す内容は第四十五段落，および「同じような経験」として挙げられている第四十七段落であるが，両者に共通していることは「得意なことは気持ちよくできるが，苦手なことには取り組めない」ということである。これについて，第四十八段落で脳の「快・痛みの原則」と関係するとし，続く第四十九段落でその具体的内容を述べていることから，第四十九段落の一文が抜き出し箇所として適当。

問十　アは第十二段落の内容と合致する。イは第二十二～第二十四段落で繰り返し「なりたいと強く願うのではなく，なってからどんなことをしたいかを考える人が願望を実現できる」ということが述べられており，矛盾する。ウは第三十五段落「私たちが住む…シンプルにとらえているのです」と矛盾する。エは第四十段落の内容と合致する。

五　**(小説—語句の意味，脱文・脱語補充，その他，文脈把握，情景・心情，表現技法)**

問一　ア「モーション」は「動作」。イ「ジャンクション」は「交差点」。ウ「シミュレーション」は「現実のモデルを作り，それを使って行う観測または実験」。エ「テンション」は俗に気分のことであるが，本来は「緊張」。

問二　複数箇所の脱語補充問題は，順序にこだわらず，わかりそうなところから優先して埋めていくとよい。この問では，最も分かりやすいものはdであると思われる。「あからさまにやる気がない感じで走って来る」に対して「俺も」とあるので，須藤も「あからさまにやる気がない感じ」であったと言える。「チョロチョロ」はすばしっこいさま，「うろうろ」はあてもなく動き回るさま，「じりじり」はだんだんと距離を詰めるさまを表すため，「だらだら」としているウが適当。

問三　傍線部1が代走として指名されるタイミングについての予見である。したがって，代走に指名されること自体の予見は，ここよりも前の部分に描かれていると考えられる。すると，本文一行目の「スパイクの紐を結びなおす」は，走る際に紐がほどけたり，邪魔になったりすることを防ぐための行為であることから，この部分が適当。

問四　「ピッチャー」とは武山のことである。須藤がベースについたときの武山について「目つきが怖い」，それについて「そんなイヤそうな顔すんなと言いたい」としていることから，武山は須藤が代走に入ることが嫌で，つまり警戒して目つきに緊張が走ったと考えられる。よって「目つきが怖い」が適当。

問五　須藤の役割はもちろん代走だが，それは何も今回の試合に限ったことではなく「試合中，…だけなんだから」と，普段から代走として試合に出場していることがうかがえる。「役割」は「仕事」とも言い換えられるので，この部分の「俺の仕事はただ，走る」が「こと」につながる形として適当。

問六　日差しが実際に意思を持って「襲いかかる」ことはないが，ここはあえて日差しに意思があるかのような表現をしている。このように，実際にはそうでないものが人間のような感情・動作をするかのように表現することを，擬人法という。 ア「倒置法」は，語や文節を，普通の順序とは逆にする表現技法。 ウ「直喩」は，「～ように／ような」という言葉を用いて，ある物事を他の物事にたとえる表現技法。 エ「リフレイン」は，繰り返しを使うことで印象付ける表現技法。

問七　傍線部3について，直後に「三点差だしね。」と自分で応答するような述べ方をし，さらに「五回から…ふつうダメでしょ」とあるように，須藤は負けを前提としてこの場に臨んでいる。よってエが適当。

問八　舌打ちとは，何かが自分の思い通りにならず，いらだちなどを感じたときに行うことである。すると，傍線部4直前に「こら江口」と江口を責めるような口調の表現があることから，須藤は自分がせっかく盗塁したのに江口がうまいプレーを見せなかったことにいらだちを感じていると思われる。よってアが適当。

問九　「むなしい」とは「空っぽ」という意味のほか，「無駄だ，役に立たない」という意味もある。「ホームイン」は一般的には得点したときのことと思われるが，須藤がホームインする前に武山がガッツポーズをし，かつ後の「負けたんだから空気読め」という記述から，須藤のチームはホームイン前に敗北が決定したということがわかる。にもかかわらず，ルール上ホームインという無駄な行いをしなければいけなかったことにむなしさを感じたということである。よってウが適当。

問十　エの「一つの場面を細かく描写する」に関しては，須藤が三塁を盗塁する場面についてはそうと言えうるが，「試合の緊迫感」については感じられない。そもそも須藤は「五回からノーヒットで…ふつうダメでしょ」と，そもそもこの試合において負けを前提としている。勝とういう意識がないということは，緊張ももたらされない。「まあ，いいんじゃないのかな。…シード権とれればいいしさ」からも読み取れるように，ここで描かれているのは，須藤にとってはいわば消化試合といったところである。

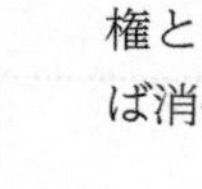

★ワンポイントアドバイス★

論説文は，接続語に注目しながら，筆者がどのような構成で論を進めようとしているのか把握しよう。小説は，作品内での時系列にも気を配りつつ，登場人物の心情とその背景を考察しよう。

MEMO

大切なことはメモしておこうネ！

2021年度

入　試　問　題

2021年度

藤沢翔陵高等学校入試問題

【数　学】（50分）　＜満点：100点＞

Ⅰ　次の問に答えなさい。

① $13\times(-7)-9$　を計算しなさい。

② $-0.1+\frac{1}{2}\div\frac{1}{5}$　を計算しなさい。

③ $8x^3\div 2xy\times 5y^2$　を計算しなさい。

④ $\frac{\sqrt{56}}{\sqrt{7}}+\sqrt{18}$　を計算しなさい。

⑤ $(3a+b)^2-2a(a+3b)$ を計算しなさい。

⑥ $2x^2+8x-24$　を因数分解しなさい。

Ⅱ　次の方程式を解きなさい。

① $x-4=\frac{2x+1}{3}$

② $\begin{cases} 3x-4y=8 \\ x+2y=6 \end{cases}$

③ $x^2+5x-36=0$

④ $2x^2-5x+1=0$

Ⅲ　次の問に答えなさい。

① $\sqrt{14-a}$ が整数となるような正の整数 a の値をすべて求めなさい。

② 1001^2-999^2　を計算しなさい。

③ 2次方程式 $x^2+ax-4=0$ の解の1つが-1であるとき，この方程式のもう1つの解を求めなさい。

④ $\sqrt{5}$の小数部分を a とするとき，a^2+4a の値を求めなさい。

⑤ 円周率を π とするとき，表面積が 12π である球の体積を求めなさい。

⑥ 下の図でAD//BC，辺BDの中点をEとし，辺ACの中点をFとする。
AD＝4，BC＝10 のとき，EFの長さを求めなさい。

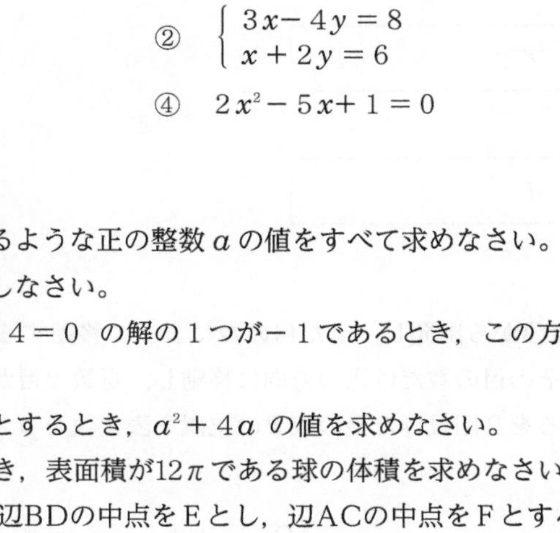

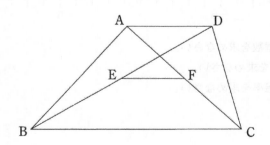

⑦　下の図のような１辺が３㎝の立方体ABCD－EFGH がある。この立方体を３点B，E，Gを通る平面で切り２つに分けるとき，点Dをふくむ立体の体積を求めなさい。

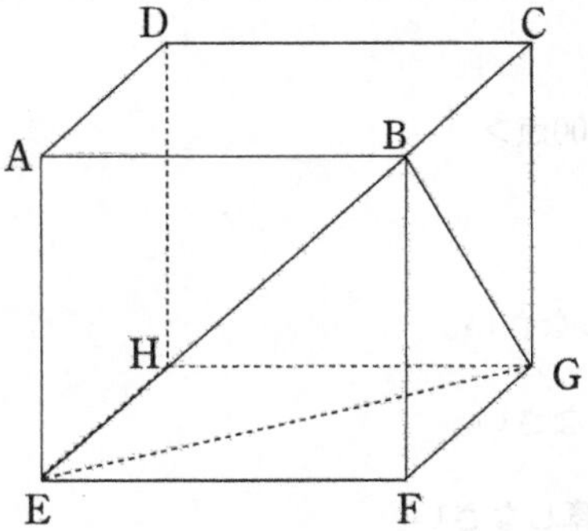

Ⅳ　ショウ君が映画館へ行くために貯金箱を調べると，中には10円硬貨と500円硬貨のみが入っており，それらの合計枚数は35枚，重さは175ｇであった。
貯金箱の中の10円硬貨の枚数を x 枚，500円硬貨の枚数を y 枚として連立方程式をつくりなさい。
また，貯金箱の中の合計金額はいくらか答えなさい。
ただし，10円硬貨は１枚4.5ｇ，500円硬貨は１枚７ｇとする。

ア

イ

Ⅴ　点Ｐは数値線上の原点Ｏから出発し，出た目の数によって移動する。さいころを１回投げるごとに，偶数の目が出ればその目の数だけ正の方向に移動し，奇数の目が出ればその目の数だけ負の方向に移動する。さいころを２回投げた後の点Ｐの位置を表す数を p とする。このとき，次の問に答えなさい。

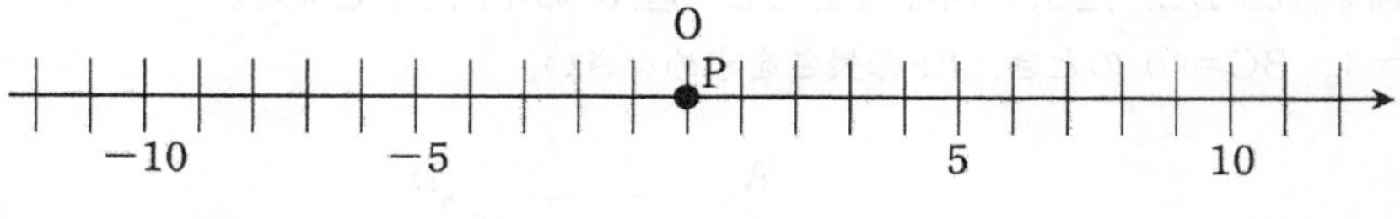

①　p がとりうる値の個数を求めなさい。
②　$p=3$ となる確率を求めなさい。
③　p が負の数となる確率を求めなさい。

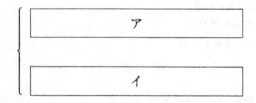

Ⅵ　下の図のような点Ａ（２，－１）を通る２次関数 $y=ax^2$ のグラフがある。直線 ℓ の切片は－２であり，２次関数 $y=ax^2$ と直線 ℓ の x 座標が正の交点をＡ，x 座標が負の交点をＢとする。点Ｂを通り y 軸と平行な直線と x 軸との交点をＣとし，点Ａを通り y 軸と平行な直線と x 軸との交点をＤとするとき，以下の問に答えなさい。

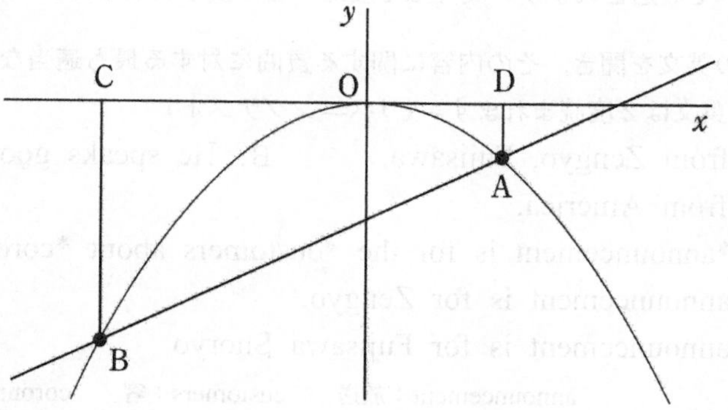

①　a の値を求めなさい。

②　点Ｂの座標を求めなさい。

③　四角形ABCDを x 軸に関して１回転してできる図形の体積を求めなさい。ただし，円周率は π とする。

【英　語】（50分）＜満点：100点＞

【注意】問題Ⅰ・Ⅱはリスニングテストです。※試験開始10分経過後，放送されます。

Ⅰ．No. 1～No. 5の英語の質問に対する最も適当な答えをA～Cの中から１つ選びなさい。「質問」・「答え」すべて放送されます。英文は１度だけしか読まれません。（リスニングテスト）

Ⅱ．No. 1～No. 5の英文を聞き，その内容に関する質問に対する最も適当な答えをA～Cの中から１つ選びなさい。英文は２度読まれます。（リスニングテスト）

No. 1　A．He's from Zengyo, Fujisawa.　B．He speaks good Japanese.
　C．He's from America.

No. 2　A．This *announcement is for the *customers about *coronavirus.
　B．This announcement is for Zengyo.
　C．This announcement is for Fujisawa Shoryo.

announcement：放送　customers：客　coronavirus：コロナウイルス

No. 3　A．His favorite team is Yokohama Baystars.
　B．His favorite team is Yomiuri Giants.
　C．His favorite team is Tokyo Dome.

No. 4　A．He is telling us to *wear a *mask at school.
　B．He is telling us to come to Fujisawa Shoryo.
　C．He is telling us to *study for the *test.

wear：身に着ける　mask：マスク　study：勉強する　test：テスト

No. 5　A．He is a first-year student.　B．He is *planning to go this year.
　C．He went to Australia last year.

planning：計画している

※リスニングテストの放送台本は非公表です。

Ⅲ．日本語を参考に，(a)～(e)の［　］内に示してある文字で始まる語を入れて文章を完成させなさい。解答欄《らん》の文字に続けてつづりを書きなさい。

(a)[S　　] ended and (b)[S　　] came. Anne went to school in Avonlea. She was good at her lessons and she liked the other girls. But Anne didn't like the teacher, Mr. Phillips, very much.

One day, there was a new boy in school. He was (c) [t　　] , with brown hair. The girls liked him.

"That's Gilbert Blyth," Diana said to Anne. "His (d)[f　　] went away for the (a)[s　　]. They came back on (e)[S　　]."

Gilbert's desk was near Anne's desk. He often looked at her. He wanted her to look at him, too. She was different from the other girls in Avonlea. But Anne wasn't interested in Gilbert.

夏が終わり，9月がやってきた。アンはアヴォンリーの学校に通っていた。彼女は勉強がよくできて他の女の子たちのことも気に入っていた。しかしアンはフィリップス先生という教師はあまり好きではなかった。

ある日，学校に新しく男の子が入ってきた。彼は茶色の髪をして，背が高かった。女の子たちは彼のことを気に入っていた。

「あれはギルバート・ブライスよ。」とダイアナはアンに言った。「彼の家族は夏の間よそへ行っていたの。土曜日に戻ってきたのよ。」

ギルバートの机はアンの机の近くだった。彼はしょっちゅう彼女のほうを見た。彼も彼女に自分のほうを見てほしかった。彼女はアヴォンリーの他の女の子たちとは違っていたからだ。しかしアンはギルバートには関心がなかった。

Ⅳ．次の各組の文がほぼ同じ内容を表すように，（　）に適する語を答えなさい。

(a) This school is 89 years old.
This school was built 89 years (　　　).

(b) What language do they speak in Australia?
What is the language (　　　) in Australia?

(c) I can't use this *machine.
I don't know (　　　) to use this machine.

machine：機械

(d) It rains a lot in June in Japan.
We (　　　) a lot of rain in June in Japan.

(e) Why was she so happy?
What (　　　) her so happy?

Ⅴ．次の英文の（　）内に入れるのに最も適切なものを選び，記号で答えなさい。

(a) Who (　　　) this picture of Mt. Fuji?
A．did take　B．was taken　C．did you take　D．took

(b) Jane can swim the (　　　) of the five.
A．better　B．good　C．well　D．best

(c) I have three dogs. I play with (　　　) every day.
A．him　B．us　C．them　D．it

(d) Do you have anything (　　　)?
A．to read　B．reading　C．read　D．to have read

(e) The letter (　　　) written by her.
A．was　B．had　C．were　D．are

Ⅵ．次の日本文に合うように，（　）内の語（句）を並べかえたとき，２番目と４番目にくる語（句）を順番に番号で答えなさい。なお，文頭にくる語の頭文字も小文字にしてあります。

(a) ポールが藤沢に来てどのくらいになりますか。
How（１．has　２．long　３．been　４．Paul）in Fujisawa?

(b) お母さんによろしくお伝えください。
Please（１．to　２．your mother　３．say　４．hello）for me.

(c) 赤毛の女の子が公園で遊んでいました。
A girl（１．playing　２．was　３．red hair　４．with）in the park.

(d) 君たちにとって最善を尽くすことが大切です。

（1．is important　2．it　3．for you　4．to ）do your best.

(e) ひとり旅をするときは気をつけてくださいね。

I want you to be careful（1．alone　2．when　3．travel　4．you ）.

Ⅶ．次のA・B・Cの内容に関して，(a)と(b)の質問に対する答えとして最も適切なものをA～Dの中から１つずつ選び，記号で答えなさい。

A．

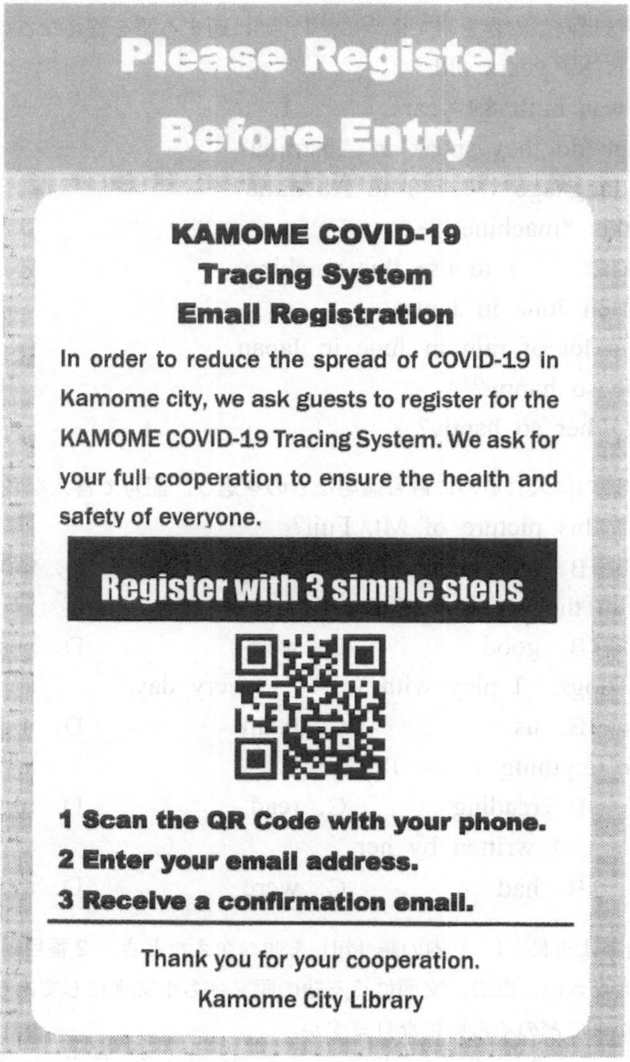

Please Register
Before Entry
KAMOME COVID-19
Tracing System
Email Registration
In order to reduce the spread of COVID-19 in Kamome city, we ask guests to register for the KAMOME COVID-19 Tracing System. We ask for your full cooperation to ensure the health and safety of everyone.
Register with 3 simple steps
1 Scan the QR Code with your phone.
2 Enter your email address.
3 Receive a confirmation email.
Thank you for your cooperation.
Kamome City Library

(a) Where could this *information *mostly be seen?

A．In the city hospital　B．At the *gate of City Library

C．In a *cellphone shop　D．At the *reception of *hotels and restaurants

information：情報　mostly：最も　gate：門　cellphone：携帯《けいたい》電話　reception：受付
hotels：ホテル

(b) What is needed to *register for the *system?

A. A *smartphone with *camera　B. A *laptop computer

C. A *telephone number　D. An *entry ticket

register：登録する　system：システム　smartphone：スマートフォン　camera：カメラ

laptop computer：ノートパソコン　telephone number：電話番号　entry ticket：入場券

B.

Asagiri Lakes, Kamome National Park

Important Notice to Our Visitors

Temporary change of opening hours

Due to the recent concerns surrounding COVID-19, opening hours have temporary changed until May 31st. Please see below for details of all facilities in Asagiri Lakes.

■ Opening hours

	Lake Parks (Parking Lot, Toilet, Wooden Elevated Path)	Library	Visitor Center (Shop, Café L.O. 4:00p.m.)
March 1st – May 31st	10:00a.m. – 4:30p.m.	10:00a.m. – 4:30p.m.	10:00a.m. – 4:30p.m.
June 1st – August 31st	9:00a.m. – 6:30p.m.	9:00a.m. – 6:00p.m.	9:00a.m. – 5:00p.m.

■ Ground Pathway

	Guided Tours Time		Guided Tour Reservation
	Long-Route (3hours)	Short-Route (90min)	
March 1st – May 31st	Suspended	10:00a.m. – 2:00p.m. (Start Every 30min)	By Advanced Reservation Only

※All visitors of Grand Pathway must join guided tours

※Guided Tour should be reserved through our official website.

※Schedule from June 1st: TBA

We appreciate your understanding and cooperation.

<Contact us>
Asagiri Lakes Visitor Center
TEL: 0052-34-2232　URL: http://www.asagirilakes.com

(a) What is this *poster for?

A. To ask *visitors to stay home for *health and *safety.

B. To *attract more visitors to come to the *lakes.

C. To *let visitors know opening and *closing time of the park.

D. To *advise visitors to *study more about the lakes before they come.

poster：ポスター　visitors：訪問者　health：健康　safety：安全　attract：ひきつける
lakes：湖　let ～ know：～に知らせる　closing：閉まる　advise：忠告する
study：勉強する

(b) What *should visitors do to *join a *guided tour?

A. Go to the Visitor Center to *sign up for the tour.

B. Visit the park's *official website and *book the tour.

C. Go to Ground Pathway.

D. *Make a phone call and *contact the Visitor Center.

should：すべき　join：参加する　guided tour：ガイド付きのツアー　sign up：申し込む
official website：公式ウェブサイト　book：予約する　Make a phone call：電話をかける
contact：連絡をとる

C.

Hi, I'm Tomomi. I'm a high school student. I'm going to give a presentation in English class. I'm going to talk about "Agree or Disagree: Starting school in September instead of April." Here are my speech script and graphs. Writing a speech is hard, but I'll do my best. Wish me luck.

As the school shutdown has been prolonged and students are tired of online classes, opinion on shifting the beginning of school year in Japan from April to September splits young people, according to a recent poll carried out by an online site. Look at Graph 1. About forty thousand Japanese high school students were asked, "Do you agree with starting school in September instead of April?" (　ア　)% of them welcome the idea that the school year begins in September.

If schools start in September, students worry about a lot of things. Look at Graph 2. About half of them worry that they will need more money. A 16-year-old girl, who studies at a private school, said, "I'd feel bad for my parents." Almost the same number of students worry about "Koshien," high school baseball championship in summer, and "Inter-High." A 17-year-old boy, who belongs to the baseball team, said, "We have to move away from the mid-August setting."

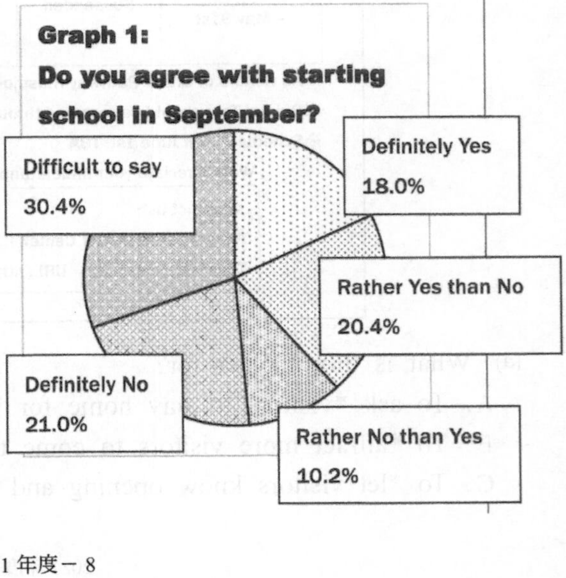

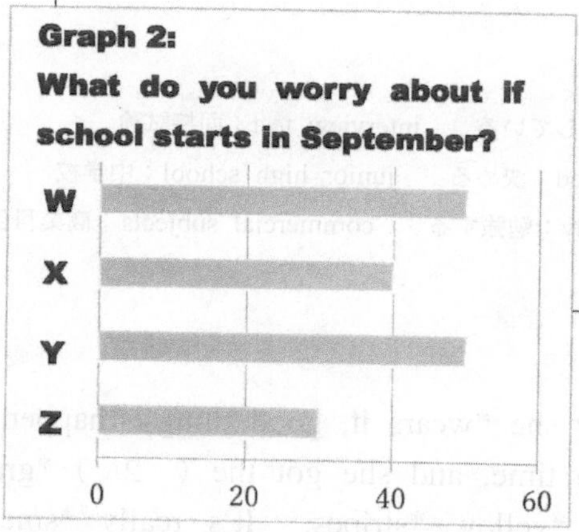

There are a lot of opinions about shifting starting school from April to September. It will give a big impact to the society not only school students but also adults. What is your idea? Thank you for listening.

(a) Put the *number on (ア)%

A. 18.0　B. 30.6　C. 21.0　D. 30.4

number：数字

(b) In *Graph 2, which *bar *represents “they will need more *money” and “Koshien and Inter-High”? *Choose the best *Combination *A through D.

A. W&X　B. W&Y　C. X&Y　D. Y&Z

Graph：グラフ　bar：棒　represents：表す　money：お金　Choose：選ぶ
combination：組み合わせ　A through D：AからDのなかで

Ⅷ. 次の対話文を読んで，対話の流れが自然になるように（1）～（5）に入る最も適当な文をA～Eの中から1つずつ選びなさい。

Shoji : Ryoma, you look tired. *What's wrong?

Ryoma : (1) I feel *nervous about the *interview test.

Shoji : OK, *let's practice together. Why do you want to *enter this high school?

Ryoma : (2)

Shoji : That sounds good. (3)

Ryoma : I haven't *decided yet. I was in the baseball team in *junior high school, but I want to try something new.

Shoji : That's a good idea. (4)

Ryoma : By train. It took about 20 minutes.

Syoji : OK. That's the *end of the test.

Ryoma : How was it?

Syoji : (5) I think you can do well. *Good luck!

Ryoma : Thank you, I'll do my best.

A. Because I want to *study *commercial subjects.

B. I think your answers were good.

C．I couldn't *sleep well last night.

D．What *club do you want to *join?

E．How did you come here today?

What's wrong?：どうしたの？　nervous：緊張している　interview test：面接試験
let's：～しましょう　enter：入学する　decided：決める　junior high school：中学校
end：終わり　Good luck!：頑張ってね　study：勉強する　commercial subjects：商業科目
sleep：眠る　club：部活　join：参加する

Ⅸ．次の英文を読んで，あとの問いに答えなさい。

Anna has a (1)*lucky *jacket. *Whenever she *wears it, good things *happen to her. She *wore it on her *final exam one time, and she got the（　2　）*grade in the class! The jacket is *green with *yellow *stripes. It's really *smelly, because Anna never *washes it. She is *scared that *washing the jacket will wash away the *luck. She keeps the jacket in a *closet all *by itself. No other clothes are in the closet.

Anna had an important *interview for a job. She was very *nervous about (3)it. She wanted to wear the jacket, but the jacket was not *appropriate for the interview. She needed to wear *nice *clothes. She *decided to wear the jacket under a *plain *gray *sweater. (4)*Perfect *plan, she thought.

When Anna *entered the interview room, she started to *sweat. She *wondered why it was so hot. She *realized that the *heater was on. She sat down across from the *interviewer. "Anna, you're *sweating. You *should take your sweater off." Anna *laughed *nervously. "(5)I'm fine," she said. By the end of the interview, there was a sweat *stain on Anna's sweater. She left the interview feeling *unsure. A week later Anna got a *phone call from the *boss. The boss *offered her the job! The lucky jacket (6)worked!

lucky：幸運の　jacket：ジャケット　Whenever：いつでも　wears：着る　happen：起こる
wore：着た　final exam：最終試験　grade：成績　green：緑　yellow：黄色
stripes：ストライプ　smelly：臭う　washes：洗う　scared：恐れている　washing：洗うこと
luck：幸運　closet：クローゼット　by itself：それだけで　interview：面接
nervous：緊張していた　appropriate：適切な　nice：素敵な　clothes：服　decided：決めた
plain：無地の　gray：灰色　sweater：セーター　Perfect：完璧《かんぺき》な　plan：計画
entered：入った　sweat：汗をかく　wondered：不思議に思った　realized：気づいた
heater：暖房《ぼう》　interviewer：面接官　sweating：汗をかいている　should：～すべき
laughed：笑った　nervously：緊張して　stain：しみ　unsure：自信が無い　phone call：電話
boss：社長　offered her the job：彼女に仕事を与えた

(a)　下線部(1)について述べた下の日本語の空欄《らん》を埋めなさい。

そのジャケットを着るといつでも幸運なことが起こり，（　　　　）色で黄色のストライプ模様がある。

(b) （２）に入るものとして最も適切なものを下のA～Dの中から選び記号で答えなさい。

A．higher　B．taller　C．highest　D．tallest

(c) 下線部(3)が指す内容として最も適切なものを下のA～Dの中から選び，記号で答えなさい。

A．an important interview　B．the interview room

C．a lucky jacket　D．her final exam

(d) 下線部(4)の具体的な内容として最も適切なものを下のA～Dの中から選び，記号で答えなさい。

A．ジャケットを着ないで面接を受けること

B．ジャケットの下にグレーのセーターを着て面接を受けること

C．グレーのセーターの下にジャケットを着て面接を受けること

D．ジャケットだけを着て面接を受けること

(e) 下線部(5)の本文中の意味として最も適切なものを下のA～Dの中から選び記号で答えなさい。

A．私は元気です。　B．いい天気ですね。

C．わかりました，脱ぎます。　D．脱がなくても大丈夫です。

(f) 下線部(6)の本文中の意味として最も適切なものを下のA～Dの中から選び記号で答えなさい。

A．役に立った　B．働いた　C．話した　D．歩いた

(g) 以下の英語の質問に英語で答えなさい。

Why is Anna's jacket really smelly?

It's because she never (　　　) it.

(h) 以下の(1)・(2)が本文の内容と合っていれば○，違っていれば×を書きなさい。

(1) There are many kinds of clothes in Anna's closet.

(2) The interview room was hot because the heater was on.

③ 信頼があるわけではない。

④ ある日、突然の出来事だった。

ア ① ○ ② ○ ③ × ④ ×

イ ① × ② ○ ③ × ④ ○

ウ ① ○ ② × ③ ○ ④ ×

エ ① ○ ② ○ ③ × ④ ○

問三 次の文の文節数を答えよ。（算用数字、漢数字のいずれでも良い）

日本の家庭的な料理の店を訪れる。

問四 次の漢字の部首とその部首の意味を選択肢から選べ。

側

① 部首

ア にんべん　イ りっとう

ウ かいへん　エ きへん

② 部首の意味

ア 刀に関すること　イ 道に関わること

ウ 人に関わること　エ 海に関すること

問五 平安時代に関わりのないものを選択肢から選べ。

ア 清少納言　イ 小林一茶

ウ 源氏物語　エ 土佐日記

問六 次の文と文をつなぐ接続詞を選択肢から選べ。

① 家を出た。（ 1 ）、偶然に友人と会った。

② 家を出た。（ 2 ）、約束した友人がいない。

③ 母はピアノを弾く。（ 3 ）、ギターも弾く。

④ ピアノを弾きますか。（ 4 ）、ギターを弾きますか。

⑤ 宿題が終わった。（ 5 ）、明日から新学期だ。

ア さて　イ それとも　ウ すると

エ また　オ ところが

描いている。

ウ　一地方都市で、のどかな自然に囲まれて育った主人公の日常を描いている。

エ　主人公が高校入学後に新たな「部活」を作るという意欲と行動を描いている。

三、次の各設問に答えよ。

問一　（1）から（3）に入る語句を語群の中から選べ。

俳句、短歌ともに（　1　）の一種である。俳句の中で、自由な韻《いん》律《りつ》のものを（　2　）という。

また、短歌では「チャイムの轟音《ごうおん》なる昼下がり定食ねらうオオカミの群れ」のように（　3　）を使い、効果を上げることも多い。

語群　自由詩　定型詩　自由律俳句　季語　暗喩　直喩

問二　次の俳句について答えよ。

そら豆はまことに青き味したり　細見綾子《あやこ》

①　季語を答えよ。

②　鑑賞文として適当なものを選べ。

ア　味覚を視覚的にとらえている面白さがある。初夏の訪れを感じさせる。

イ　春先に豆がすうっと空に向かって伸びていく様子を大胆《だいたん》に詠《よ》んでいる。

ウ　秋を待って収穫《しゅうかく》したはずがまだ熟しておらず、その苦さに困っている。

エ　豆の持つ青臭《くさ》さに少し戸惑いながらも、春の到来を楽しみにしている。

四、次の傍線部の漢字の読みをひらがなで、カタカナは漢字に直して答えよ。

①　悪寒がする。　②　外科を訪れる。

③　直ちに帰れ。　④　白桃を食べる。

⑤　書類を添付する。　⑥　ユニュウに頼る。

⑦　ソッセンして働く。　⑧　シュッパン社に勤める。

⑨　電気をオびる。

⑩　ご用件はショウチしました。

五、各設問に答えよ。

問一　次の（1）から（5）に入る語句を語群より答えよ。

（　1　）はまず付属語と（　2　）に分けられる。さらにそれぞれ（　3　）がないか、あるかによって分けられる。（　4　）は（　2　）で（　3　）がある。例えば「すずしい」は（　2　）で（　5　）が変わる。

語群　主語　自立語　単語　活用　活用形

語形　形容詞　名詞

問二　次の傍線部は連体詞、動詞のうちのどちらか。連体詞なら○、動詞なら×の時、その組み合わせとして正しいものを選択肢から選べ。

①　家の近くに駅がある。

②　ある駅で待ち合わせをした。

問一 ――部1「設立願いの書類を握りしめて」とあるが、その時の心情を選択肢から選べ。

ア 不安　イ 決意　ウ 怒り　エ 悲しみ

問二 ――部2「ぷちんと糸が切れたように」で使われていない修辞法を選択肢から選べ。

ア 擬《ぎ》音語　イ 直喩《ゆ》　ウ 倒置法

問三 （①）に入る語句を選択肢から選べ。

ア 緊張感　イ 満腹感　ウ 期待感　エ 不安感

問四 ――部3「それ」の指す語句を次の文の傍線部から選び、選択肢から選べ。

ア大通りを　出て　いつの間にか　イ漁港に　沿った　ウ道に　出ていた。　エ電車の線路　沿いに　走ったら　オ小さな踏切が　あった。

問五 ――部4「パラレルワールド」の語句の意味を選択肢から選べ。

ア 並行して存在する別の世界　イ 想像力で作り上げた世界

ウ 幸福感に満ちあふれた世界　エ よくやるゲームの中の世界

問六 〰〰部1「女子ボート部を作りたいんです。」というきっかけとなった過去の出来事は何か。選択肢から選べ。

ア 家出をした時、海でボートとそれを漕ぐ人を見かけたこと。

イ 家出をした時、ボートが浮かぶ海の様子を眺めていたこと。

ウ 家出をした時、見慣れない土地の風景に心細くなったこと。

エ 家出をした時、家族が誰も自分の心配をしなかったこと。

問七 〰〰部2「呑気な青空」がなぜ「家出日和」なのか、その理由を選択肢から選べ。

ア 騒《さわ》がしい都会とは違い、普段とは変わらない景色だから。

イ 久しぶりの青空で、近所の人も穏やかな気持ちになるから。

ウ 天気を気にすることなしに、どこでも出かけられるから。

エ 春の柔らかな日差しの中で、少し寂《さび》しげな気がするから。

問八 〰〰部3「自分も溶けてみたくなるような」とある。その心情を選択肢から選べ。

ア 自分もその風景の一部になりたい。

イ 自分も世界から切り離されたい。

ウ 無邪気《むじゃき》だった幼い頃に戻りたい。

エ 自分も水平線のかなたへ消えたい。

問九 本文の特徴を書いてある文を選択肢から選べ。

ア 中学時代は具体的な表現、高校入学後は抽象《ちゅうしょう》的な表現を用いている。

イ 短文の連続でスピード感があり、変化の多い年ごろを表現している。

ウ 色や音をたくさん使うことで、主人公の性格を明るく見せている。

エ 心理描写を抑えることで、孤独な思春期を送る様子を示している。

問十 この文章全体の内容について最も適切に説明した文を選択肢から選べ。

ア 高校入学前後の思春期の不安と期待の入り混じった日々を淡々と描いている。

イ 主人公が家出を実行しても気づかれないという寂しい家族関係を

が「昼飯ぜえ」と階下から呼んだ。ばあちゃんは裏に住んでいた。商売で忙しい母と伯母《おば》に代わって、ばあちゃんが賄《まかな》いをやって、みんなで食べるのが習慣だ。ばあちゃんは昔、じいちゃんと食堂をやっていたので料理がうまい。誰が決めたわけでもないけど、昼はいつもうどんに決まっていた。じゃこ天を乗せたあつあつのうどんを食べると、自転車に乗って出かけることにした。お金など持っていないのだから贅沢《ぜいたく》はできない。自転車で出かけたって家出は家出だ。両親も隣の伯母夫婦も悦子が出ていくのを見ていたが気にもとめない。なんだかちょっとだけ悲しかった。

外に出て目をあげると、頭の上に2呑気《のんき》な青空が広がっていた。まさに家出日和《びより》だ。海にしようか山にしようか迷ったが、山道で日が暮れるとタヌキに化かされそうなので海にした。悦子の住む町は四国にあるこぢんまりとした都市、松山の郊外《こうがい》にあった。適当に田舎で海も山も温泉も近い。デパートやビルの並ぶ中心街から自転車を三十分もこげば、田圃《たんぼ》の広がる農村に出る。だいたいこっちの方角だろう、とあたりをつけてペダルをふんだ。麦畑の脇道をどんどん走ると見慣れない町に出た。その風景の中にまだ海の気配はなかった。心細かった。やけになってひたすら進んでいると、大通りに出て、いつの間にか漁港に沿った道に出ていた。電車の線路沿いに走ったら小さな踏切があった。3それを越えて軒先《のきさき》に洗濯物がひらひらしている民家の間の細い道で自転車を降り、押して歩いていくと潮の香りがした。民家の終わりには壊れそうな木造の掘建《ほった》て小屋があった。片方は二階屋で片方は平屋だった。何かの倉庫のようにも見えた。砂浜に立ってぼんやりしていた。興居島《ごごしま》へ渡る定期船がゆっくりと海の上を滑っていった。海岸の向こうは遊園地のある梅津寺《ばいしんじ》である。護岸壁《ごがんへき》に沿って桜が嬉《うれし》そうに咲いていた。その護岸壁の前から、細長い四人漕《こ》ぎのボートが悦子の方に向かってきた。後ろに座った人が何か怒鳴っていた。先の赤いオールが海面をはねて白い飛沫《しぶき》があがる。悦子は進むボートから目が離せなかった。ボートは悦子の目の前を通り過ぎた。逆光になってボートと人が溶けてシルエットになった。それは3自分も溶けてみたくなるような濃いセピアの影だった。ボートは二回、海岸に平行に往復し、やがて興居島のほうへ去った。

ボートが見えなくなったあと、悦子は梅津寺の駅の下の行き止まりまで歩いた。それがどんなものなのかわからないけど、なんだかボートっていいなあと思った。しばらく砂浜に座っていたけど、まだボートは帰ってこなかった。引いては寄せる波をじっと見ていた。いつの間にか太陽は夕日の赤に変わっていた。波があちこちで金色に輝いて、海の果ては朱色《しゅいろ》に染まりかけている。心のシャッターを切り、残照の海を目に焼きつけて、悦子は立ち上がった。

ペダルをふんでいるうちに、あたりは暗くなった。一度は見たことのある場所なのに次元の違う4パラレルワールドみたいだった。今いる世界の軸が本当にずれてしまったのかもしれなかった。大事件は音もなく起こるものなのだ。

ばあちゃんの茶の間でいつものように両親と伯母夫婦が食事していた。遅かったねとも、どこへ行っていたんだとも聞かれなかった。時計を持っていなかったので長い間そうしていたと思っていたが、実際はそれほどたっていなかった。半日だけの家出だけど悦子には意味のある一日だった。戻る場所があるから冒険《ぼうけん》は成立するのかもしれないと思った。

（「がんばっていきましょい」敷村良子　幻冬舎文庫）

「お前、バドミントン部じゃなかったんか」

「やめました。ボート部は女子部がないから、あきらめとったんですけど、やっぱりやりたいんです」

自分の本気を伝えるために一時間かかった。どうしてこんなにむきになっているのか自分でもよくわからない。県内の高校の競技ボートは女子はナックル・フォアだけである。四人の漕ぎ手と舵《かじ》をとるコックス、最低あと四人メンバーが必要だった。自分の他にはまだ誰もいない。道は見えなかったが、やってみるしかない。クマに渡された1設立願いの書類を握りしめて、また悦子は走った。

*

高校入試の合格発表は見に行かなかった。どうせ落ちると思い込んでいた。落ちたってかまうものか、中学浪人《ろうにん》なんかしないで潔く家業の洗《せん》濯《たく》屋を手伝えばいいと思った。

卒業式から合格発表までは、手伝っても小遣《こづか》いももらえなかったが店番をした。ワイシャツの襟《えり》を洗うのを手伝おうとしたら、父に触るなと怒鳴られた。姉にはときどき手伝わせていたが、悦子は不器用で乱暴だから触らせてくれない。母の姉夫婦は隣で花屋をやっている。子供がいないのでここを継ぐ手もある。私立高校は、（中略）特待生で合格していた。京都の大学に進学した姉の仕送りをどうやってやりくりするか、毎晩、夫婦してため息をついている両親には、学費免除《めんじょ》の特待生で私立に通う方が嬉《うれ》しいだろう。そうこうしているうちに発表の日になった。翌朝の新聞で自分の合格を知った。嬉しくも悲しくもなかった。ただひたすら、ほっとした。2ぷちんと糸が切れたように気持ちが漂《ただよ》っていた。

一日かけて部屋の大掃除をした。風呂《ふろ》の焚《た》き口で問題集や模擬《もぎ》試験のテスト用紙をみんな燃やしたら、なんだか気分がすっきりした。せっかくだから昼間から風呂に入ってやった。

次の日はずっと我慢してためていたマンガを読んだ。中学時代に愛読した『ベルサイユのばら』も一巻から読み返した。オスカルとアンドレが結ばれる場面は何度読んでも胸の奥がペンで突かれたようにずきっとして涙《なみだ》があふれた。三日目は一日中テレビを見てやった。朝六時のニュースから最終までつきあうと、脳が思考を停止してしまいそうだった。

四日目はやりたいことを思いつかなかったので、気のすむまで眠ってやろうと思った。朝食を食べ、すぐに二階の自分の部屋にこもった。隣の部屋は姉が使っていたが、アルバイトで忙《いそが》しく帰省していなかった。姉の気配のない二階はしんとして奇妙に静かだった。ベッドの上に横になると、全身の重力が吸収されて楽になったような気がした。開けた窓から風が吹き込んできた。風は透明でぴんと張りつめ、それが気持ちよかった。お腹《なか》もいっぱいだし、静かだし、眠りを邪魔《じゃま》するものは何もないのに眠くならない。どこからくるものなのか悦子にはわからなかったが、漠然《ばくぜん》とした（　①　）が石になって胃に詰《つ》まったようで重い。これから自分がどこへ運ばれていくのか見当もつかなかった。見えない先の暗闇《くらやみ》は、底のない井戸のようで、吸い込まれてしまいそうだった。エネルギーが澱《よど》んで、どこから出たらいいのか出口を失い、身体の中でぐるぐる回っていた。何もしなくても時間は過ぎていくのだなあ、と妙なことに感心した。三時間ほどじっとしていたが、馬鹿《ばか》馬鹿しく、やたらと虚しくなってきた。

そうだ、家出しよう。そう思いついたら急に腹が減った。ばあちゃん

ア　毛が逆立つ　イ　肌で感じる
ウ　体が続く　エ　身が持たない

問四　――部3「客観的」の対義語を漢字で答えよ。

問五　〰〰部1「立ち上がらんとする時」とあるが、どのような意味か。選択肢から選べ。

ア　立ち上がれなかった時　イ　立ち上がろうとする時
ウ　立ち上がった時　エ　立ち上がりそこねた時

問六　〰〰部2「吉兵衛さんは感じ取ったのでしょう。」とある。それがうかがえる部分を原文中から三十字以内で抜き出し、最初と最後の三字ずつで答えよ。（句読点を含む）

問七　〰〰部3「歩行のなめらかさ」は原文中では、どのように表現されているか。表現されている一文を抜き出して答えよ。（句読点を含む）

問八　〰〰部4の理由として適当なものを選べ。

ア　吉兵衛さんが実在した人物かどうかわからなく、不気味に感じられるから。
イ　女の描写が頭の先から草に隠れて見えない足の先まで語られているから。
ウ　吉兵衛さんの視点で描かれる状況が続き、最後までそれが変わらないから。
エ　吉兵衛さんが長いこと病気で最近まで生きていたと語られているから。

問九　この文章の主旨として、最も適当なものを選べ。

ア　筆録者の柳田は、読者が話をリアルに感じるようにあえて文語体で書いた。
イ　この話は、佐々木喜善が語った通りの言葉を伝承者の立場で柳田が書いた。
ウ　読者に怖ろしさを感じさせるよう誇張表現も混ぜてこの物語を柳田は書いた。
エ　柳田は村落の日常生活を生々しく伝えるためにすべての文を過去形で書いた。

二、次の文章を読み、各設問に答えよ。

（一部設問のため、文章の一部を省略している）

走っていた。歩いているつもりなのに走っていた。何か大きな力が背中を押していた。中庭の木々の青が匂《にお》った。トイレのスリッパの方がよく似合う学校指定の上履《うわば》きが、コンクリートの通路に薄く積もった砂をはねあげ、スカートの裾《すそ》が汚れているのがわかった。体育の教官室はグラウンドの横にあった。古い木造で階段を上るとぎしぎしと音がする。悦子《えつこ》が教官室の戸を開けるとむっとする汗の匂いが鼻をついた。

「1女子ボート部、作りたいんです」

クマというあだ名の顧問《こもん》の先生はきょとんとしていた。

「どしたんぞ、お前。まあ、落ち着けや。何年何組の誰ぞ」

「一年六組の篠村《しのむら》悦子です」

放課後の校庭から野球部員の掛け声と小気味いいノックの音が聞こえた。

「ボート部はあるけど、女子の部はないぞ」

「知っとります。ほやけん、作りたいんです」

「極めてあでやかなる女にて」とまず全体的な印象を述べ、長い黒髪、稚児を結び付けている藤蔓で作った紐、ぼろぼろになった着物の裾、と次第に視線は上から下へと降りてゆき、笹に隠された足元に至って、その3歩行のなめらかさが尋常《じんじょう》ではないことを見て取った瞬間、全身の（　A　）ような恐怖を覚えることになります。そのような肌身に迫る恐怖を読者にまざまざと感じさせるような工夫が凝らされているのです。

この話を柳田に伝えた佐々木喜善が、このような文語体で語ったはずはありませんから、文章から伝わってくるこうした感触は、語り手の生《なま》な語りとは関係がありません。この話の持っている怖さを、登場人物である吉兵衛さんがその時に感じた恐怖を、どのように表現したら読者に伝わるのか、そのことを深く考え、計算した上で工夫された文章から生み出される効果なのです。

こうして吉兵衛さんが目撃したことを、吉兵衛さんの目を通して記した後、「此人は其の折の怖ろしさより煩ひ始めて」というところで記述の視点は吉兵衛さんから離れ、怖ろしさのあまり吉兵衛さんが病気になりやがて亡くなったというその後の経緯は、出来事から離れた位置から3客観的に述べられることになります。しかし、まだ安心はできません。「久しく病みてありし」とあるから、出来事自体はかなり以前の過去の出来事ということになりますが、「近き頃亡せたり」と結ばれているということは、最近まで吉兵衛さんは生きていたということになり、直接体験した吉兵衛さんが最近まで現存していたということは、4吉兵衛さんが体験した不思議な出来事も紛れもなく実際にあったことなのではないかという疑いが強まるのです。そこで読者は、自分自身が体験したような気持ちになって読んできた不思議な出来事を、過去に現実にあったこととして、もう一度まざまざと実感することになるでしょう。

ここでもまた、そうした伝承の経路を書きこむことで生み出される効果が周到に計算されています。

このような話を読んでいると、出来事の不思議さだけではなく、村落共同体の中で暮らしている人々の生活の雰囲気が生き生きと伝わってきます。そこに『遠野《とおの》物語』の大きな魅力《みりょく》があるわけですが、そうした生き生きとした生活の場における出来事として語られるからこそ、これらの怪談《かいだん》めいた話はいっそう怖いのです。話そのものとしてはどこにでもあるような話であっても、描き方によってはぞっとするよう強い印象を読者に与えることができる、そこに文章というものの不思議さがあります。

おそらく、筆録者である柳田国男は、佐々木喜善という青年が語った話を忠実に書きとめようとしたのではなく、こうした話が語り伝えられている遠野の村々の雰囲気を都会人がリアルに感じ取れるように再現するにはどのような書き方をすればよいのか、じっくりと思いをめぐらしたのだと思います。その結果、一語一語が吟味《ぎんみ》され、このような文体の文章として書き表されたのです。

（後略）

（『高校生からの古典読本』平凡社
岡崎真紀子、千本英史、土方洋一、前田雅之編著）

問一　――部1「風の吹き渡るに」とあるが、どのような様子で吹いたのか。解説文より五文字以内で抜き出し答えよ。

問二　――部2「亡せたり」の現代語訳を解説文より抜き出して答えよ。

問三　（A）に入る表現として、適当なものを選べ。

【国　語】（五〇分）〈満点：一〇〇点〉

一、次の文章を読み、各設問に答えよ。

山口村の吉兵衛《よしべえ》と云《い》ふ家の主人、根子立《ねっこだち》と云ふ山に入り、笹《ささ》を苅《か》りて束と為《な》し、担《かつ》ぎて1立ち上がらんとする時、笹原の上を1風の吹き渡るに心付きて見れば、奥の方なる林の中より、若き女の稚児《おさなご》を負ひたるが、笹原の上を歩みて此方《こなた》へ来るなり。極めてあでやかなる女にて、これも長き黒髪《くろかみ》を垂れたり。児を結び付けたる紐《ひも》は藤《ふじ》の蔓《つる》にて、着たる衣類は世の常の縞物《しまもの》なれど、裾《すそ》のあたりぼろぼろに破れたるを、色々の木の葉などを添へて綴《つづ》りたり。足は地に着くとも覚えず。事も無げに此方に近より、男のすぐ前を通りて、何方へか行き過ぎたり。此人《このひと》は※1其《そ》の折《おり》の怖ろしさより※2煩《わずら》ひ始めて、久しく病みてありしが、近き頃2亡せたり。

※1　其の折――その時　※2　煩ひ――苦しみ

山口村の「吉兵衛」という家（原文についている注によると、この家の当主は代々「吉兵衛」という名前を世襲することになっていたそうなので、村の中でも格の高い農家と考えられます）の主人が、笹を刈るために山へ入ったとき、山女のような不思議な女に行き会うという怖い体験をしたという話です。笹は、加工してさまざまな生活用具を作るのに使う身近な植物です。だから笹を刈りに山へ入るのは、生活必需品《ひつじゅひん》を手に入れるために日常的に行っている営みだったのでしょう。「笹を刈りて束と為し、担ぎて立ち上がらんとする時」という表現には、そうした日常的な営みに従事していた吉兵衛さんの、いかにも物慣れた所作が読み取れるようです。

そのとき、笹原の上を風がざあっと吹き渡っていった。夢中で作業をしていた吉兵衛さんが、ふと顔を上げると、こんな山中で出会うはずのない美しい女の人が、それこそ風のようにこちらへ近づいて来るのが見えた。稚児を背負っているのだから、何か特別の用事があってたまたま山に入っていたということはありえません。その地に根を下ろして生活しているという実感があります。2そういう事態の異常さを、吉兵衛さんは一瞬にして感じ取ったのでしょう。

ここには、日常的に繰り返されている生活の延長線上で、まったく異常な、非日常的な出来事に突然遭遇してしまうという怖さがあります。

その女が登場する場面がどのように描かれているか、もう少し細かく見てみましょう。「若い女がこちらへ歩いてきた」とは書かれていません。「……来るなり」と、現在形で書かれています。つまり、「心付きて見れば」というところから、出来事をとらえる視点は登場人物である吉兵衛さんに同化して、若い女の姿は吉兵衛さんの目を通して、今まさに自分の前に展開している光景として描かれているのです。このあと女の描写の中で繰り返される「たり」「たり」という文末表現も、「～している」という意味で、今まさに見えていることを現在進行形で実況しているような語り口だといえます。こうした文章を読んでいると、知らず知らずのうちに読者も文中の吉兵衛さんに一体化して、自分が吉兵衛さんになったような気持ちになります。そこでの女の描写が具体的であればあるほど、今目の前で起こっている信じられないような出来事をどうにも否定のしようがないという恐ろしさを、読者は感じることになります。

MEMO

大切なことはメモしておこうネ！

2021年度

解　答　と　解　説

《2021年度の配点は解答欄に掲載してあります。》

＜数学解答＞

Ⅰ　①　-100　②　$\frac{12}{5}$　③　$20x^2y$　④　$5\sqrt{2}$　⑤　$7a^2+b^2$　⑥　$2(x-2)(x+6)$

Ⅱ　①　$x=13$　②　$x=4,\ y=1$　③　$x=-9,\ 4$　④　$x=\frac{5\pm\sqrt{17}}{4}$

Ⅲ　①　$a=5,\ 10,\ 13,\ 14$　②　4000　③　$x=4$　④　1　⑤　$4\sqrt{3}\pi$　⑥　3

⑦　$\frac{45}{2}\mathrm{cm}^3$

Ⅳ　ア　$x+y=35$，イ　$4.5x+7y=175$　合計金額　3780円

Ⅴ　①　15個　②　$\frac{1}{9}$　③　$\frac{5}{12}$

Ⅵ　①　$a=-\frac{1}{4}$　②　$(-4,\ -4)$　③　42π

○配点○

各4点×25（Ⅱ②・③，Ⅲ①各完答，Ⅳア・イ各2点）　計100点

＜数学解説＞

本　Ⅰ　（数・式の計算，平方根の計算，式の展開，因数分解）

①　$13\times(-7)-9=-51-9=-60$

②　$-0.1+\frac{1}{2}\div\frac{1}{5}=-\frac{1}{10}+\frac{1}{2}\times5=-\frac{1}{10}+\frac{5}{2}=-\frac{1}{10}+\frac{25}{10}=\frac{24}{10}=\frac{12}{5}$

③　$8x^3\div2xy\times5y^2=8x^3\times\frac{1}{2xy}\times5y^2=20x^2y$

④　$\frac{\sqrt{56}}{\sqrt{7}}+\sqrt{18}=\sqrt{\frac{56}{7}}+3\sqrt{2}=\sqrt{8}+3\sqrt{2}=2\sqrt{2}+3\sqrt{2}=5\sqrt{2}$

⑤　$(3a+b)^2-2a(a+3b)=(3a)^2+2\times3a\times b+b^2-2a^2-6ab=9a^2+6ab+b^2-2a^2-6ab=7a^2+b^2$

⑥　$2x^2+8x-24=2(x^2+4x-12)=2(x-2)(x+6)$

本　Ⅱ　（1次方程式，連立方程式，2次方程式）

①　$x-4=\frac{2x+1}{3}$　両辺を3倍して，$3x-12=2x+1$　$3x-2x=1+12$　$x=13$

②　$3x-4y=8$…（ⅰ）　$x+2y=6$…（ⅱ）　（ⅰ）＋（ⅱ）×2から，$5x=20$　$x=4$　これを（ⅱ）に代入して，$4+2y=6$　$2y=2$　$y=1$

③　$x^2+5x-36=0$　$x^2+(9-4)x+9\times(-4)=0$　$(x+9)(x-4)=0$　$x=-9,\ 4$

④　$2x^2-5x+1=0$　二次方程式の解の公式から，$x=\frac{-(-5)\pm\sqrt{(-5)^2-4\times2\times1}}{2\times2}=\frac{5\pm\sqrt{17}}{4}$

Ⅲ　（平方根，因数分解を利用した計算，2次方程式，空間図形の計量問題，中点連結の定理）

①　$14-a=k^2$（kは整数）のとき$\sqrt{14-a}$は整数になる。aは正の整数から，$0\leqq\sqrt{14-a}<14$　よって，$k=0,\ 1,\ 2,\ 3$　したがって，$a=14-k^2$から，$a=5,\ 10,\ 13,\ 14$

② $1001^2-999^2=(1001+999)(1001-999)=2000\times2=4000$

③ $x^2+ax-4=0$に$x=-1$を代入すると，$(-1)^2+a\times(-1)-4=0$　$1-a-4=0$　$a=-3$
$x^2-3x-4=0$　$(x+1)(x-4)=0$　$x=-1,\ 4$　よって，もう1つの解は，4

④ $4<5<9$から，$\sqrt{4}<\sqrt{5}<\sqrt{9}$，$2<\sqrt{5}<3$　よって，$\sqrt{5}$の整数部分は2だから$a=\sqrt{5}-2$
したがって，$a^2+4a=a(a+4)=(\sqrt{5}-2)(\sqrt{5}-2+4)=(\sqrt{5}-2)(\sqrt{5}+2)=5-4=1$

⑤ 球の半径をrとすると，$4\pi r^2=12\pi$　$r^2=3$　$r>0$から，$r=\sqrt{3}$
よって，この球の体積は，$\frac{4}{3}\pi\times(\sqrt{3})^3=4\sqrt{3}\pi$

⑥ 直線EFとDCとの交点をGとする。中点連結の定理より，$\mathrm{EG}=\frac{\mathrm{BC}}{2}=\frac{10}{2}=5$
$\mathrm{FG}=\frac{\mathrm{AD}}{2}=\frac{4}{2}=2$　よって，$\mathrm{EF}=5-2=3$

⑦ 立方体ABCD－EFGHの体積は，$3\times3\times3=27$　三角すいB－EFGの体積は，
$\frac{1}{3}\times\frac{1}{2}\times3\times3\times3=\frac{9}{2}$　よって，点Dをふくむ立体の体積は，$27-\frac{9}{2}=\frac{54-9}{2}=\frac{45}{2}(\mathrm{cm}^3)$

Ⅳ （連立方程式の応用問題）

枚数の関係から方程式を立てると，$x+y=35$…ア　重さの関係から方程式を立てると，$4.5x+7y=175$…イ　ア×7－イから，$2.5x=70$　$x=28$　これをアに代入して，$28+y=35$　$y=7$
よって，求める合計金額は，$10\times28+500\times7=3780$(円)

Ⅴ （確率）

① －10，－8，－6，－4，－3，－2，－1，1，3，4，5，6，8，10，12の15個

② さいころの目の出方は全部で，$6\times6=36$(通り)　そのうち，$p=3$となる場合は，(1，4)，(3，6)，(4，1)，(6，3)の4通り　よって，求める確率は，$\frac{4}{36}=\frac{1}{9}$

③ Pが負の数となる場合は，(1，1)，(1，3)，(1，5)，(2，3)，(2，5)，(3，1)，(3，2)，(3，3)，(3，5)，(4，5)，(5，1)，(5，2)，(5，3)，(5，4)，(5，5)の15通り　よって，求める確率は，$\frac{15}{36}=\frac{5}{12}$

Ⅵ （図形と関数・グラフの融合問題）

基本 ① $y=ax^2$に点Aの座標を代入すると，$-1=a\times2^2$　$4a=-1$　$a=-\frac{1}{4}$

② $y=-\frac{1}{4}x^2$…(ⅰ)　直線ℓの式を$y=px-2$として点Aの座標を代入すると，$-1=p\times2-2$
$2p=-1+2=1$　$p=\frac{1}{2}$　よって，直線ℓの式は，$y=\frac{1}{2}x-2$…(ⅱ)　(ⅰ)と(ⅱ)から，yを消去すると，$-\frac{1}{4}x^2=\frac{1}{2}x-2$　$-x^2=2x-8$　$x^2+2x-8=0$　$(x+4)(x-2)=0$
$x=-4,\ 2$　$x=-4$を(ⅰ)に代入して，$y=-\frac{1}{4}\times(-4)^2=-4$　よって，B$(-4,\ -4)$

重要 ③ 直線ℓとx軸との交点をEとする。(ⅱ)に$y=0$を代入すると，$0=\frac{1}{2}x-2$　$\frac{1}{2}x=2$
$x=4$　よって，E(4，0)　$\mathrm{EC}=4-(-4)=8$，$\mathrm{ED}=4-2=2$　求める体積は，底面の円の半径がBCで高さがECの円すいの体積から，底面の円の半径がADで高さがEDの円すいの体積をひいたものになるから，$\frac{1}{3}\times\pi\times4^2\times8-\frac{1}{3}\times\pi\times1^2\times2=\frac{128}{3}\pi-\frac{2}{3}\pi=\frac{126}{3}\pi=42\pi$

★ワンポイントアドバイス★

Ⅲ①は，$\sqrt{14-a}$は整数であることと，aは正の整数という条件を見逃さないように気をつけよう。

＜英語解答＞

Ⅰ・Ⅱ　リスニング問題解答省略

Ⅲ　(a)　(S)ummer　(b)　(S)eptember　(c)　(t)all　(d)　(f)amily
(e)　(S)aturday

Ⅳ　(a)　ago　(b)　spoken　(c)　how　(d)　have　(e)　made

Ⅴ　(a)　D　(b)　D　(c)　C　(d)　A　(e)　A

Ⅵ　(2番目，4番目の順)　(a)　1，3　(b)　4，2　(c)　3，1　(d)　1，4　(e)　4，1

Ⅶ　A.　(a)　B　(b)　A　B.　(a)　C　(b)　B　C.　(a)　A　(b)　B

Ⅷ　(1)　C　(2)　A　(3)　D　(4)　E　(5)　B

Ⅸ　(a)　緑　(b)　C　(c)　A　(d)　C　(e)　D　(f)　A　(g)　washes
(h)　(1)　×　(2)　○

○配点○

各2点×50(Ⅵ各完答)　計100点

＜英語解説＞

Ⅰ・Ⅱ　リスニング問題解説省略。

Ⅲ　(語句補充問題：名詞，形容詞)

基本　(a)「夏」という意味の名詞が入る。

(b)「9月」という意味の名詞が入る。

(c)「背が高い」という意味の形容詞が入る。

(d)「家族」という意味の名詞が入る。

(e)「土曜日」という意味の名詞が入る。

Ⅳ　(書き換え問題：副詞，受動態，不定詞，動詞，SVOC)

(a)「この学校は89歳です。」→「この学校は89年前に建てられました。」 現在からみて「～前」と過去のことを表す時には ago を使う。

(b)「オーストラリアでは何語を話しますか。」→「オーストラリアで話される言語は何ですか。」過去分詞は「～される」という意味を表す。

(c)「私はこの機械を使えません。」→「私はこの機械の使い方を知りません。」〈how to ～〉で「～する方法(仕方)」という意味を表す。

(d)「日本では6月に多く雨が降ります。」→「私たちは日本で6月に多くの雨を持ちます。」「多く雨が降る」という意味を表す時は，〈We have much rain〉や〈It rains much〉という表現を使う。

(e)「彼女はなぜそんなに幸せだったのですか。」→「何が彼女をそんなに幸せにしたのですか。」〈make A B〉で「AをBにする」という意味になる。

Ⅴ （語句補充問題：動詞，比較，代名詞，不定詞，受動態）

基本 (a) 「誰がこの富士山の写真を撮りましたか。」 疑問詞の who が主語になっているので，直後に動詞の過去形を置く。

(b) 「ジェーンは5人の中で一番上手に泳げます。」 最上級の文なので〈the ＋最上級形〉の形になる。well は better － best と変化する。

(c) 「私は3頭の犬を飼っています。私は毎日それらと遊びます。」 dogs を受けるので they となり，前置詞の後に置くので目的格になる。

(d) 「あなたは何か読むものを持っていますか。」 不定詞の形容詞的用法は「～するべき，～するための」という意味を表す。

(e) 「その手紙は彼女によって書かれました。」 受動態の文なので〈be動詞＋過去分詞〉という形にする。

Ⅵ （語順整序問題：現在完了，命令文，進行形，不定詞，接続詞）

(a) (How) long has Paul been (in Fujisawa?.) 〈have been in ～〉で「～にずっといる」という意味になる。

(b) (Please) say hello to your mother(.) 〈say hello to ～〉で「～によろしく伝える」という意味になる。

(c) (A girl) with red hair was playing (in the park.) 進行形の文なので〈be動詞＋～ ing〉の形にする。

(d) It is important for you to (do your best.) 〈it is ～ for S to …〉で「Sが…することは～である」という意味になる。

(e) (I want you to be careful) when you travel alone(.) 「～時」という意味を表す when を使う時は，その後に「主語＋動詞」を置く。

Ⅶ （読解問題：内容吟味）

A.

(a) 「この情報はどこで一番よく見られるか。」 案内の最後に「カモメ私立図書館」とある。
A「市立病院」 B「市立図書館の入口」 C「携帯電話ショップ」 D「ホテルやレストランでの受付」

(b) 「システムに登録するには何が必要か。」 登録をするにはQRコードを読み取るとある。

A「カメラつきのスマートフォン」 B「ノートパソコン」 C「電話番号」 D「入場券」

B.

朝霧湖，カモメ自然公園
御来園者への重要なお知らせ

開園時間の
一時的な変更について

コロナウイルスに関する現在の状況によって，開園時間は5月31日まで一時的に変更されました。朝霧湖の全施設に関する詳細は以下を御覧ください。

■開園時間

	レイク・パーク（駐車場，トイレ，高架木道）	図書館	ヴィジター・センター（店，カフェL.O.は午後4時まで）
3月1日―5月31日	午前10:00―午後4:30	午前10:00―午後4:30	午前10:00―午後4:30
6月1日―8月31日	午前9:00―午後6:30	午前9:00―午後6:00	午前9:00―午後5:00

■地上遊歩道

・	ガイド付きツアーの時間		ガイド付きツアーの予約
	ロング・ルート（3時間）	ショート・ルート（90分）	
3月1日―5月31日	中止	午前10:00―午後2:00（30分毎にスタート）	事前予約のみ

※地上遊歩道に来られる方は皆ガイド・ツアーに参加してください。
※ガイド付きツアーは公式ウエブサイトから御予約ください。
※6月1日以降のスケジュールは未定です。
ご理解とご協力をお願いします。

連絡先
朝霧湖ヴィジター・センター
電話：0052-34-2232　URL:http://www.asagirilakes.com

(a) 「このポスターは何のためのものですか。」 ポスターには，自然公園の開園時間，閉園時間の変更について書いてある。 A 健康と安全のためにお客様に家にいてもらうよう頼むため。 B 湖に来るお客様をより多くひきつけるため。 C 公園の開園時間と閉園時間をお客様に知らせるため。 D お客様に対して来る前に湖についてもっとよく勉強してもらうよう忠告するため。

(b) 「ガイド・ツアーに参加するには客は何をするべきか。」 ポスターには，ガイド付きツアーは公式ウエブサイトから御予約ください，と書いてある。「出かける前に私たちのウエブサイトを見てください」と書かれている。 A ガイド付きツアーに参加するためにヴィジター・センターに行く。 B 公園の公式サイトに入ってツアーを予約する。 C 地上遊歩道に行く。 D 電話をかけてヴィジター・センターに連絡する。

C.

こんにちは，私はトモミです。私は高校生です。私は英語の授業でプレゼンテーションをします。私は「4月ではなく9月に学校を始めるのに賛成ですか，反対ですか」について話します。ここに私のスピーチ原稿とグラフがあります。スピーチを書くのは大変ですが，ベストを尽くします。幸運を祈ってください。

学校の閉鎖が園長され，生徒たちはオンライン授業にうんざりしているのにつれて，オンラインサイトによって行われた最近の世論調査によると，日本での学校の1年の開始時期を4月から9月に変えることに関する意見は生徒たちを二分しています。グラフ1を見てください。約4万人の日本の高校生が「学校を4月ではなく9月に始めることに賛成しますか？」と尋ねられて，18%の生徒が学校の1年が9月に始まるという考えに賛成しました。

もし学校が9月に始まると，生徒たちは多くのことが心配になります。グラフ2を見てください。生徒たちの半分がもっと多くのお金が必要になることを心配しています。私立の学校で学ぶ16歳の少女は，「両親に悪いと思う。」と言いました。ほぼ同じ数の生徒たちは夏の高校野球選手権である「甲子園」を心配しています。夏には「インターハイ」もあります。野球チームに属している17歳の少年は，「真夏用の設定から変更しなければならなくなります。」と言いました。

学校の始りを4月から9月に移すことについて多くの意見があります。学生だけでなく大人にもというようにそれは社会に大きな衝撃を与えるでしょう。あなたの考えはどうですか。聞いてくれてありがとう。

グラフ1：9月に学校を始めることに賛成ですか。

絶体に賛成　18%　　どちらかといえば賛成　20.4%

どちらかといえば反対　10.2%　　絶体に反対　21.0%

どちらとも言えない　30.4%

グラフ2　もし学校が9月に始まったら，あなたは何が心配ですか。

W　50人　　X　40人　　Y　50人　　Z　30人

(a)「(ア)に数字を入れなさい。」 9月に学校を始めることに賛成する人たちの割合なので，Aが答え。

(b)「グラフ2において，『お金がもっと必要になる』と，『甲子園とインターハイ』について表している棒はどれか。AからDより一番よい組み合わせを選びなさい。」 両方の人の数は同数だったと言っているので，Bが答え。

Ⅷ　**(会話文問題：語句補充)**

ショウジ：リョウマ，疲れているみたいだけど，どうしたの？

リョウマ：(1)昨夜よく眠れなかったんだよ。面接試験に緊張しているんだ。

ショウジ：よし，一緒に練習しよう。あなたはなぜこの高校に入りたいのですか。

リョウマ：(2)商業科目を勉強したいからです。

ショウジ：それはいいですね。(3)どの部活に参加したいですか。

リョウマ：まだ決めていません。中学校では野球部にいましたが，何か新しいものをしてみたいです。

ショウジ：それはいい考えです。(4)今日はここにどうやって来ましたか。

リョウマ：電車です。20分ぐらいかかりました。

ショウジ：オッケイ。それで試験は終わりだよ。

リョウマ：どうだった？

ショウジ：(5)君の答えはいいと思うよ。上手にできると思うよ。頑張ってね！

リョウマ：ありがとう。全力を尽くすよ。

Ⅸ　**(長文読解問題・物語文：内容吟味，語句補充，指示語，語彙)**

(全訳) アンナは(1)幸運のジャケットを持っています。彼女がそれを身に着けているときはいつでも彼女には良いことが起こります。彼女は一度最終試験でそれを身に着けていたとき，彼女はクラスで(2)最高の成績を得ました！ ジャケットは黄色のストライプで緑です。アンナは決してそれを洗うことがないので，それは本当に臭います。彼女はジャケットを洗うと運が洗い流されるのではないかと恐れています。彼女はクローゼットにジャケットだけを入れています。クローゼットには他の服はありません。

アンナは仕事のために重要な面接を受けました。彼女は(3)それについて非常に緊張していました。彼女はジャケットを着たかったのですが，ジャケットはインタビューに適していませんでした。彼女は素敵な服を着る必要がありました。彼女は無地の灰色のセーターの下にジャケットを着ることにしました。(4)完璧な計画だと彼女は考えました。

アンナが面接会場に入ると，彼女は汗をかき始めました。彼女はなぜこんなに暑いのか不思議に思いました。彼女はヒーターがついてることに気づきました。彼女は面接官の向かい側に座りました。「アンナさん，あなたは汗をかいています。セーターを脱ぐべきです。」アンナは緊張して笑いました。「(5)私は脱がなくても大丈夫です。」と彼女は言いました。面接の終わりまでに，アンナのセーターには汗のしみがつきました。彼女は自信がないままインタビューを終えました。1週間後，アンナは社長から電話を受けました。社長は彼女に仕事を与えました！ 幸運のジャケットが(6)役に立ったのです！

(a)　第1段落の第4文に green とある。

(b)　直前に the があるので最上級の文だとわかるため，AとBは不適切。Dは成績の場合には使わないので，不適切。

(c)　直前の文の interview を指すので，Aが答え。A「大切な面接」，B「面接会場」，C「幸運のジャケット」，D「彼女の最終試験」

(d)　直前の文の内容を指す。セーターの下にジャケットを着るとあるので，Cが答え。

重要 (e)　アンナは面接会場で汗をかいていた。セーターを脱ぐように言われたが，脱ぐとその下にジャケットを着ていることを見られてしまうので，アンナは脱ぐわけにはいかなった。よって，Dが答え。

(f)　幸運のジャケットを着たことによってアンナは就職できたという内容なので，Aが答え。

(g)　「アンナのジャケットはなぜ本当に臭うのか。」 第1段落の第5文に「アンナは決してそれを洗うことがない」とあるので，washes が入る。

(h)　(1)「アンナのクローゼットには多くの種類の服がある。」 第1段落の最後の文の内容に合わないので，誤り。(2)「ヒーターがついていたので，面接会場は熱かった。」 第3段落の第3文の内容に合うので，正しい。

★ワンポイントアドバイス★

Ⅳの(a)では〈have been in ～〉が用いられている。関連するものとして〈have been to ～〉がある。これは経験用法で，「～に行ったことがある」という意味を表す。
(例) I have been to Australia.「私はオーストラリアに行ったことがある。」

＜国語解答＞

一　問一　ざあっと　問二　亡くなった　問三　ア　問四　主観的
問五　イ　問六　若き女～なり。　問七　足は地に着くとも覚えず。　問八　エ
問九　ア

二　問一　イ　問二　ウ　問三　エ　問四　オ　問五　ア　問六　ア　問七　ウ
問八　ア　問九　イ　問十　エ

三　問一　1　定型詩　2　自由律俳句　3　暗喩　問二　①　そら豆　②　ア

四　①　おかん　②　げか　③　ただ　④　はくとう　⑤　てんぷ　⑥　輸入
⑦　率先　⑧　出版　⑨　帯びる　⑩　承知

五　問一　1　単語　2　自立語　3　活用　4　形容詞　5　語形　問二　イ
問三　5　問四　①　ア　②　ウ　問五　イ　問六　①　ウ　②　オ　③　エ
④　イ　⑤　ア

○推定配点○

一　問一～問四　各2点×4　問六・問七　各4点×2　他　各3点×3
二　問一～問五　各2点×5　他　各3点×5　三　各2点×5　四　各1点×10
五　各2点×15　計100点

＜国語解説＞

一 （論説文－文脈把握，古文の口語訳，語句の意味，同義語・対義語，大意・要旨）

基本 問一 風については，解説文第二段落第一文に「そのとき…吹き渡っていった」と説明があるので，その部分にある「ざあっと」が正答。

問二 ――部2を含む「其の折」以降の解説は解説文第七段落にある。「『近き頃…』生きていたということになり」とあることから，ここで吉兵衛さんが亡くなったということを表しているとわかる。すると解説文第七段落第一文に「亡くなった」という言葉がある。

問三 A直後に「恐怖」とあることから，Aは恐怖を表す言葉であることがわかる。「毛が逆立つ」は「身の毛がよだつ」と同じ意味であり，全身の毛が逆立つような恐怖を感じるさま。イ「肌で感じる」は「実際に体験するなどして現実として感じるさま」，ウ「体が続く」は，「体を酷使しているにもかかわらず健康を害していないさま」，エ「身が持たない」は「体力や精神力が続かないさま」。

問四 「客観的」とは「第三者の立場から見て」という意味。対義語の「主観的」は「自分だけでそう思う」という意味。

問五 「立ち上がらんとする時」の「ん」には推量(～だろう)，意志(～しよう)などの意味がある。ここでは意志の意味で使われているためイが正答。また，「…とする時」なので過去を表す語はないが，ア・ウ・エはすべて「～た」と過去の要素が含まれている点からもイを選択できるとよい。

やや難 問六 〰〰部2「そういう事態」とは，解説文第二段落「こんな山中で…実感があります」を指す。こんな山中に生活している女がいるのは異常ということであり，原文では「若き女の…来るなり」の部分で女であること，稚児を背負っていることが描写されているので，その部分を抜き出す。

重要 問七 原文では「足は地に…行き過ぎたり」の部分に歩行に関する描写があるが，その中でも「なめらかさ」にあたるのは「足は地に…覚えず」の部分である。「足は地に着くとも思われない」と言う意味であり，女は浮いているようになめらかに行き過ぎたということである。

問八 〰〰部4の直前「直接体験した…ということは」に注目して解答する。吉兵衛さんが最近まで生きていたということが〰〰部4の根拠である。アは〰〰部4「紛れもなく実際にあったことなのではないか」と矛盾するため不適当。ウは解説文第七段落にある「出来事から離れた位置から客観的に述べられる」と矛盾するため不適当。

問九 イ，「佐々木喜善が語った通りの言葉を」が，解説文第六段落第一文全体と矛盾するため不適当。ウ，「誇張表現も混ぜて」は解説文第九段落「生き生きとした生活の場における出来事として語られる」と矛盾するため不適当。誇張表現が混ざっているならば「生活の場における出来事」とは言えない。エ，「すべての文を過去形で書いた」は解説文第四段落「現在形で書かれています」と矛盾するため不適当。

二 （小説－文脈把握，表現技法，指示語の問題，語句の意味，情景・心情，大意・要旨）

問一 ――部1直前に「道は見えなかったが，やってみるしかない」とあることから，イが正答。

問二 ア「擬音語」は「皿ががちゃんと割れる」「紙をぱらぱらとめくる」などのように，物事の音を言葉で表したものである。――部2「ぷちんと」が擬音語にあたる。イ「直喩」は「～ように／ような」という言葉を使って何かを他のもので喩える表現。「糸が切れたように」が直喩にあたる。ウ「倒置法」とは，「彼は明日旅立つと言った」という文を「彼は言った，明日旅立つと」のように述部を先に持ってくるなどして通常の順番とは逆にして印象付ける表現である。

基本 問三 ①直後に「これから…つかなかった」とあることから，そのような状態を指すエが正答。

問四　——部3はを含む一文に「それを越えて」とあるので，越えられるものであるオが正答。エと迷う受験生が多いかと思うが，線路を越えたのであればその後に踏切というより小さな単位のものが登場する理由がなくなるため不適当。

問五「パラレル」は英語で「並行」という意味。小説だけでなく，評論でも登場する可能性のある語句なので覚えておこう。

重要 問六　本文後半で悦子が「なんだかボートっていいなあと思った」という記述がある。これが悦子が女子ボート部を作りたいと思うようになったことのはじまりである。では何がそのきっかけかというと，この記述の前に「細長い四人漕ぎの…目が離せなかった」ある通り，ボートとそれに乗った人を見て非常に惹きつけられたことである。

問七　ア，「騒がしい都会とは違い」は，悦子の住む町について「適当に田舎」と表現されていることから不適当。イ，「近所の人も穏やかな気持ちに」なっている描写は本文中にないうえ，家出に近所の人が関係する根拠も本文中にないため不適当。エ，「寂しげ」であれば「呑気」という表現にはつながらないため不適当。「呑気」とは「のんびりしているさま」。

や難 問八　〰〰部3直前の「それ」は，直前の「逆光になってボートと人が溶けてシルエットになった」さまを指す。シルエットは「影」という意味で，ボートと人がひとつの影を作っているところに自分も溶けて混ざりたい，つまり自分もボートに乗ってみたいという心情が〰〰部3に表れているためアが正答。

問九　ア，「中学時代」とあるが，本文で描かれている過去は中学卒業後のことなので中学時代とは言えないため不適当。ウ，「色や音」に関する描写は確かに多くあるが，それらはあくまで主人公である悦子の見ている・聞いているものの描写が主であり，「主人公の性格を明るく見せている」ことにはつながっていないため不適当。エ，家出をするまでの内容だけでも「むきになっている」「ほっとした」「涙があふれた」「虚しくなってきた」などといった心理描写があり，「心理描写を抑え」ているとは言えないため不適当。

問十　ア，高校入学前で「不安」は描かれているが，「期待」についてはそのような描写はなく，むしろボートをやりたいという「決意」が描かれていると言えるため不適当。また，心理描写を多用していることから「淡々と」とも言えない。イ，出かける場面で「なんだかちょっとだけ悲しかった」，とあるが，ここから「寂しい家族関係」と断定するのは行き過ぎであるため不適当。「寂しい家族関係」であれば，そのような描写がより多く，詳しくされているはずである。また，帰宅してからも何も聞かれなかったという記述があるが，その理由は単に家出時間が「実際はそれほどたっていなかった」からである。ウ，家出は「日常」とは言えないため不適当。

三　(表現技法，和歌(短歌)，俳句・川柳)

問一　1，俳句は五七五，短歌は五七五七七と一定の「定まった型」があるので定型詩に分類される。2，俳句には「咳をしても一人」(尾崎放哉)など，五七五の型を破って「自由に詠む」ものもあり，これを自由律俳句という。3，「チャイムの轟音なる昼下がり」から，この短歌は学校での様子を描いていることがわかる。学校に「定食ねらうオオカミの群れ」がいることはまずありえないので，これは急いで食堂へと向かう生徒たちの様子を比喩的に表現したものである。比喩の中でも「太陽のような笑顔」などど「～のように／～のような」を使って喩えるものを直喩，この短歌のように「～のように／～のような」を使わずに喩えるものを暗喩または隠喩という。

問二　①，季語とは，俳句や連歌などの中で特定の季節を表す言葉のこと。季節に特有の自然や行事，身の回りの物など幅広く季語としてとらえる。この俳句では「そら豆」が，その旬である春・初夏を表す季語になっている。②，「そら豆」が「青き味」をしているということに注目する。味は味覚，色彩は視覚という別の感覚だが，「青き味」と感じているということは，熟しきっておらず若いそら豆を食べたということと推測できる。イ，「豆がすうっと空に向かって伸びていく様子」であれば，味覚ではなく視覚的な表現をすると思われるため不適当。ウ，そら豆は秋の季語ではないため不適当。エ，「春の到来を楽しみにしている」ということは冬の俳句ととらえていることになるが，そら豆は冬の季語ではないため不適当。また，「春の到来を楽しみにしている」描写も見られない。

四 （漢字の読み書き）

①「悪寒」の「悪」は「お」と読み，「憎悪」「嫌悪」などの熟語にも使われている。「あく」と読まないように注意。「悪寒」とは「発熱時などのぞくぞくする寒気」のこと。 ②「外科」の「外」は「げ」と読み，「外道」「外題」などの熟語にも使われている。 ③「直ちに」は「ただちに」と読み，「すぐに」という意味。 ④「白桃」は「はくとう」と読む。桃の一種である。桃にはほかに「黄桃(おうとう)」がある。 ⑤「ちょうふ」と読まないように注意。「ちょうふ」は「貼付」。 ⑥「輸入」の「輸」は「運輸」など主に何かを運ぶことに関して使われる。対義語は「輸出」。 ⑦「率先」の「率」は「率直」「統率」などの熟語にも使われ，「みちびく，つれていく」という意味。書き取りの際は「卒」と混同しないように注意。 ⑧「出版」の「版」は「板」と混同しないように注意。 ⑨「電気を帯びる」は「帯電」という二字熟語でも表せる。「帯びる」には他にも「丸みを帯びる」「熱を帯びる」などの言い方がある。 ⑩「承知」は中央の部分を「手」と書かないように注意。

五 （品詞・用法，文と文節，筆順・画数・部首，文学史，接続語の問題）

問一　単語は大きく分けて付属語と自立語に分けられる。付属語は他の単語の下について意味を添えるもの，自立語はそれ自体で意味のあるものである。「活用」とは下に続く語によって単語が語形変化することである，付属語と自立語にはそれぞれ活用があるものとないものがある。「すずしい」は物の性質や状態を説明する語なので形容詞に分類される。また，「すずしい」は自体で意味のある単語であり，「すずしく—ない」「すずしけれ—ば」のように活用する，つまり下に続く語によって語形が変化するものである。

問二　連体詞とは下に続く体言(＝名詞)の説明をする語である。よって，下に体言が続いている②・④が連体詞である。動詞の「ある」は「存在する」という意味。

問三　文節とは，文を細かく切った際に，言葉として不自然にならない程度に区切れる最小の単位であり，単語とは異なる。具体的には，文の中で「ネ(サ)」(文末は「ヨ」)を入れて読める箇所を1文節と数えるのが一般的である。すると，「日本の家庭的な料理の店を訪れる」は「日本のネ／家庭的なネ／料理のネ／店をネ／訪れるヨ」と分けられる。

基本　問四　「イ」のような形をしているものは「にんべん」であり，「人に関わること」を表す。

問五　小林一茶は江戸時代の俳人である。

重要　問六　①「偶然に」とあることからウが正答。 ②「約束した友人」とあることから，会う予定であったことがうかがえるためオが正答。 ③「ギターも」とあることから，加えて述べるエが正答。 ④ ピアノかギターの二者択一を求めていることからイが正答。 ⑤「宿題が終わった」ことと「明日から新学期」であることに論理的つながりはないため，新しい話題に切り替えるアが正答。

★ワンポイントアドバイス★

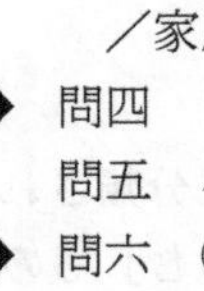

論説文は，筆者が何についてどのような説明をしているのかを整理しながら読み進めよう。小説は，登場人物の心情を心理描写や情景描写から読み取ろう。古文は，助動詞に注目して内容を正しく把握することを心がけよう。

2020年度

入　試　問　題

2020年度

藤沢翔陵高等学校入試問題

【数　学】（50分）　＜満点：100点＞

Ⅰ　次の問に答えなさい。

①　$-8-12\times 6$ を計算しなさい。

②　$0.5\div\left(-\frac{3}{2}\right)^2-\frac{5}{27}$ を計算しなさい。

③　$21b^3\div 49ab^2\times 14a^2$ を計算しなさい。

④　$\sqrt{3}(2+\sqrt{15})-\sqrt{12}$ を計算しなさい。

⑤　$(x+2)^2+(2x+1)(2x-3)$ を計算しなさい。

⑥　$3x^2-24x+45$ を因数分解しなさい。

Ⅱ　次の方程式を解きなさい。

①　$\frac{3}{2}(2x+5)-6x=8$

②　$\begin{cases}2x-3y=8\\x=-2y-3\end{cases}$

③　$x^2-11x+28=0$

④　$3x^2-9x+2=0$

Ⅲ　次の問に答えなさい。

①　ある正の数に３を加えてから２乗しなければならないところを，まちがえて３倍して２を加えたため，計算の結果は正しい答えより61小さくなった。この正の数を求めなさい。

②　グラフが２点（1，－４），（－2，２）を通る１次関数を求めなさい。

③　$\frac{\sqrt{3}}{\sqrt{2}}$，$\sqrt{6}$，$\sqrt{\frac{2}{3}}$ を小さい順に並べなさい。

④　Ｓ高校で６人の生徒が数学のテストを受験したところ，テストの点数はそれぞれ69，67，64，69，63，70であった。このテストの点数の平均値と中央値を求めなさい。

⑤　下の図で，点Ａ，Ｂ，Ｃが円周上にあるとき，$\angle x$ の大きさを求めなさい。

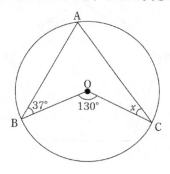

⑥　ある三角錐Ａと三角錐Ｂの相似比は２：３である。三角錐Ａの体積が16cm^{3}であるとき，三角錐Ｂの体積を求めなさい。

⑦　下の図のような１辺が４cmの立方体ABCD－EFGHがある。このとき，線分AGの長さを求めなさい。

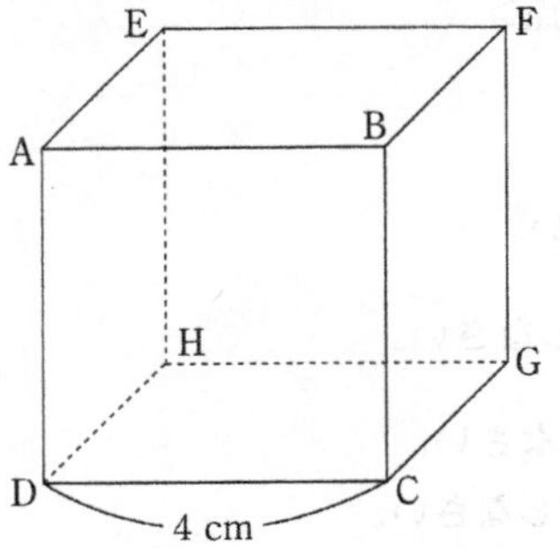

Ⅳ　S高校のあるクラスでは，文化祭で出店するために集金をしました。

500円硬貨，100円硬貨，50円硬貨の３種類の硬貨で集金したところ，100円硬貨の枚数は500円硬貨より５枚少なく，硬貨の合計枚数は55枚でした。また，合計金額は14000円になりました。

このとき，500円硬貨の枚数を x 枚，50円硬貨の枚数を y 枚として連立方程式をつくり，それぞれの枚数を求めなさい。

$$\begin{cases} \boxed{\qquad\qquad \text{ア} \qquad\qquad} \\ \boxed{\qquad\qquad \text{イ} \qquad\qquad} \end{cases}$$

Ⅴ　大小２つのさいころを投げるとき，次の問に答えなさい。

①　下の図のような正五角形ＡＢＣＤＥがある。点Ｐは頂点Ａから大きいさいころの出た目の数だけ頂点をＢ，Ｃ，Ｄ，Ｅ，Ａ，Ｂの順に移動する。点Ｑは頂点Ａから小さいさいころの出た目の数だけ頂点をＥ，Ｄ，Ｃ，Ｂ，Ａ，Ｅの順に移動する。このとき，点Ｐと点Ｑが同じ頂点にくる確率を求めなさい。

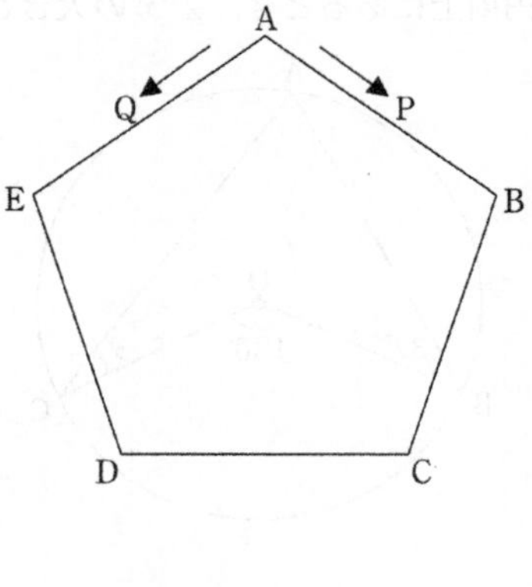

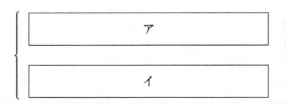

② 下の図のような立方体ＡＢＣＤ－ＥＦＧＨがある。点Ｐは頂点Ａから大きいさいころの出た目の数だけ頂点をＢ，Ｃ，Ｄ，Ａ，Ｂ，Ｃの順に移動する。

また，点Ｑは頂点Ｅから小さいさいころの出た目の数だけ頂点をＨ，Ｇ，Ｆ，Ｅ，Ｈ，Ｇの順に移動する。次の確率を求めなさい。

(イ) 線分PQと線分DHが平行になる確率（線分PQと線分DHが重なる場合をのぞくものとする。）

(ロ) 線分PQと線分DHがねじれの位置にある確率

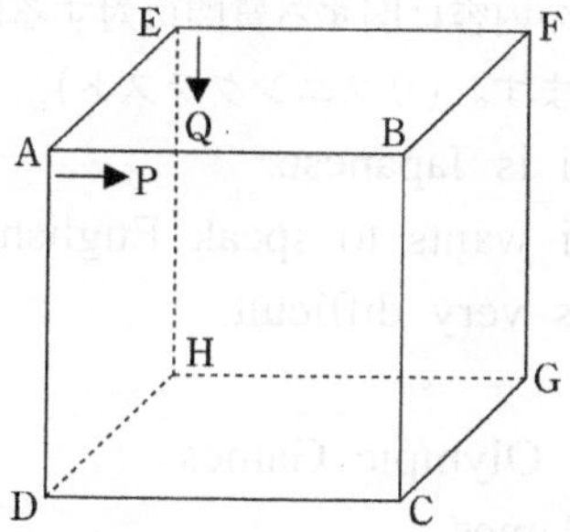

Ⅵ 下の図で直線ℓ，放物線mがあり，ℓ，mの式はそれぞれ$y=-\frac{1}{2}x+3$，$y=\frac{1}{2}x^2$である。直線ℓと放物線mのx座標が正の交点をA，直線ℓとy軸の交点をBとする。点Ｐは線分AB上にあり，点Ａ，Ｂのいずれにも一致しない点とする。点Ｐを通りy軸と平行な直線と，放物線mとの交点をＱとし，点Ｑを通りx軸と平行な直線と，y軸との交点をＲとする。また，点Ｐを通りx軸と平行な直線と，y軸との交点をＳとするとき，以下の問に答えなさい。

① 点Ａの座標を求めなさい。

② 点Ｐのx座標が１のとき，長方形PQRSの面積を求めなさい。

③ 長方形PQRSが正方形になるとき，点Ｐのx座標を求めなさい。

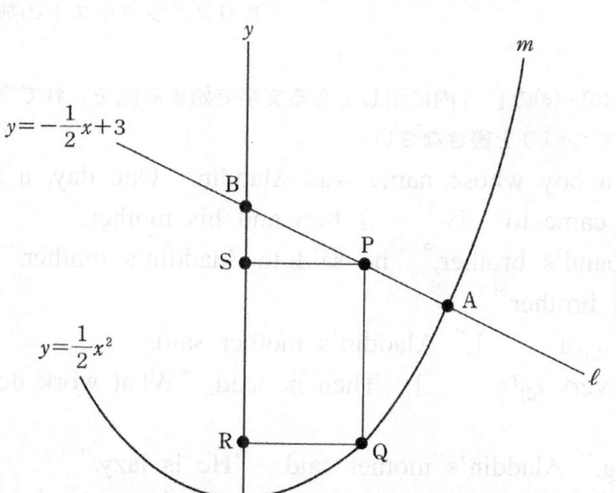

【英　語】（50分）　＜満点：100点＞

【注意】　問題Ⅰ・Ⅱはリスニングテストです。

※試験開始10分経過後，放送されます。

Ⅰ．No.1 ～ No.5 の英語の質問に対する最も適当な答えをＡ～Ｃの中から１つ選びなさい。「質問」・「答え」すべて放送されます。英文は１度だけしか読まれません。（リスニングテスト）

Ⅱ．No.1 ～ No.5 の英文を聞き，その内容に関する質問に対する最も適当な答えをＡ～Ｃの中から１つ選びなさい。英文は２度読まれます。（リスニングテスト）

No.1　A. Because Masatoshi is Japanese.
　　　B. Because Masatoshi wants to speak English better.
　　　C. Because English is very difficult.

No.2　A. Speaking English.
　　　B. Joining the Tokyo Olympic Games.
　　　C. The Paralympic Games.

No.3　A. Studying Japanese.
　　　B. Climbing Mt. Fuji.
　　　C. Talking with Fujisawa Shoryo students.

No.4　A. Yes, it is very fun.
　　　B. Yes, it is very difficult.
　　　C. No, it is not fun at all.

No.5　A. Japanese lessons.
　　　B. Talking with Shoryo students.
　　　C. Japanese anime.

※リスニングテストの放送台本は非公表です。

Ⅲ．日本語を参考に，(a)~(e)の［　］内に示してある文字で始まる語を入れて文章を完成させなさい。解答欄の文字に続けてつづりを書きなさい。

There was once a boy whose name was Aladdin. One day, a few years after his father died, a man came to (a)[v　　　] him and his mother.

"I am your husband's brother," he said to Aladdin's mother. "I live in Africa. I came to see my brother."

"My husband is (b)[d　　　]," Aladdin's mother said.

The man looked very (c)[s　　　]. Then he said, "What work does your (d)[s　　　] do?"

"He does nothing," Aladdin's mother said. "He is lazy."

"I am the boy's uncle," the man said, "so I will help him."

The man gave Aladdin many presents, and one day he said, "I want to take you to a beautiful (e)[g　　　]. There is something there I want to show you."

むかしアラジンという名前の少年がいた。ある日，彼の父親が死んだ数年後，ひとりの男が彼と彼の母親のところを訪ねて来た。

「私はあなたの夫の兄だ。」と彼はアラジンの母親に言った。「私はアフリカに住んでいる。弟に会いにやって来た。」

「私の夫は亡くなりました。」とアラジンの母親は言った。

その男はとても悲しそうに見えた。それから「あなたの息子は何をしている。」と彼は言った。

「何もしていません。」とアラジンの母親は言った。「彼は怠け者なのです。」

「私はその子のおじだ。」とその男は言った。「だから彼を助けてあげよう。」

その男はアラジンにたくさんのプレゼントをあげて，ある日「私は君を美しい庭に連れて行きたい。そこに君に見せたいものがある。」と言った。

Ⅳ．次の各組の文がほぼ同じ内容を表すように，(　)内に適する語を答えなさい。

(a) There is a book on the desk. It is her book.
The book on the desk is (　　　).

(b) I was born on November 9.
My (　　　) is November 9.

(c) It was so cold that we could not swim.
It was (　　　) cold for us to swim.

(d) Michael is a good English teacher.
Michael (　　　) English well.

(e) You have to clean your room now.
You (　　　) clean your room now.

Ⅴ．次の英文の(　)内に入れるのに最も適切なものを選び，記号で答えなさい。

(a) Mary is (　　　) to dance very well.
A．can　　B．able　　C．could　　D．cannot

(b) Yesterday, I (　　　) a car for the first time.
A．drived　　B．driving　　C．drive　　D．drove

(c) My advice is different (　　　) yours.
A．from　　B．in　　C．that　　D．than

(d) Let's look up new words in the (　　　).
A．dictionary　　B．difficulty　　C．dinosaur　　D．disaster

(e) (　　　) going to the movies tonight?
A．How many　　B．How about　　C．Let's about　　D．Why don't

Ⅵ．次の日本文に合うように，(　)内の語(句)を並べかえたとき，２番目と４番目にくる語(句)を順番に番号で答えなさい。

(a) 彼は電車で学校へ通っています。

He goes（1. to　2. by　3. school　4. train）.

(b) 白い靴下を履いている男の子は私の弟です。

The（1. white　2. boy　3. socks　4. wearing）is my brother.

(c) 日本に来てどのくらいになりますか。

How（1. have　2. long　3. been　4. you）in Japan?

(d) 私の弟は私より背が高い。

My brother（1. taller　2. I　3. than　4. is）.

(e) 英語を話すときに間違えることを恐れるな。

Don't（1. of　2. making mistakes　3. afraid　4. be）in speaking English.

Ⅶ. 次のA・B・Cの内容に関して，(a)と(b)の質問に対する答えとして最も適切なものをA～Dの中から１つずつ選び，記号で答えなさい。

A.

(a) A holder of this ticket will ...

A. play a hockey game.

B. win a lottery and get $65.

C. go to Riverside Arena around 13:00.

D. work as a volunteer at the game.

(b) At Riverside Arena,
A. the ticket will not be sold.
B. 25 players will play the game.
C. a holder of this ticket can join the fan service ceremony.
D. the audience will sit at Seat A 25.

B.

Let's Rock the Trash!
We need YOU!!

Are you interested in keeping this city looking beautiful? Every August, our group, the City Volunteers, picks up the trash from Riverside Park after the city's Rock & Jazz Festival. This year, around 10,000 visitors are expected. We need your help!

What to Do

Each volunteer will be given a large bag. Walk around and collect trash in it. When it is full, leave it at The Visitor Center.

What to Bring

● Towel (showers are in The Visitor Center) ● Pair of work gloves
● Your own lunch and drinks (cold water is free) ★ Trash tongs are provided

Where and When

● Meeting Place: The Visitor Center, Riverside Park ● Date: August 17th
● Time 9:00am-5:00pm

You should look at our website before leaving home.
If there is a chance of bad weather, the work may be cancelled.

To sign up, visit:
http://www.volunteer.rocknjazzfes.com/

(a) You will help at the event. What is one thing you will need to take?
A. A large bag
B. A pair of work gloves
C. Trash tongs
D. Cold water

(b) You will help at the event. What should you do on the morning of the job?
A. Call the office at City Hall
B. Go to the Rock & Jazz Festival
C. Send an e-mail to the Visitor Center
D. Visit the group's Internet page

C.

Hi, I'm Meg. I'm a member of the USA Ekiden team. Our team are going to Japan to join the International Games in 2020. Our team will arrive in Japan before the race to prepare. We are going to watch the USA team games together with our teammates. My Ekiden team consists of five runners: Catherine, Amanda, Sophia, Linda and me. Sophia and Linda are coming to Japan on Tuesday night and Catherine is leaving on Friday morning. We have a practice afternoon and I don't think we can watch games on the day of our race. I'm really looking forward to visiting Japan!

International Games 2020 Schedule

Competition Venues	23rd Mon	24th Tue	25th Wed	26th Thu	27th Fri	28th Sat	29th Sun
Kamome Aquatics Center		WP 12:00～	WP 12:00～		SW 12:00～	SW 10:00～	
Midori Stadium	OC 14:00～	TF 13:00～	TF 13:00～	EK 12:00～			CC 10:00～
Otome Sports Park		GY 14:00～	GY 14:00～	SC 15:00～	SC 15:00～		
Sakura Arena		TT 9:00～	TT 9:00～	VB 13:00～	VB 13:00～		
Asahi Oval				FB 9:00～	FB 9:00～		
Asagiri Ballpark					BB 9:00～	BB 9:00～	

Key:
(OC)Opening Ceremony　(CC)Closing Ceremony　(SW)Swimming　(WP)Water Polo
(TF)Track & Field　(EK)Ekiden　(GY)Gymnastics　(SC)Sport Climbing
(TT)Table Tennis　(VB)Volleyball　(FB)Football　(BB)Baseball

(a) What game will the Ekidan team watch together?
A. Water Polo　B. Table Tennis　C. Football　D. Sport Climbing

(b) Who probably cannot join the closing ceremony?
A. Catherine　B. Amanda　C. Sophia　D. Linda

Ⅷ. 次の対話文を読んで，対話の流れが自然になるように（1）～（5）に入る最も適当な文をA～Eの中から1つずつ選びなさい。

Shota : (　1　).

Ryoko: Hi, Shota, I'm happy you are here.　Come in, please.　The party has just started.

Shota : Thank you.　(　2　).

Ryoko: Oh, yes!　That is Emily.　(　3　).

Shota : Really?　Which girl is Emily?　There are four girls over there.

Ryoko: Please guess, Shota. (4). She has a cup, and she is talking with my sister.

Shota : OK. Is your sister sitting?

Ryoko: No, no. She is standing.

Shota : Oh, I see. Ryoko, will you introduce me? (5).

Ryoko: All right, but can you play tennis? You're a member of the soccer club.

A. I want to play tennis with her

B. She is sitting on the sofa

C. Hi, Ryoko, thank you for inviting me

D. She is the best tennis player in her junior high school

E. I heard there is someone special here today

Ⅸ. 次の英文を読んで，あとの問いに答えなさい。

Kipper was excited. It was his first day at school. He was feeling a bit scared too, so he wanted to take *Little Ted. "All right," said Mum, "but don't forget your book bag." Mum went to the classroom with Kipper. He was glad that his new friend Anna was there.

A helper called Trish met (1) them at the door. Trish showed Kipper (2) his *peg. It had his name above it, and his picture was underneath. Kipper put his bag on his peg. Then Trish showed Anna and Kipper a special box. "Put your toys in here," she said. "They'll be safe." But Kipper didn't want to put Little Ted in the box. He went back to his peg and thought, "I'll put Ted in (3) my bag."

Kipper's teacher was Miss Green. "It's time to begin," she said, so Mum said goodbye to Kipper. Kipper was worried. "You will come back for me?" he asked. "Of course I will," said Mum. "Don't worry." Miss Green *took the register, and then they all sang a song. Then Miss Green said, "We're going to (4) look around the school now." Kipper wanted Little Ted to look around the school too. "You can show him around after school," said Miss Green. "Here are the toilets," said Miss Green. "If you need to go, don't wait, or it may be too late." Then Miss Green showed them the hall. Biff and Chip were doing PE. "We have *assembly in here, and lunch as well," she said.

Playtime was fun. All the children wanted to play on the *logs. "Take it in turns," said Miss Green. Kipper wanted to get Ted, but Anna called him. "Come and play," she said.

After play, the children did a drawing. Anna drew her *lamb. Kipper drew a picture of Ted. "Can I get Ted now?" asked Kipper. "You can get Ted after school," said Trish. "We're going to do hand prints now." Kipper made three green handprints. Anna made a red one. "Can I show Ted?" asked Kipper. "Soon," said Trish, "after school." Anna's nose was *itchy, so she *rubbed her face. Now she had paint on her nose! Miss Green cleaned it off, but Anna was a bit *upset. Then Kipper and the other children made Anna laugh, so she wasn't upset anymore.

Soon it was time to go home. "I can show my pictures to Ted now," said Kipper. He looked in his bag, (5) Ted wasn't there! Kipper began to cry. "I've (6)[lose] Little Ted," he said. "Don't worry," said Trish. "We'll find him." Just then, Anna put her hand in her bag. "Look! Here's Ted," she said. "You put him in my bag!" Mum and Dad came to get Kipper. "Did you have fun?" asked Dad. "Yes," said Kipper, "but I'm going to leave Ted at home tomorrow."

注　*Little Ted：テディベア　*peg：物をかけるためのフック　*took the register：出席を取った
*assembly：集会　*logs：丸太　*lamb：子羊　*itchy：かゆい　*rubbed：こすった
*upset：怒った

(a)　下線部(1)に含まれない人物は誰か。下のＡ～Ｄから選び，記号で答えなさい。

Ａ．Kipper　Ｂ．Kipper's Mum　Ｃ．Anna　Ｄ．Miss Green

(b)　下線部(2)について正しい配置となっているのはどれか。下のＡ～Ｄから選び記号で答えなさい。

A	B	C	D
名前	Peg	名前	写真
Peg	名前	写真	名前
写真	写真	Peg	Peg

(c)　下線部(3)とあるが，実際はKipperはどこにTedを入れてしまったか。下のＡ～Ｄから選び，記号で答えなさい。

Ａ．Kipper's bag　Ｂ．Special Box　Ｃ．Anna's bag　Ｄ．Miss Green's bag

(d)　下線部(4)とあるが，Kipper達が見て回った場所を本文中から英語で１つ抜き出しなさい。

(e)　この日Kipper達が参加したと思われる授業はどれか。下のＡ～Ｄから選び，記号で答えなさい。

Ａ．体育　Ｂ．美術　Ｃ．数学　Ｄ．社会

(f)　(5)に入るものとして最も適切なものを下のＡ～Ｄから選び，記号で答えなさい。

Ａ．and　Ｂ．when　Ｃ．but　Ｄ．so

(g)　(6)の［　］内の動詞を適切な形に直しなさい。

(h)　以下の(1)(2)が本文の内容と合っていれば○，違っていれば×と解答欄に書きなさい。

(1)　KipperはTedと一緒に学校見学をした。

(2)　Kipperは明日もTedと一緒に学校へ行こうと思っている。

問三　傍線部3「よき者」とあるが、ここではどのような意味で使われているか。適当なものを選び、記号で答えよ。

ア　技量の優れた者　イ　未熟な者
ウ　武士　エ　勝手なことをする者

問四　傍線部4「描かする」とあるが、文法の説明として適当なものを選び、記号で答えよ。

ア　描ける（可能）　イ　お描きになる（尊敬）
ウ　描かれる（受身）　エ　描かせる（使役）

問五　傍線部5「心得たり」とあるが、絵描きはどのような返事をしているか。適当なものを選び、記号で答えよ。

ア　満足した　イ　承知した
ウ　感動した　エ　イメージできた

問六　二重線ａ「の」と同じ用法で使われている例文を選び、記号で答えよ。

ア　車の通る道（主格）　イ　本の題名（連体修飾）
ウ　どこに行くの（疑問）　エ　疲れたので休む（順接の一部）

問七、傍線部6「いへば」を現代仮名遣いに直し、ひらがなで答えよ。

問八、傍線部7「得飛ぶまい」の主語を本文中から四字で抜き出せ。

問九、以下は、この物語を読んだ四人の感想である。正しく表現できているものはどれか。適当なものを選び、記号で答えよ。

ア　このような場面で、目の前に本物の白鷺が見られて、「怪我の功名」だね。

イ　絵描きの絵がもう少し上手に描けていれば良かったので「五十歩百歩」だね。

ウ　技術のない絵描きに同情は不要だから「情けは人のためならず」だね。

エ　絵描きが自分の絵以外のものを認めない姿勢は、「井の中の蛙」だね。

問十、この作品の趣旨として、正しいものはどれか。適当なものを選び、記号で答えよ。

ア　人にものを頼んでおきながら出来を評価する亭主は未熟だ。
イ　自分の作品が一番だと思っている絵描きは未熟だ。
ウ　絵がいくら素晴らしくても、本物の自然相手では未熟だ。
エ　芸術にはこれで良いというものがなく、全ての作品は未熟だ。

心情を表現したものとして適当なものを選び、記号で答えよ。

ア、悲哀　イ、冷静　ウ、不満　エ、同情

問九、[I]に入る語として、適当なものを選び、記号で答えよ。

ア、マタハラ　イ、パワハラ　ウ、セクハラ　エ、モラハラ

問十、傍線部8「人生は厳しいのだ」とあるが、その理由を説明したものとして適当なものを選び、記号で答えよ。

ア、あえて相手に救いの手を差しのべないことで大きく成長する場合があるから。

イ、どんなに信頼できる相手でなくても協力しなければならない場合があるから。

ウ、心を痛めるようなとても辛い状況だからこそ力が発揮できる場合があるから。

エ、どんなに不条理なことであっても取り組まなければならない場合があるから。

五、次の文章を読み、各設問に答えよ。

今はむかし、物ごと自慢くさきは未練のゆへなり。

（中略）

> （口語訳）
>
> 何事でも名人という者は、少しも自慢したりしないものだ。それは、自分より技量の優れた者が、この広い天下にいくらでもいることを知っているからだ。これは芸事に限ったことでなく、武士道においても同様なのだが、今の世の風潮は武芸、弁舌その他まったく自慢できる柄でもないのに、貴賤上下みなそれぞれに自慢して、声高に偉そうなことをさかんに言って、勝手なことをする者が多い。

その癖にをのれが[1]疵《きず》を[2]かくさんとて、[3]よき者を誹《そし》り笑ふ事あり。ある者、座敷をたてて絵を[4]描かする。白鷺《しらさぎ》の*一色を望む。絵描き[5]「心得たり」とて*焼筆《やきふで》をあつる。亭主いはく、「いづれも良さそうなれども、此《この》、白鷺の飛び上がりたる、*羽づかいがかやうでは、飛ばれまい」といふ。絵描き[a]のいはく、「いやく此飛びやうが第一の出来物《できもの》ぢや」といふうちに、*本の白鷺が四五羽うちつれて飛ぶ。亭主これを見て「あれを見給へ。あのやうに描きたいものぢや」と[6]いへば、絵描きこれを見て「いやくあの羽づかひではあってこそ、それがしが描いたやうには、[7]得飛ぶまい」といふた。

「自慢するは下手芸といふ事」『仮名草子集』

＊一色…他を交えないこと。ここでは、白鷺のみの絵という意味。

＊焼筆をあつる…焼き筆で下絵を描いた。

＊羽づかい…羽の使い方。

＊本の…本物の。本当の。

問一、傍線部1「疵」とはどのようなことか。適当なものを選び、記号で答えよ。

ア　古傷　イ　貧困　ウ　失敗　エ　欠点

問二　傍線部2「かくさんと」の口語訳として正しいものはどれか。適当なものを選び、記号で答えよ。

ア　隠れて　イ　隠さないで

ウ　隠そうとして　エ　隠すことなく

「え？」

「くだらないこんなの、ばかばかしいしやってられないって思ってるだろうけど、休まれたら、私一人になるんだからね」

「わかってる」

感傷にふけっていても、米袋の中に入ってジャンプしないといけない。8人生は厳しいのだ。

『僕らのごはんは明日で待っている』瀬尾まいこ（幻冬舎）

問一、傍線部1「弱々しい雲」とは、誰を描写したものか。その人物名を答えよ。

問二、傍線部2「コメブクロジャンプ？」とカタカナで表現した理由の説明として適当なものを選び、記号で答えよ。

ア、拷問に近い過酷な種目であることを表現するため

イ、不意をつかれた発言であったことを表現するため

ウ、種目名を忘れてしまっていたことを表現するため

エ、日常的に使用する言葉でないことを表現するため

問三、傍線部3「俺は静かにうなずいた」とあるが、その時の「俺」の心情を説明したものとして適当なものを選び、記号で答えよ。

ア、ネーミングがユニークでめでたい種目に出場できるのでまあ良かったかな。

イ、上村が親切に自分の出場する種目を一緒に決めてくれてとても助かったな。

ウ、種目決めが行なわれていたのに積極的に参加しなかったので仕方がないな。

エ、米袋で五十メートル進んで次につなげられればよい種目なので楽そうだな。

問四、傍線部4「中学最後の体育祭に必死になっていた」とあるが、「俺」はその行動を振り返ってどのような思いになっているか。その思いを文中より十字で抜き出せ。（句読点等があれば含む）

問五、［A］～［E］に入る会話文をそれぞれ記号で正しく並べ替えなさい。

ア、「え？」

イ、「そうだよ。まあ、男女ペアは葉山君と私だけだけどね」

ウ、「この袋の中に？」

エ、「ほら、入って」

オ、「えって、一緒に入るんだよ」

問六、傍線部5「いや、いいんだ。嫌われるのは慣れてる」と答えた俺の心情を説明したものとして適当なものを選び、記号で答えよ。

ア、ショックを受けつつもそれが上村に伝わらないよう強がっている。

イ、自分でも理解しているが改めて伝えられたことでムッとしている。

ウ、みんなが知っていることを散々言われたのであきれてしまっている。

エ、迷惑かけて申し訳ないなという気持ちを悟られないようにしている。

問七、傍線部6「エキセントリックな競技」と表現されている理由として適当なものを選び、記号で答えよ。

ア、ペアになった人に対しいつも以上の気遣いが必要な競技だから。

イ、米袋の中に入りジャンプして進むという不可思議な競技だから。

ウ、性格が暗くて嫌われている人物が参加すべきでない競技だから。

エ、米袋の中に選ばれた男女が入るというとても神聖な競技だから。

問八、傍線部7「ため息交じりに指摘した」とあるが、この時の上村の

くてずっと前から嫌われ者だったらしい俺は、しかたなくペアになってもらった上村に気を遣《つか》って、できるだけ身体がくっつかないように米袋の中に入った。でも、どうやったって米袋の中だ。密着してしまう。

「このままジャンプしながらゴールするのね。五十メートルは進まないといけないんだけど、今日は初日だし十メートル進んだらいいってことにしよう」

上村が[6]エキセントリックな競技の説明をするのに、俺はただ「なるほど」と返事をするしかなかった。

「じゃあ、行くね」

上村に言われ、俺もなんとなく進もうと身体を動かしてはみたけど、米袋がぐらっと動いてバランスが崩れただけで、一センチたりとも進まなかった。

「あのさ、同時に跳ばなきゃ進まないし、こけるから、息合わせてよね」

上村が[7]ため息交じりに指摘した。

「ああ」

「じゃあ、さんはい」

上村の合図で跳んでみるけど、米袋はうまく進んでくれない。だいたい狭くて動けないのだ。顔のすぐ下で上村の頭が揺れるのも邪魔で、まっすぐ前を見ることさえ困難だ。

「もう少し長い間跳んでよ。身体が浮いてないと米袋を前に動かせないし」

「ああ、わかった」

俺のせい？　と言いたいところだけど、米袋にもゴミ袋にも入ったことがない俺は、素直に言うことを聞いた。

「じゃあ、もう一回。行くよ！　さんはい」

上村は何度か「はい、はい」と言って、跳ぶタイミングを知らせた。

それに合わせて身体を弾ませてみる。そのうちこけそうになることはなくなったけど、まともに進みはしない。他の米袋ジャンプをしているやつらは、きゃっきゃと笑いながらも、それなりに進むようになっている。

「葉山君さ、前に進まなきゃいけないんだから、上に跳んでもダメだって。前に向かって跳んでよね」

上村は顔だけ俺のほうに向けて、文句を言う。

「努力はしてるけど」

「じゃあ、行くよ。ちゃんと前に跳ぶんだよ。せーの！」

学校では時々とてつもなくおかしいことが、ものすごく平然と実施される。二人三脚で縄跳びをしたり、おんぶしながら平均台を渡ったり、ミラクルリレーのために行われていることは、どれも生きていく上で必要になることなど絶対にない。米袋ジャンプ以外では何組か男女ペアもいるけど、こんなのどう考えたっておかしい。会社のレクリエーション大会で実施したら、［ I ］で訴えられるはずだ。

「では、十分間休憩して、綱引きとブロック対抗リレーの練習に入りましょう。水分をとってください」

練習終了の声がかかり、俺はさっさと米袋から這い出た。暑さと競技の不条理さでくらくらだった。

上村は、

「えー、もう終わりかあ。全然できてないのに」

とぶつぶつ言いながら米袋から抜け出すと、俺の目を覗きこんだ。

「葉山君、休むのはなしだよ」

体育祭までは、体育の時間が体育祭練習に当てられる。リレーや大縄跳びは練習する意味があるだろうけど、米袋ジャンプなんてお遊びみたいな競技、練習してもしかたがない。しかも、ミラクルリレーは他の種目と掛け持ちしているやつが多く、練習は後回しにされた。俺はグランドの隅に日陰を見つけ、出番が来るまで座って待つことにした。

ちょうど三年前の秋だった。その年の夏も例年のごとく猛暑だと騒がれ、秋に入ってもまだ夏から抜け出せず、こんなふうに暑かった。

俺は中学三年生で、4中学最後の体育祭に必死になっていた。ブロックリーダーなんてやっていて、応援合戦に競技に何にでも出場して、誰よりもけんめいに走っていた。

自分ががんばることが、救いにつながるかもしれない。そのころの俺はそんな甘い期待を本気で抱《いだ》いていた。努力をすればした分、物事はいい方向に動くに違いないって。他にできることなんて何もなかったし、目の前にやってくることに全力を尽くそうとしていた。今思えば、そんなことまったく無意味だった。俺の行動なんかで救えるものはこの世には何もない。

「あのさ、途方にくれているところ悪いけど、そろそろいいかな」

顔を上げると、米袋を持った上村が立っていた。

「あ、ああ」

「とりあえず練習しよう」

立ち上がって周りを見ると、米袋に入って跳んでいるやつらや、二人三脚をしながら縄跳びをしているやつらがいた。ミラクルリレーの練習が始まったようだ。

[A]

器用に米袋の中に入った上村が言った。

[B]

[C]

上村が当然のことのように言うのに、俺は袋の中を覗《のぞ》きこんだ。

[D]

[E]

そりゃそうだろう。米袋はそれなりに大きいけど、かなり身体《からだ》が密着する。こんな中に女の子と一緒に入るのは抵抗がある。

「どうして俺たちが？」

「どうしてって、葉山君、暗いでしょう？」

「そうかな……」

「だからペアになるの、みんな嫌がってさ。一緒に米袋に入ってどんよりされたら気まずいし、だいたいあいつ体育祭休むかもしれないしとかって、なかなかペアが決まらなくて。それで、体育委員だからしかたなく私が組むことになったんだ」

上村は残酷な事実を散々言ってから、「あ、ごめん、もしかして傷ついた？」と首をかしげた。

「5いや、いいんだ。嫌われるのは慣れてる」

「そっか。そうだよね。葉山君、一年の時から、ずっと嫌われてるもんね」

え？　そうだったの？　と聞きたいところだったけど、「悪いな。迷惑かけて」と、俺はなんとか平静を保った。

「いいよ。気にしないで。さ、ちゃちゃっとやろう」

上村は米袋の前に寄って、俺に後ろに入るように促した。どうやら暗自分のすることを控えて言うのが謙譲語の基本。「届ける」という言葉の謙譲語は「お届けする」または［1］となる。「訪ねる」なら特定の言葉である［2］となる。

選択肢　ア　お届け申し上げる　イ　お届けになる
　　　　ウ　お届けなさる　　　エ　いらっしゃる
　　　　オ　参ります　　　　　カ　伺う

三、※問題に使用された作品の著作権者が二次使用の許可を出していないため、問題を掲載しておりません。

四、次の文章を読み、各設問に答えよ。

少しずつ時間を重ねるうちに、なんとなく忘れられそうな気がする。そのくせもう大丈夫だと奮い立とうとすると、またあの日々が驚くくらい鮮明によみがえってくる。

別れは生きていく上で逃れられない。そんなことはあちこちの歌でドラマで映画で描かれていて、百も承知だ。でも、自分の意志に反して起こる別れを、自力で消化しなくてはいけないなんて無茶だ。

完全に晴れた真っ青な空には、1弱々しい雲が浮かんでいる。教室の中では、体育祭の種目決めが行われていた。玉入れだの綱引きだのリレーだの、誰がどれに出るか、平和な戦いが繰りひろげられている。じゃんけんに言い争いに笑い声。教室はひたすら騒がしい。この世のどこかでは、今も誰かが悲しみに打ちひしがれている。だけど、そんなことで体育祭が中止になるわけがない。どんなつらいことが起きても、ばかばかしい日常は着々とこなされるのだ。

「あのさ」

ぼんやりと窓の外を見ていた俺の頭の上で、すきっとした声がした。

「たそがれてるところ、ちょっと悪いんだけど」

声のほうに目をやると、上村が目の前に立っていた。

「確認だけしていいかな？」

「ああ、何？」

「葉山君、何も言わないから米袋ジャンプになったけど、いいよね？」

2「コメブクロジャンプ？」

普段聞かない言葉の響きに、俺は間抜けに繰りかえした。

「去年もあったんだけど覚えてない？ミラクルリレーあるでしょう。その第三走者ってこと」

去年の体育祭は玉入れに出て、適当に玉を放り投げて過ごしていた。他の種目になんて目もくれていなかった。そもそもミラクルリレーだの、コメブクロジャンプだの、ネーミングからしてめでたすぎる。

「米袋の中に入ってジャンプしながら五十メートル進んで、次に襷《たすき》をつなげたらいいだけだから。他の種目は出る人決まっちゃったし。いいよね？」

五十メートルも米袋の中に入って跳び上がるなんて、拷問《ごうもん》だ。本当なら綱引きとか玉入れとか、みんなにまぎれているうちに終わる種目がいい。だけど、もう主張する場はないようだ。

3俺は静かにうなずいた。

「OK～、決まったよ」

上村が言うと、黒板に書かれた米袋ジャンプの文字の下に俺の名前が加えられた。

【国語】（五〇分）〈満点：一〇〇点〉

一、各設問に答えよ。

問一、次のA～Eの文のカタカナに該当する漢字と同じ漢字を使っているものを選択肢から選び、数字で答えよ。

A　計算がアう。
1　目がアう。　2　客にアう。　3　災難にアう。

B　家がイタむ。
1　足がイタむ。　2　イタんだ果物。　3　死をイタむ。

C　キ嫌がいい。
1　キ分が悪い。　2　運動会の時キ。
3　時キを見計らう。

D　企カク書を出す。
1　ガ用紙に描く。　2　カドが立つ。　3　目ザまし。

E　委サイ面談。
1　イロドりがいい。　2　ナの花。　3　コマかい作業。

問二、カタカナを漢字に直せ。
1　コクエンをあげる。　2　夜がアける。

問三、漢字の読みをひらがなで答えよ。
1　産業を興す。　2　時間を割く。　3　鎮痛剤を飲む。

二、各設問に答えよ。

問一、誤字を訂正し、正しい漢字を答えよ。
1　夕栄えが美しい　2　互認逮捕。

問二、1、2は対義語を、3、4は同義語を（　）内の語群より選び、答えよ。
1　統一（地方、分析、分裂）　2　共同（自立、単独、部分）
3　我慢（忍耐、節約、道徳）　4　失望（非道、落胆、普通）

問三、四字熟語の空欄に漢字を入れて完成させよ。
1　（　）鳥風月　2　一世（　）代

問四、次の作品を読み、各設問に答えよ。
1　過去ばかり話す小石をポケットから出しておずおず言うさようなら　野口　あや子
2　炎天の遠き帆やこころの帆　山口　誓子

A　1に使われている技法ではないものを次の選択肢から選び、記号で答えよ。
ア　擬人法　イ　擬態語　ウ　字余り　エ　繰り返し

B　2の季語と季節を答えよ。

問五、次の漢字の部首名と部首の意味をそれぞれ選択肢から選び、記号で答えよ。
1　阻　2　雄　3　冷

選択肢
A　部首名　ア　にすい　イ　こざとへん　ウ　ふるとり
エ　れっか　オ　ぎょうにんべん
B　部首の意味　ア　道関係　イ　火の関係　ウ　階段、高地
エ　小鳥関係　オ　寒さ

問六、謙譲語の説明文である。空欄に入る語句を選択肢から選び、記号で答えよ。

MEMO

大切なことはメモしておこうネ！

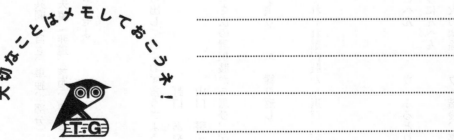

2020年度

解 答 と 解 説

《2020年度の配点は解答欄に掲載してあります。》

<数学解答>

Ⅰ ① -80 ② $\frac{1}{27}$ ③ $6ab$ ④ $3\sqrt{5}$ ⑤ $5x^2+1$ ⑥ $3(x-3)(x-5)$

Ⅱ ① $x=-1$ ② $x=1,\ y=-2$ ③ $x=4,\ 7$ ④ $x=\frac{9\pm\sqrt{57}}{6}$

Ⅲ ① 6 ② $y=-2x-2$ ③ $\sqrt{\frac{2}{3}},\ \frac{\sqrt{3}}{\sqrt{2}},\ \sqrt{6}$ ④ 平均値67，中央値68

⑤ $\angle x=28°$ ⑥ 54cm^3 ⑦ $4\sqrt{3}\text{ cm}$

Ⅳ ア $x+(x-5)+y=55$ イ $500x+100(x-5)+50y=14000$

500円硬貨の枚数23枚　50円硬貨の枚数14枚

Ⅴ ① $\frac{7}{36}$ ② (イ) $\frac{7}{36}$ (ロ) $\frac{13}{36}$

Ⅵ ① (2，2) ② 2 ③ $\frac{-3+\sqrt{33}}{2}$

○配点○

各4点×25(Ⅱ②，Ⅲ④，Ⅳ各完答，Ⅳのアとイは各2点)　計100点

<数学解説>

本 Ⅰ (数・式の計算，平方根，因数分解)

① $-8-12\times6=-8-72=-80$

② $0.5\div\left(-\frac{3}{2}\right)^2-\frac{5}{27}=\frac{1}{2}\times\frac{4}{9}-\frac{5}{27}=\frac{2}{9}-\frac{5}{27}=\frac{6}{27}-\frac{5}{27}=\frac{1}{27}$

③ $21b^3\div49ab^2\times14a^2=21b^3\times\frac{1}{49ab^2}\times14a^2=6ab$

④ $\sqrt{3}(2+\sqrt{15})-\sqrt{12}=2\sqrt{3}+3\sqrt{5}-2\sqrt{3}=3\sqrt{5}$

⑤ $(x+2)^2+(2x+1)(2x-3)=x^2+4x+4+4x^2-4x-3=5x^2+1$

⑥ $3x^2-24x+45=3(x^2-8x+15)=3(x-3)(x-5)$

本 Ⅱ (一次方程式，連立方程式，二次方程式)

① $\frac{2}{3}(2x+5)-6x=8$　両辺を3倍して，$4x+10-18x=24$　$-14x=14$　$x=-1$

② $2x-3y=8$…(ⅰ)　$x=-2y-3$…(ⅱ)　(ⅰ)に(ⅱ)を代入して，$2(-2y-3)-3y=8$
$-4y-6-3y=8$　$-7y=14$　$y=-2$　これを(ⅱ)に代入して，$x=-2\times(-2)-3=1$

③ $x^2-11x+28=0$　$(x-4)(x-7)=0$　$x=4,\ 7$

④ $3x^2-9x+2=0$　2次方程式の解の公式から，$x=\frac{9\pm\sqrt{(-9)^2-4\times3\times2}}{2\times3}=\frac{9\pm\sqrt{57}}{6}$

Ⅲ (2次方程式の応用問題，1次関数，平方根，統計，角度，空間図形の計量問題)

① $(x+3)^2-61=3x+2$　$x^2+6x+9-61-3x-2=0$　$x^2+3x-54=0$　$(x+9)(x-6)=0$
$x=-9,\ 6$　$x>0$から，$x=6$

② $y=ax+b$に$(1,\ -4)$，$(-2,\ 2)$を代入して，$-4=a+b$…(ⅰ)　$2=-2a+b$…(ⅱ)
(ⅰ)－(ⅱ)から，$-6=3a$　$a=-2$　これを(ⅰ)に代入して，$-4=-2+b$　$b=-2$
よって，$y=-2x-2$

③ $\frac{\sqrt{3}}{\sqrt{2}}=\sqrt{\frac{3}{2}}$　$\frac{2}{3}<\frac{3}{2}<6$から，$\sqrt{\frac{2}{3}}<\frac{\sqrt{3}}{\sqrt{2}}<\sqrt{6}$

④ $\frac{69+67+64+69+63+70}{6}=\frac{402}{6}=67$より，平均値は67　点数の低い順に並べると，63，64，67，69，69，70　よって，中央値は，$\frac{67+69}{2}=\frac{136}{2}=68$

⑤ 円周角の定理から，$\angle\mathrm{BAC}=\frac{130^\circ}{2}=65^\circ$　補助線OAを引くと，△OABは二等辺三角形だから，$\angle\mathrm{OAB}=\angle\mathrm{OBA}=37^\circ$　$\angle\mathrm{OAC}=65^\circ-37^\circ=28^\circ$　△OACも二等辺三角形だから，$\angle x=\angle\mathrm{OAC}=28^\circ$

⑥ 三角すいBの体積をxとすると，$16:x=2^3:3^3=8:27$　$x=\frac{16\times27}{8}=54(\mathrm{cm}^3)$

⑦ 立方体の対角線の長さは，一辺の長さの$\sqrt{3}$倍だから，$\mathrm{AG}=4\sqrt{3}\,\mathrm{cm}$

Ⅳ (連立方程式の応用問題)

100円硬貨の枚数は，$x-5$　硬貨の合計枚数の関係から，$x+(x-5)+y=55$…ア　合計金額の関係から，$500x+100(x-5)+50y=14000$…イ　アから，$2x+y=60$…(ⅰ)　イから，$600x+50y=14500$　両辺を50でわって，$12x+y=290$…(ⅱ)　(ⅱ)－(ⅰ)から，$10x=230$　$x=23$　これを(ⅰ)に代入して，$2\times23+y=60$　$y=14$　よって，500円硬貨の枚数は23枚，50円硬貨の枚数は14枚

Ⅴ (図形と確率の融合問題―動点)

① 大小2つのさいころの目の出方は，$6\times6=36$(通り)　そのうち，点Pと点Qが同じ頂点にくる場合は，(大，小)＝(1，4)，(2，3)，(3，2)，(4，1)，(4，6)，(5，5)，(6，4)の7通り　よって，求める確率は，$\frac{7}{36}$

重要 ② (イ) 線分DHと平行になるのは，PQがAE，BF，CGにあるときだから，(大，小)＝(4，4)，(1，3)，(5，3)，(2，2)，(2，6)，(6，2)，(6，6)の7通り　よって，求める確率は，$\frac{7}{36}$

(ロ) 線分DHとねじれの位置にあるのは，PQがAF，AG，BE，BG，CE，CFにあるときだから，(4，3)，(4，2)，(4，6)，(1，4)，(5，4)，(1，2)，(1，6)，(5，2)，(5，6)，(2，4)，(6，4)，(2，3)，(6，3)の13通り　よって，求める確率は，$\frac{13}{36}$

Ⅵ (図形と関数・グラフの融合問題)

基本 ① $y=-\frac{1}{2}x+3$…(ⅰ)　$y=\frac{1}{2}x^2$…(ⅱ)　(ⅰ)と(ⅱ)からyを消去すると，$-\frac{1}{2}x+3=\frac{1}{2}x^2$　$-x+6=x^2$　$x^2+x-6=0$　$(x+3)(x-2)=0$　$x=-3,\ 2$　$x>0$から，$x=2$　これを(ⅰ)に代入して，$y=-\frac{1}{2}\times2+3=2$　よって，$\mathrm{A}(2,\ 2)$

② $x=1$を(ⅰ)に代入して，$y=-\frac{1}{2}\times1+3=\frac{5}{2}$　$\mathrm{P}\left(1,\ \frac{5}{2}\right)$　$x=1$を(ⅱ)に代入して，$y=\frac{1}{2}\times1^2=\frac{1}{2}$　$\mathrm{Q}\left(1,\ \frac{1}{2}\right)$　よって，長方形PQRSの面積は，$\left(\frac{5}{2}-\frac{1}{2}\right)\times1=2\times1=2$

重要 ③ 点Pのx座標をpとすると，$\mathrm{P}\left(p,\ -\frac{1}{2}p+3\right)$，$\mathrm{Q}\left(p,\ \frac{1}{2}p^2\right)$　PQ＝PSのとき，長方形PQRSが

正方形になるから，$-\frac{1}{2}p+3-\frac{1}{2}p^2=p$　$-p+6-p^2=2p$　$p^2+3p-6=0$　2次方程式の解の公式から，$p=\frac{-3\pm\sqrt{3^2-4\times1\times(-6)}}{2\times1}=\frac{-3\pm\sqrt{33}}{2}$　$p>0$から，$p=\frac{-3+\sqrt{33}}{2}$

★ワンポイントアドバイス★

Ｖ②(ロ)は，まず，DHとねじれの位置にある線分はどれかを考える。点PがB，Cにくるときと点QがH，Gにくるのは，それぞれ2通りあるので，数え間違えないように気を付けよう。

＜英語解答＞

Ⅰ　1 A　2 B　3 C　4 B　5 A
Ⅱ　1 B　2 A　3 B　4 A　5 B
Ⅲ　(a)　(v)isit　(b)　(d)ead　(c)　(s)ad　(d)　(s)on　(e)　(g)arden
Ⅳ　(a)　hers　(b)　birthday　(c)　too　(d)　teaches　(e)　must
Ⅴ　(a)　B　(b)　D　(c)　A　(d)　A　(e)　B
Ⅵ　(2番目，4番目の順)　(a)　3，4　(b)　4，3　(c)　1，3　(d)　1，2
(e)　3，2
Ⅶ　(A)　(a)　C　(b)　D　(B)　(a)　B　(b)　D　(C)　(a)　B　(b)　A
Ⅷ　(1)　C　(2)　E　(3)　D　(4)　B　(5)　A
Ⅸ　(a)　D　(b)　A　(c)　C　(d)　(the) toilets [(the) hall]　(e)　B　(f)　C
(g)　lost　(h)　(1)　×　(2)　×

○配点○
各2点×50(Ⅵは各完答)　計100点

＜英語解説＞

Ⅰ　リスニング問題解説省略。
Ⅱ　リスニング問題解説省略。
Ⅲ　(語句補充問題：副詞，名詞，過去分詞，形容詞)
(a)「訪問する」という意味の動詞が入る。
(b)「死んでいる」という意味の形容詞が入る。
(c)「悲しい」という意味の形容詞が入る。
(d)「息子」という意味の名詞が入る。
(e)「庭」という意味の名詞が入る。
Ⅳ　(書き換え問題：代名詞，名詞，副詞，動詞，助動詞)
基本 (a)「机の上に本があります。それは彼女の本です。」→「机の上にある本は彼女のものです。」「～のもの」という意味は所有代名詞で表す。
(b)「私は11月9日に生まれました。」→「私の誕生日は11月9日です。」「誕生日」は birthday と表す。
(c)「とても寒かったので，私たちは泳げませんでした。」→「私たちが泳ぐには寒すぎた。」

〈too ~ for S to …〉で「Sが…するには~すぎる」という意味を表す。

(d) 「マイケルはよい英語の先生です。」→「マイケルは上手に英語を教えます。」「教える」はteach と表す。三単現の文になることに注意する。

(e)「あなたは今部屋を掃除しなければいけません。」 must は「~しなければならない」という意味を表す。

Ⅴ (語句補充問題：助動詞，動詞，前置詞，名詞，疑問詞)

(a) 「メアリーはとても上手に踊れます。」〈be able to ~〉は〈can ~〉と同じように「~できる」という意味を表す。

(b) 「昨日，私は初めて車を運転しました。」 過去の出来事なので過去形にする。

(c) 「私のアドバイスはあなたのものとは違っています。」〈be different from ~〉で「~と異なる」という意味を表す。

(d) 「辞書で新しい単語を調べましょう。」〈look up ~〉で「~を調べる」という意味を表す。

(e) 「今夜映画に行くのはどうですか。」〈how about ~ ing〉は「~するのはどうですか」という意味を表す。

Ⅵ (語順整序問題：前置詞，分詞，現在完了，比較，動名詞)

基本 (a) (He goes) to school by train(.) 交通手段を表すときは〈by ~〉を用いて表す。

(b) (The) boy wearing white socks (is my brother.) wearing が boy を修飾している。

(c) (How) long have you been (in Japan?) 〈have been in ~〉で「~にずっといる」という意味になる。

(d) (My brother) is taller than I(.) 比較級の文なので〈~ er than …〉という形にする。

(e) (Don't) be afraid of making mistakes (in speaking English.) 〈be afraid of ~〉で「~を恐れる」という意味を表す。

Ⅶ (読解問題：内容吟味)

A

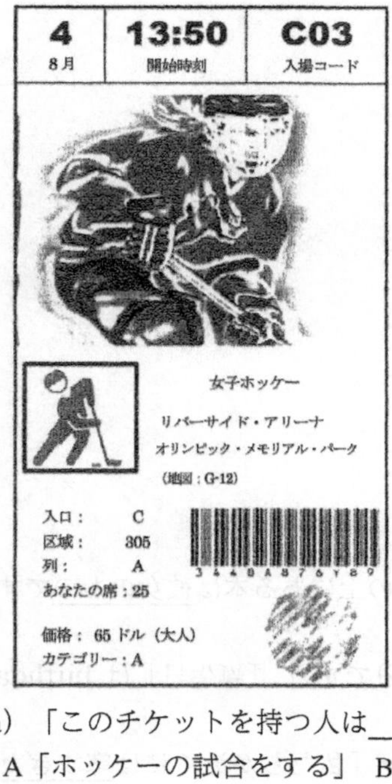

(a) 「このチケットを持つ人は_____だろう。」 これはホッケーの試合の観戦入場券である。A「ホッケーの試合をする」 B「宝くじにあたり，65ドルを得る」 C「13時ごろに，リバーサイ

ド・アリーナに行く」 D「試合でボランティアとして働く」

(b) 「リバーサイド・アリーナでは。」 チケットには，Cの入口から入って，305の区域にあるA列25番目の席だと書かれている。 A「チケットは売られない。」 B「25人の選手が試合に出る。」 C「このチケットを持つ人は，ファンサービスの行事に参加できる。」 D「観客はA25の席に座る。」

B

(a) 「あなたはイベントで協力します。あなたが持っていくべき一つのものは何ですか。」「持ち物」として，タオル，作業用手袋，ランチと飲み物が書かれている。 A 大きな袋 B 一組の作業用手袋 C ゴミ用トング D 冷水

(b) 「あなたはイベントで協力します。仕事をする日の朝にあなたは何をするべきですか。」「出かける前に私たちのウエブサイトを見てください」と書かれている。 A 市役所の事務所に電話をする B ロック＆ジャズ・フェスティバルに行く C ビジターセンターに電子メールを送る D グループのインターネットページを見る

C こんにちは，私はメグです。私は合衆国駅伝チームのメンバーです。私たちのチームは2020年の国際試合に参加するために日本へ行きます。私たちのチームは準備をするためにレースの前に日本に到着します。アメリカのチームの試合をチームメイトと一緒に見るつもりです。私の駅伝チームは，キャサリン，アマンダ，ソフィア，リンダ，そして私の5人のランナーで構成されています。ソフィアとリンダは火曜日の夜に日本に来て，キャサリンは金曜日の朝に出発します。午後は練習があり，レース当日は試合を見ることができないと思います。日本を訪問するのをとても楽しみにしています！

2020国際試合スケジュール

開催地	23日 月曜日	24日 火曜日	25日 水曜日	26日 木曜日	27日 金曜日	28日 土曜日	29日 日曜日
カモメ・アクアチック・センター		WP 12:00～	WP 12:00～		SW 12:00～	SW 10:00～	
緑スタジアム	OC 14:00～	TF 13:00～	TF 13:00～	EK 12:00～			CC 10:00～
乙女スポーツ公園		GY 14:00～	GY 14:00～	SC 15:00～	SC 15:00～		
桜アリーナ		TT 9:00～	TT 9:00～	VB 13:00～	VB 13:00～		
朝日オーバル				FB 9:00～	FB 9:00～		
朝霧球場					BB 9:00～	BB 9:00～	

略語：
(OC)開会セレモニー　(CC)閉会セレモニー　(SW)水泳　(WP)水球
(TF)陸上　(EK)駅伝　(GY)体操　(SC)スポーツ・クライミング
(TT)卓球　(VB)バレーボール　(FB)サッカー　(BB)野球

重要 (a) 「駅伝チームは一緒にどの試合を見るか。」 ソフィアは火曜日の夜に日本に来て，キャサリンは金曜日の朝に日本を去る。また，駅伝チームは午後には練習があるので，一緒に見られる試合は，水曜日か木曜日の午前中のものになる。　A「水球」 B「卓球」 C「サッカー」 D「スポーツ・クライミング」

(b) 「閉会セレモニーにおそらく参加できないのは誰か。」 キャサリンは金曜日の朝に日本を去るので, 日曜日にある閉会セレモニーには参加できない。 A「キャサリン」 B「アマンダ」 C「ソフィア」 D「リンダ」

Ⅷ （会話文問題：語句補充）

ショウタ：(1)やあ，リョウコ，ぼくを招待してくれてありがとう。

リョウコ：やあ，ショウタ，来てくれてうれしいです。どうぞ入ってください。パーティーはちょうど始まったところです。

ショウタ：ありがとう。(2)今日はここで何か特別なことがあると聞きました。

リョウコ：ああ，そうです！　あれはエミリーです。(3)彼女は中学校で最高のテニス選手です。

ショウタ：本当ですか。どの女の子がエミリーですか。向こうには4人の女の子がいます。

リョウコ：当ててみて，ショウタ。(4)彼女はソファに座っていますよ。彼女はカップを持っていて，私の妹と話しています。

ショウタ：わかった。君の妹は座っていますか。

リョウコ：いいえ。彼女は立っています。

ショウタ：ああ，わかりましたよ，リョウコ，ぼくを紹介してください。(5)ぼくは彼女とテニスをしたいです。

リョウコ：わかりましたが，あなたはテニスができますか。あなたはサッカー部のメンバーです。

Ⅸ （長文読解問題・物語文：指示語，内容吟味，接続語，現在完了）

（全訳） キッパーは興奮していました。彼が学校に行く最初の日でした。彼も少し怖いとも感じていたので，「リトル・テッド」を連れて行きたいと思いました。「いいわよ」とママが言いました。

「でも本を入れたかばんを忘れないでね。」ママはキッパーと一緒に教室に行きました。彼は新しい友人のアンナがそこにいたのでうれしく思いました。

トリッシュと呼ばれるヘルパーがドアで(1)彼らに会いました。トリッシュはキッパーに(2)彼のフックを見せました。それはその上に彼の名前が書かれていて，彼の写真がその下にありました。キッパーは自分のかばんをフックにかけました。その後，トリッシュはアンナとキッパーに特別な箱を見せました。「おもちゃをここに入れて下さい。」と彼女は言いました。「それらは安全です。でも，キッパーはリトル・テッドを箱に入れたくありませんでした。彼はフックのところに戻り，「テッドを(3)自分のかばんに入れていこう。」と思いました。

キッパーの先生はグリーンさんでした。「始める時間になりました。」と彼女が言ったので，ママはキッパーにさようならを言いました。キッパーは心配になりました。「ぼくを迎えに戻ってきてくれるよね。」と彼は尋ねました。「もちろん，戻ってきますよ。」と，ママが言いました。「心配しないでいいですよ。」グリーンさんは出席を取り，みんなで歌を歌いました。それからグリーンさんは「これから，(4)学校を見て回りましょう。」と言いました。キッパーはリトル・テッドにも学校を見せてあげたいと思いました。「放課後に見せてあげてくださいね。」とグリーンさんは言いました。「ここにトイレがあります」とグリーンさんは言いました。「行く必要がある場合は，待たないでね，遅すぎることにならないようにね。」それからグリーンさんは彼らにホールを見せました。ビフとチップは体育をやっていました。「私たちはここで集会をしたり，昼食を食べたりもします。」と，彼女は言いました。

遊び時間は楽しかったです。すべての子供たちは丸太で遊びたがりました。「順番にやりなさい。」とグリーンさんは言いました。キッパーはテッドがほしかったのですが，アンナが彼に「遊びに来て」と呼びました。

遊んだ後，子供たちは絵を描きました。アンナは彼女の子羊を描きました。キッパーはテッドの絵を描きました。「テッドを取りに行ってもいいですか。」とキッパーは尋ねました。「放課後にテッドを取ってね。」とトリッシュは言いました。「私たちはこれから，手形をとります。」キッパーは3枚の緑色の手形をとりました。アンナは赤いのをとりました。「テッドに見せてもいいですか。」とキッパーは尋ねました。「すぐよ」トリッシュは言いました。「放課後にね。」アンナの鼻がかゆくなったので，彼女は顔をこすりました。それで，彼女は鼻にペンキをつけてしまいました！　グリーンはそれをきれいにしてくれましたが，アンナは少し怒りました。するとキッパーや他の子供たちがアンナを笑わせたので，彼女はもう怒ってはいませんでした。

すぐに家に帰る時間になりました。「さあ，テッドにぼくの絵を見せることができるぞ。」とキッパーが言いました。彼はかばんの中を見ました(5)が，テッドはそこにいませんでした！　キッパーは泣き出しました。「ぼくはリトル・テッドを(6)なくしちゃった。」と彼は言いました。「心配しないで。」とトリッシュは言いました。「彼を見つけられるでしょう。」ちょうどそのとき，アンナはかばんに手を入れました。「見て！　ここにテッドがいるわ。」と彼女は言いました。「あなたは私のかばんに彼を入れたのよ！」ママとパパがキッパーを迎えに来ました。「楽しかった？」とパパが尋ねました。「うん」とキッパーは言いました。「でも，ぼくは明日テッドを家に置いていくよ。」

(a)　キッパーとアンナの他に，キッパーのママもいたので，Dが正解。

(b)　フックの上に名前があり，下に写真があったとあるので，Aが正解。

(c)　第6段落で，アンナは自分のかばんの中にテッドを見つけたので，Cが正解。

(d)　直後ではトイレを見て，その後ホールに行った。

(e)　第5段落では絵を描いているので，Bが正解。

(f)　前後の内容が対立しているので，Cが正解。

(g) 現在完了の文なので，過去分詞にする。

(h) (1) テッドはずっとアンナのかばんの中に入っていたので，誤り。

(2) 最後の文で，キッパーは明日はテッドを家に置いていくと言っているので，誤り。

★ワンポイントアドバイス★

Ⅳの(c)では〈so ～ that S can't …〉と〈too ～ to …〉が用いられている。関連するものとして〈so ～ that S can …〉，〈enough to …〉も覚えておこう。He is so strong that he can do it. = He is strong enough to do it.

＜国語解答＞

一 問一 A 1 B 2 C 3 D 1 E 3 問二 1 黒煙 2 明(ける)
問三 1 おこ(す) 2 さ(く) 3 ちんつう

二 問一 1 映 2 誤 問二 1 分裂 2 単独 3 忍耐 4 落胆
問三 1 花 2 一 問四 A エ B 季語 炎天 季節 夏
問五 1 部首名 イ 意味 ウ 2 部首名 ウ 意味 エ
3 部首名 ア 意味 オ 問六 1 ア 2 カ

三 問一 A エ B イ 問二 D 問三 2 問四 ひとりよがりな自己満足
問五 ア 問六 子どもでもできるようなこと 問七 自分で～な状況 問八 ア
問九 ウ 問十 エ

四 問一 葉山(君) 問二 エ 問三 ウ 問四 まったく無意味だった
問五 A エ B ア C オ D ウ E イ 問六 ア 問七 イ
問八 ウ 問九 ウ 問十 エ

五 問一 エ 問二 ウ 問三 ア 問四 エ 問五 イ 問六 ア
問七 いえば 問八 本の白鷺 問九 エ 問十 イ

○配点○

一 各1点×10 二～五(二問四B・問五1～3，三問一・問七各完答) 各2点×45 計100点

＜国語解説＞

一 (漢字の読み書き)

問一 A 合う 1 合う 2 会う 3 遭う

B 傷む 1 痛む 2 傷んだ 3 悼む

C 機嫌 1 気分 2 時期 3 時機

D 企画書 1 画用紙 2 角 3 目覚まし

E 委細 1 彩り 2 菜の花 3 細かい

問二 1 黒い煙のこと。 2 夜が終わって朝になるときは，「明ける」を使う。

問三 1 音読みは「キョウ」「コウ」で，「興味」「興奮」などの熟語がある。 2 他の訓読みは「わ(る)」。 3 痛みをしずめること。「鎮」の訓読みは「しず(まる)」。

二 (漢字の読み書き，筆順・画数・部首，同義語・対義語，熟語，敬語・その他，表現技法)

問一 1 夕日を受けて照り輝く様子は「夕映え」。 2 別のものと間違えることは「誤認」。

問二　1　一つにまとめるという意味なので，対義語は一つのまとまりがいくつかに分かれるという意味の語。　2　二人以上の人が一緒に物事を行うという意味なので，対義語は一人で物事を行うという意味の語。　3「がまん」と読み，耐え忍ぶこと。　4「しつぼう」と読み，期待がはずれてがっかりすること。

問三　1「かちょうふうげつ」と読み，自然の美しい風物の意味。　2「いっせいちだい」と読み，一生に一度だけあるという意味。

問四　1「小石」が「話す」は擬人法，「おずおず」は擬態語，「ポケットから」は字余りが使われている。　2「炎天」は「えんてん」と読み，夏の焼けつくような空を意味する。

問五　1の部首は「阝」，2の部首は「隹」，3の部首は「冫」。

問六　1　謙譲語は「お～する」の他に「お～申し上げる」がある。　2「伺う」は，聞く，尋ねる，訪れるという意味の謙譲語。

三　（随筆―情景・心情，内容吟味，文脈把握，段落・文章構成，指示語の問題，接続語の問題，脱文・脱語補充，語句の意味）

問一　A　前の「不要」というより，後の「邪魔」と言った方がいいという文脈なので，二つのうちあれよりこれを選ぶという意味の語が入る。　B　直前の段落の「心地よい場所にとどまっていては学べなかったことを学べ……さらなる成長を遂げる」例を，後で「掛け算を学ぼうと決めたら，もっと便利になります」と挙げているので，例示の意味を表す語が入る。

問二　挿入文の冒頭に「しかし」とあるので，挿入文の「未知の分野」とは反対の既知の分野について述べている文の後に入る。Dに，「今まで身を置いてきた古書店経営や文筆業」とある。

やや難　問三　文章の前半では仕事を通じて人を幸せにしていくことを目標にすべきという考え方を述べており，文章の後半では新しい経験に挑戦することの大切さを述べている。

問四　「不満」について，直前で「こんなにがんばったのに，認められないなんて……」と具体的に述べている。この内容を，一つ後の段落で「社会の中で人の役に立たなければ，いくら一生懸命にしたところで，ひとりよがりな自己満足に過ぎません」と説明しており，ここから適当な部分を抜き出す。

基本　問五　「ささやかな」には，控えめで大げさでない様子，形ばかりで粗末な様子の意味がある。

問六　傍線部3の前後で「どれほど小さなこと」は「人に喜んでもらえること」だと述べている。「重たい建材を」で始まる段落に「子どもでもできるようなことでも，無心になってきちんとやれば相手に喜んでもらえます」と同様の内容を述べており，ここから適当な表現を抜き出す。

問七　社会から脱落したと思ったらどのような心理的状況になるのかを考える。「学校も通っていない」で始まる段落の「『いったい自分は，何のために生きているのだろう？』と，自分で自分を追い詰めてしまいそうな状況にありました」に着目する。

基本　問八　直後の三段落で「古書店の経営」「文章を書くこと」「『暮しの手帖』の編集長」と，作者の「それから」の仕事を挙げている。

問九　作者が「捨ててしまったほうがいい」としているものを考える。同じ②に「満足と安心と自信。そして，いくばくかのプライド。これらは……時としてさらなる成長の邪魔になります」とあり，この「満足と安心と自信。そして，いくばくかのプライド」と同じ内容を意味する一つ前の段落の「これさえやっていれば，一生食べていける」という考えを指し示している。

重要　問十　「年齢を重ねても」で始まる段落に「四十代から組織で働くという新しい挑戦」とあり，その時の作者の心情を「それでも誘いを」で始まる段落に「自分に足りない新しいことを学び，挑戦したいと願ってのこと」と述べている。この内容にふさわしいものを選ぶ。

四 （小説―情景・心情，内容吟味，文脈把握，脱文・脱語補充，語句の意味，表現技法）

問一 「完全に晴れた真っ青な空」に浮かんだ「弱々しい雲」は，「ひたすら騒がしい」教室で「ぼんやりと窓の外を見ていた俺」を象徴している。「俺」は「葉山君」と呼ばれている。

基本 問二 直後の「普段聞かない言葉の響きに，俺は間抜けに繰りかえした」という様子から考える。

問三 直前で「五十メートルも米袋の中に入って跳び上がるなんて，拷問だ……みんなにまぎれているうちに終わる種目がいい。だけど，もう主張する場はないようだ」と心情を述べている。

問四 直後の段落で「中学最後の体育祭に必死になっていた」時の心情を述べ，「今思えば，そんなことまったく無意味だった」と振り返っている。

問五 A には，直後に「米袋の中に入った上村が言った」とあるので，「俺」にも米袋に入るように促す上村の会話文が入る。B には，驚く「俺」の会話文が入る。C には，「え？」という「俺」の会話文を受けたオが入る。D には，再度問い直す「俺」の会話文が入る。E には，後の「そりゃそうだろう……身体が密着する。こんな中に女の子と一緒に入るのは抵抗がある」に続くにふさわしい会話文が入る。

やや難 問六 前の「俺」と「『ペアになるの，みんな嫌がってさ……しかたなく私が組むことになったんだ』上村は残酷な事実を散々言って」や，後の「『そっか……葉山君，一年の時から，ずっと嫌われてるもんね』え？そうだったの？と聞きたいところだったけど」などの描写から，「俺」の心情を想像する。「俺」は上村の言葉にショックを受けつつも強がっていることが読み取れる。

問七 「エキセントリック」は，風変わりなという意味。直前の「このままジャンプしながらゴールするのね」と上村が説明する「米袋ジャンプ」という競技に対して言っている。

問八 直前の「あのさ……息合わせてよね」から感じ取れる上村の心情にふさわしいものを選ぶ。

問九 男女ペアで米袋に入って一緒に跳び上がるという競技に対して言っている。性的いやがらせを意味する語が入る。

重要 問十 直前の「感傷にふけっていても，米袋の中に入ってジャンプしないといけない」から，「俺」が「人生は厳しい」とする理由を読み取る。

五 （古文―主題・表題，内容吟味，語句の意味，ことわざ・慣用句，文と文節，品詞・用法，仮名遣い，口語訳）

〈口語訳〉 今は昔，物事を自慢ばかりしたがるのは（自分自身の芸が）未熟なためである。

そのくせ自分の欠点を隠そうとして，（技量の）優れた者をけなして笑うことがある。ある者が，座敷をつくり絵を描かせる。白鷺のみの絵を望む。絵描きは「承知した」と焼筆をふるう。亭主が言うには，「どれも良さそうだけれども，この，白鷺の飛び上がっている，羽づかいがこのようでは飛べないだろう」と言う。絵描きが言うには，「いやいやこの飛び方が一番のすぐれた物だ」と言っているうちに，本物の白鷺が四五羽連れ立って飛ぶ。亭主はこれを見て「あれを見なさい。あのように描きたいものだ」と言うと，絵描きはこれを見て「いやいやあの羽づかいであっては，私が描いたように，飛ぶことはできまい」と言った。

問一 「よき者を誹り笑ふ」のは，自分の何を隠そうとするためかを考える。

問二 「かくさんと」の「ん」は，意志の意味を表す。

問三 前の（口語訳）に「自分より技量の優れた者」とある

やや難 問四 同じ文の「ある者」が主語。一つ後の文に「絵描き『心得たり』」とあることから考える。

問五 「心得」は「こころう」と読み，理解する，承知する，気をつけるという意味がある。

問六 「絵描きが言うには」という口語訳なので，二重線a「の」は主語を表す主格の用法。

基本 問七 歴史的仮名遣いの語頭以外のハ行は，現代仮名遣いではワ行に直す。

問八 「それがしが描いたようには」飛ぶことができないだろうという文脈なので，「得飛ぶまい」

の主語は本物の白鷺を意味する「本の白鷺」。

重要 問九　絵描きの姿勢について，自分の狭い考えにとらわれて他に広い世界のあることを知らないで得意そうにしている様子を意味する慣用句を用いて述べている感想が正しい。

重要 問十　冒頭の「今はむかし，物ごと自慢くさきは未練のゆへなり」を言うために，本物の白鷺よりも自分の描いた白鷺の方が正しいとする絵描きの例を挙げている。

★ワンポイントアドバイス★

問題量が多いので，何度も読み返す時間は期待できない。解答の根拠となる部分をすばやく見つけ出すことを意識しよう。

MEMO

大切なことはメモしておこうネ！

解答用紙集

○月×日△曜日　天気（合格日和）

◆ご利用のみなさまへ

＊解答用紙の公表を行っていない学校につきましては、弊社の責任において、解答用紙を制作いたしました。

＊編集上の理由により一部縮小掲載した解答用紙がございます。

＊編集上の理由により一部実物と異なる形式の解答用紙がございます。

人間の最も偉大な力とは、その一番の弱点を克服したところから生まれてくるものである。　——カール・ヒルティ——

東京学参株式会社

藤沢翔陵高等学校　2024年度

◇数学◇

※ 123％に拡大していただくと，解答欄は実物大になります。

Ⅰ	①		②		③		④		⑤	
Ⅰ	⑥		Ⅱ	①	$x=$	②	$x=$　　, $y=$	③	$x=$	
Ⅱ	④	$x=$	Ⅲ	①		②	$\leqq y \leqq$	③		
Ⅲ	④	$n=$	⑤	平均値　中央値	⑥	$\angle x=$　　°	⑦	BH＝　　cm		
Ⅳ	ア　　,　　イ									
Ⅳ	昨年の自転車で通学している生徒の人数　　人，　昨年の電車で通学している生徒の人数　　人		Ⅴ	①		②				
Ⅵ	①	$a=$	②		③		④	：		

藤沢翔陵高等学校　2024年度

◇英語◇

※ 123％に拡大していただくと，解答欄は実物大になります。

Ⅰ	1		2		3		4		5	
Ⅱ	1		2		3		4		5	
Ⅲ	(a)	s	(b)	c	(c)	q	(d)	b	(e)	s
Ⅳ	(a)		(b)		(c)		(d)		(e)	
Ⅴ	(a)		(b)		(c)		(d)		(e)	
Ⅵ	(a)	2番目　4番目	(b)	2番目　4番目	(c)	2番目　4番目	(d)	2番目　4番目	(e)	2番目　4番目
Ⅷ	(1)		(2)		(3)		(4)		(5)	
Ⅸ	(a)		(b)		(c)		(d)		(e)	
	(f)		(g)		(h)	(1)　　(2)				

Ⅶ	A	(a)		(b)		B	(a)		(b)		C	(a)		(b)	

藤沢翔陵高等学校　2024年度

◇国語◇

※ 110%に拡大していただくと，解答欄は実物大になります。

一

問一　①　でる　②　める　③　しむ　④　ねる　⑤

問二　①　②　③　④　⑤

二

問一　①　②　③

問二

問三　①　②

問四　①　②

問五

問六　①　②

問七　①　②　③

問八

三

問一　X　Y

問二

問三

問四　始め　終わり

問五

問六

問七

問八

問九

四

問一　最初　最後

問二

問三

問四　みること

問五

問六

問七　二郎次　三郎次

問八

問九

五

問一

問二

問三

問四

問五

問六

問七　下図へ

問八

問九

問七

20【　　】年２月

日	月	火	水	木	金	土
	1	2	3	4	5	6
7	8	9	10	11	12	13
14	15	16	17	18	19	20
21	22	23	24	25	26	27
28						

藤沢翔陵高等学校　2023年度

◇数学◇

※ 119％に拡大していただくと，解答欄は実物大になります。

Ⅰ	①		②		③		④		⑤	
	⑥		Ⅱ	①	$x=$	②	$x=$　　, $y=$	③	$x=$	
Ⅱ	④	$x=$	Ⅲ	①	$y=$	②	個	③	$y=$	
Ⅲ	④	$\angle x=$　　°	⑤		⑥	個	⑦	$a=$		
Ⅳ	ア　　　　　,　　　　　イ									
Ⅳ	今年の運動部にのみ所属している生徒の人数　　人，	今年の文化部にのみ所属している生徒の人数　　人	Ⅴ	①	通り	②				
Ⅵ	①	$a=$	②	$y=$	③		④	：		

藤沢翔陵高等学校　2023年度

◇英語◇

※ 119%に拡大していただくと，解答欄は実物大になります。

Ⅰ	1		2		3		4		5	
Ⅱ	1		2		3		4		5	
Ⅲ	(a)	v	(b)	h	(c)	l	(d)	w	(e)	s
Ⅳ	(a)		(b)		(c)		(d)		(e)	
Ⅴ	(a)		(b)		(c)		(d)		(e)	
Ⅵ	(a)	2番目 / 4番目	(b)	2番目 / 4番目	(c)	2番目 / 4番目	(d)	2番目 / 4番目	(e)	2番目 / 4番目
Ⅶ	A (a)		(b)		B (a)		(b)		C (a)	(b)
Ⅷ	(1)		(2)		(3)		(4)		(5)	
Ⅸ	(a)		(b)		(c) (3)		(4)			
	(d)		(e)		(f)		(g) (1)		(2)	

藤沢翔陵高等学校　2023年度　◇国語◇

※ 110%に拡大していただくと，解答欄は実物大になります。

一

問一　①　める　②　り出す　③　せる　④　⑤

問二　①　②　③　④　⑤

二

問一　①　②

問二

問三　①　②

問四　①　②

問五　A　B

問六

問七

問八

問九

問十　a　b

三

問一

問二

問三

問四

問五

問六

問七

問八

問九

問十

四

問一

問二

問三

問四

問五

問六

問七

問八

問九

問十

五

問一

問二

問三　1　2

問四

問五　と

問六

問七

問八

藤沢翔陵高等学校　2022年度

◇数学◇

※ 119%に拡大していただくと，解答欄は実物大になります。

Ⅰ	①		②		③		④		⑤					
Ⅰ	⑥		Ⅱ	①	$x=$	②	$x=$ 　　, $y=$	③	$x=$					
Ⅱ	④	$x=$	Ⅲ	①	$y=$	②	(　　, 　　)	③	$x=$					
Ⅲ	④	cm	⑤	:	⑥	$\angle x=$ 　　°	⑦							
Ⅳ	ア 　　, イ													
Ⅳ	入場料の合計金額 　　円	Ⅴ	①	個	②		③							
Ⅵ	①	$a=$	②	$y=$	③	$p=$								

藤沢翔陵高等学校　2022年度

◇英語◇

※ 119%に拡大していただくと，解答欄は実物大になります。

Ⅰ	1		2		3		4		5						
Ⅱ	1		2		3		4		5						
Ⅲ	(a)	p	(b)	T	(c)	p	(d)	S	(e)	f					
Ⅳ	(a)		(b)		(c)		(d)		(e)						
Ⅴ	(a)		(b)		(c)		(d)		(e)						
Ⅵ	(a)	2番目	4番目	(b)	2番目	4番目	(c)	2番目	4番目	(d)	2番目	4番目	(e)	2番目	4番目
Ⅶ	A	(a)		(b)		B	(a)		(b)		C	(a)		(b)	
Ⅷ	(1)		(2)		(3)		(4)		(5)						
Ⅸ	(a)		(b)		(c)		(d)		(e)						
	(f)		(g)	(1)		(2)		(h)	(1)		(2)				

藤沢翔陵高等学校　2022年度

◇国語◇

※ 110%に拡大していただくと，解答欄は実物大になります。

一

問一 ① ② ③ ④ ⑤ い

問二 ① ② ③ ④ ⑤

二

問一 ① 誤 正 誤 正 ② 誤 正 誤 正

問二 ① ② ③ ④

問三 ① ②

三

① ② ③ ④ ⑤ ⑥ ⑦ ⑧ ⑨ ⑩

四

問一

問二

問三 一つ目 二つ目 三つ目

問四

問五

問六

問七

問八 から

問九 ～

問十 ア イ ウ エ

五

問一

問二

問三

問四 こと

問五

問六

問七

問八

問九

問十

藤沢翔陵高等学校　2021年度

◇数学◇

※ 119%に拡大していただくと，解答欄は実物大になります。

Ⅰ	①		②		③		④		⑤	
	⑥		Ⅱ	① $x=$	②	$x=$　　, $y=$	③	$x=$		
Ⅱ	④	$x=$	Ⅲ	① $a=$	②		③	$x=$		
Ⅲ	④		⑤		⑥		⑦	cm^3		
Ⅳ	ア　　,		イ							
Ⅳ	合計金額　　円		Ⅴ	①	②		③			
Ⅵ	①	$a=$	②	(　　,　　)	③					

藤沢翔陵高等学校　2021年度

◇英語◇

※ 119％に拡大していただくと，解答欄は実物大になります。

Ⅰ	1		2		3		4		5	
Ⅱ	1		2		3		4		5	
Ⅲ	(a)	S	(b)	S	(c)	t	(d)	f	(e)	S
Ⅳ	(a)		(b)		(c)		(d)		(e)	
Ⅴ	(a)		(b)		(c)		(d)		(e)	
Ⅵ	(a)	2番目　4番目	(b)	2番目　4番目	(c)	2番目　4番目	(d)	2番目　4番目	(e)	2番目　4番目
Ⅶ	A	(a)	(b)	B	(a)	(b)	C	(a)	(b)	
Ⅷ	(1)		(2)		(3)		(4)		(5)	
Ⅸ	(a)		(b)		(c)		(d)		(e)	
	(f)		(g)		(h)	(1)		(2)		

藤沢翔陵高等学校　2021年度

◇国語◇

※ 109％に拡大していただくと，解答欄は実物大になります。

一

問一

問二

問三

問四 〜

問五

問六

問七

問八

問九

二

問一

問二

問三

問四

問五

問六

問七

問八

問九

問十

三

問一 (1) (2) (3)

問二 ① ②

四

① ② ③ ち ④ ⑤

⑥ ⑦ ⑧ ⑨ びる ⑩

五

問一 (1) (2) (3) (4) (5)

問二

問三

問四 ① ②

問五

問六 ① ② ③ ④ ⑤

藤沢翔陵高等学校　2020年度

◇数学◇

※117%に拡大していただくと，解答欄は実物大になります。

Ⅰ	①		②		③		④		⑤			
	⑥		Ⅱ	①	$x=$	②	$x=$　　　，$y=$	③	$x=$			
Ⅱ	④	$x=$	Ⅲ	①		②		③	，　，			
Ⅲ	④	平均値　　　，中央値	⑤	$\angle x=$　　°	⑥	cm^3	⑦	cm				
Ⅳ	ア	，	イ									
Ⅳ	500円硬貨の枚数　　枚，50円硬貨の枚数　　枚		Ⅴ	①		②	(イ)	②	(ロ)			
Ⅵ	①	(　　，　　)	②		③							

※120％に拡大していただくと，解答欄は実物大になります。

Ⅰ	1		2		3		4		5	
Ⅱ	1		2		3		4		5	
Ⅲ	(a)	**v**	(b)	**d**	(c)	**s**	(d)	**s**	(e)	**g**
Ⅳ	(a)		(b)		(c)		(d)		(e)	
Ⅴ	(a)		(b)		(c)		(d)		(e)	
Ⅵ	(a)	2番目 ／ 4番目	(b)	2番目 ／ 4番目	(c)	2番目 ／ 4番目	(d)	2番目 ／ 4番目	(e)	2番目 ／ 4番目
Ⅶ	A (a)		(b)		B (a)		(b)		C (a)	(b)
Ⅷ	(1)		(2)		(3)		(4)		(5)	
Ⅸ	(a)		(b)		(c)		(d)		(e)	
	(f)		(g)		(h)	(1)		(2)		

藤沢翔陵高等学校　2020年度

◇国語◇

※122％に拡大していただくと，解答欄は実物大になります。

一

問一　A　B　C　D　E

問二　1　2　ける

問三　1　す　2　く　3

二

問一　1　2

問二　1　2　3　4

問三　1　2

問四　A　B　季語　季節

問五　1　部首名　意味　2　部首名　意味　3　部首名　意味

問六　1　2

三

問一　A　B

問二

問三

問四

問五

問六

問七　〜

問八

問九

問十

四

問一

問二

問三

問四

問五　A　B　C　D　E

問六

問七

問八

問九

問十

五

問一

問二

問三

問四

問五

問六

問七

問八

問九

問十

MEMO

大切なことはメモしておこうネ！

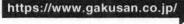

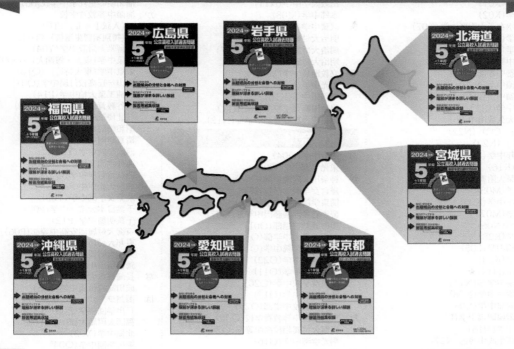

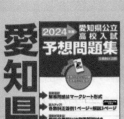

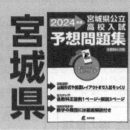

〈ダウンロードコンテンツについて〉

本問題集のダウンロードコンテンツ、弊社ホームページで配信しております。現在ご利用いただけるのは「2025年度受験用」に対応したもので、**2025年3月末日**までダウンロード可能です。弊社ホームページにアクセスの上、ご利用ください。
※配信期間が終了いたしますと、ご利用いただけませんのでご了承ください。

高校別入試過去問題シリーズ

藤沢翔陵高等学校　2025年度

ISBN978-4-8141-2968-3

[発行所] 東京学参株式会社
〒153-0043　東京都目黒区東山2-6-4

書籍の内容についてのお問い合わせは右のQRコードから ⇒

※書籍の内容についてのお電話でのお問い合わせ、本書の内容を超えたご質問には対応できませんのでご了承ください。

2024年6月14日　初版